신기한 생물아, 너는 어디에 사니?

여러 가지 생물들은 사는 곳에 따라 나뉘는데,
크게는 땅 위에 사는 생물과 물속에 사는 생물로 나눌 수 있어요.
사막, 숲, 들판 같은 땅 위에서 사는 생물을 '육상 생물'이라 하고,
바다와 호수, 습지처럼 물속에서 사는 생물을 '수중 생물'이라고 해요.
환경이 다른 만큼 생물들의 모습도 많이 다르답니다.
생물들이 어디에 어떤 모습으로 살고 있는지 한번 찾아보세요.

곤줄박이 • 115쪽

물옥잠 • 64쪽

꽃무릇 • 123쪽

호랑나비 • 102쪽

꽈리허리노린재 • 134쪽

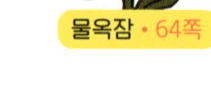
멕시코양진이 • 117쪽

긴팔원숭이 • 142쪽

오오~ 나는 동물계의 소프라노 가수야.

늑대 • 106쪽

고릴라 • 21쪽

사슴 • 106쪽

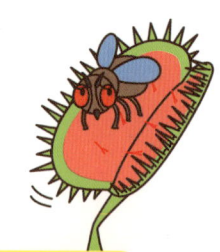
파리지옥 • 55쪽

RIKA-ZUKI NA KO NI SODATSU FUSHIGI NO OHANASHI 365

Copyright © 2015 by Seibundo Shinkosha Publishing Co., Ltd.
All rights reserved.
Original Japanese edition published by Seibundo Shinkosha Publishing Co., Ltd

Korean translation copyright © 2017 by BONUS Publishing Co.
This Korean edition is published by arrangement with Seibundo Shinkosha Publishing Co., Ltd, Tokyo in care of Tuttle-Mori Agency, Inc., Tokyo through BC Agency, Seoul.

이 책의 한국어판 저작권은 BC 에이전시를 통한 저작권자와의 독점 계약으로 보누스출판사에 있습니다.
저작권법에 의해 보호를 받는 저작물이므로 무단전재와 무단복제를 금합니다.

초등학생을 위한 자연과학 365 2학기

공부가 쉬워지는 탐구활동 교과서

자연사학회연합 지음 | 정주현 감수 | 조민정 옮김

바이킹

이 책을 읽는 여러분께

'진짜' 자연과학을 접하는 순간, 아이의 눈은 반짝반짝 빛나기 시작합니다

우리는 다채로운 자연에 둘러싸여 살고 있습니다. 높은 산이 있는가 하면 평야도 있고, 파도가 밀려오는 바닷가가 있는가 하면 아주 깊은 심해도 있습니다. 이렇게 우리나라의 다양한 환경에 적응하며 살아가는 생물이 많습니다. 그런데 우리는 이토록 다양한 모습의 자연을 얼마나 알고 있을까요? 어떻게 하면 우리 주변에 있는 자연의 원리를 재미있게 깨칠 수 있을까요?

우리는 초등학교 때부터 고등학교 때까지 정규 교육 과정으로 자연을 배웁니다. 그런데 학교에서는 단지 시험 때문에 공부할 때가 많아서, 진정한 지식을 얻기는 어렵습니다. 자연을 배울 때 우리는 동물, 식물, 화석 등을 이리저리 만져 보고 관찰하기도 하지요. 그때 전문가가 옆에서 설명해 주면 지금까지 무심코 보아 왔던 것들이 완전히 새롭게 느껴진답니다.

저도 몇 번인가 그런 경험을 했습니다. 초등학교 시절에 있었던 일을 예로 들어 보겠습니다. 남극에 다녀온 졸업생 선배가 남극의 돌을 보여 주면서 그 돌의 유래를 이야기해 준 적이 있었습니다. 그러자 그때까지 평범하게만 보였던 돌이 순간 남극의 역사를 말해 주는 듯 느껴졌습니다. '눈이 확 트였던 것'입니다. 그때 저는 자연의 신비함을 배울 때 전문가의 도움이 중요하다는 사실을 실감했습니다.

그래서 이 책을 만들 때 우리 자연사학회연합은 이런 고민을 했습니다. '자연사 전문가가 자연을 재미있게 설명해 주는 책이 있다면 얼마나 좋을까?' 자연사학회연합은 자연사 연구를 하는 39개의 학회가 모인 단체입니다. 학회연합에는 다양한 분야의 전문가가 모여 모두 4만 명에 이릅니다. 이 사람들이 자연을 설명해 준다면 자연환경을 조금 더 자세히 이해하는 데 도움이 되지 않을까요?

이 책의 기획은 그러한 의도에서 출발했습니다. 자연사학회연합에 소속된 학회 전문가들이 신비한 자연을 쉽게 설명해 주고자 했습니다. 게다가 단순히 책을 읽는 것에서 그치지 않고, 더욱 깊이 학습할 수 있도록 도왔습니다. 폭넓은 생물 이야기와 '나도 과학자' 코너는 스스로 응용해서 생각해 볼 수 있고, 야외로 나가 자연을 실제로 접할 기회를 줍니다. 이러한 책은 지금까지 없었다고 생각합니다.

다양한 생물 이야기는 계절에 따라 변화하는 자연에 맞추어 날짜별로 구성했습니다. 이 책은 초등학생이 이해할 수 있는 내용을 목표로 삼고, 주제를 골고루 담아 각각 1월부터 6월까지와 7월부터 12월까지로 나누었습니다. 마치 우리 교과서에 1학기, 2학기 책이 있는 것처럼 말입니다. 날짜별 이야기는 하루에 10분이면 쉽게 읽어 나갈 수 있는 분량입니다. 하지만 날짜에 얽매이지 말고, 궁금하거나 좋아하는 생물 이야기를 먼저 찾아 읽어도 좋습니다.

주제는 신기하고 재미있지만 수준은 높은 편입니다. 어른이 옆에서 도와주면 어린이들이 자연을 훨씬 잘 이해할 수 있을 것입니다. 최신 과학 연구를 바탕으로 만들었기에 어른이 읽어도 깜짝 놀랄 만한 신기한 이야기가 많습니다. 가족이 다 함께 즐겨 주세요.

이 책을 통해 여러분이 자연을 더욱 깊이 이해하고, 무엇보다 자연을 사랑할 수 있기를 진심으로 바랍니다.

자연사학회연합 대표
기토자토 히로시

차례

이 책을 읽는 여러분께 4
이 책을 활용하는 법 10
생물은 어떻게 분류할까요? 11

7월

1. 태양은 무엇으로 이루어져 있을까요? 14
2. 바닷물고기와 민물고기는 무엇이 다를까요? 15
3. 나무는 어떻게 우뚝 서 있을까요? 16
4. 빛으로 자기 그림자를 지우는 심해어 17
5. 몸을 빼앗아 조종하는 생물 18
6. 생물의 90% 이상이 멸종했던 시기 19
7. 보디가드를 고용하는 똑똑한 마카랑가 나무 20
8. 고릴라와 침팬지 중에 누가 더 힘이 셀까요? 21
9. 모기는 왜 피를 빨아 먹을까요? 22
10. 이끼라고 가만히 있지만은 않아요! 23
11. 돌멩이는 왜 동글동글할까요? 24
12. 따개비는 조개가 아니라고요? 25
13. 작디작은 흡혈귀 등에모기는 누구? 26
14. 물 위에서도 땅 위에서도 잘 자라는 은행이끼 27
15. 게가 만드는 모래 경단의 비밀 28
16. 움직이지 않고 햇빛을 피하는 동물 29
17. 콩 위에 알을 낳는 영리한 콩바구미 30
18. 벌레에서 버섯이 자라나요 31
19. 활유어는 민달팽이? 물고기? 32
20. 파도는 어떻게 생겨요? 33
21. 암컷 공작은 왜 화려하지 않고 수수할까요? 34
22. 물고기인데 물에 빠진다고요? 35
23. 사이좋게 지내는 것이 이익이에요 36
24. 독 없는 나비가 독 있는 나비를 흉내 내요 37
25. 강에 금이 있다고요? 38
26. 빨리 죽는 해파리와 다시 어려지는 해파리 39
27. 모래사장과 모래 언덕은 어떻게 생겼을까요? 40
28. 신경도 근육도 없는 판형동물 41
29. 장거리 비행을 하는 작은빨간집모기 42
30. 히치하이크하는 조개가 있다고요? 43
31. 공룡만 화석으로 남는 것이 아니에요 44

8월

1. 덫을 만들어 곤충을 유인해 보세요 46
2. 다리로 숨을 쉬는 게가 있다고요? 47
3. 밀물과 썰물은 왜 일어날까요? 48
4. 꿀벌은 특별한 이유로 춤을 춰요 49
5. 복날에 먹는 보양식은? 50
6. 가시 돋친 거대한 잎을 가진 가시연꽃 51
7. 누에는 자연에서 스스로 살지 못해요 52
8. 공룡의 모습이 점점 변해요 53
9. 바닷물을 소금기만 빼고 마실 수 있을까요? 54
10. 식물이 벌레를 잡아먹는대요! 55
11. 산은 어떻게 생길까요? 56

- 12 여름철 강에 나타나는 끈질긴 흡혈 곤충 57
- 13 대나무는 꽃을 피우고 숲 전체가 시들어요 58
- 14 몸을 쪼개 수를 늘리는 바다 동물 59
- 15 구름은 왜 땅에 떨어지지 않을까요? 60
- 16 세계에서 가장 큰 꽃 자이언트 라플레시아 61
- 17 다양하게 생긴 곤충의 몸 62
- 18 모래사장에 득실거리는 눈에 보이지 않는 생물 63
- 19 덩굴식물은 어느 방향으로 감아 올라갈까요? 64
- 20 동물도 더우면 땀을 흘릴까요? 65
- 21 먼 옛날의 바다는 붉은색이었다고요? 66
- 22 잘 떨어지지 않는 진드기의 비밀 67
- 23 13년 매미와 17년 매미 68
- 24 어떤 곤충이 독을 가졌을까요? 69
- 25 서핑을 잘하는 조개 70
- 26 해변에 사는 것은 힘들어요 71
- 27 유충에게 거미를 먹이는 대모벌 72
- 28 수벌은 침을 쏘지 않는다고요? 73
- 29 모닥불의 재를 좋아하는 이끼의 비밀 74
- 30 성게도 뼈가 있을까요? 75
- 31 늦여름에 해파리가 출몰하는 이유는? 76

9월

- 1 사람과 가장 비슷한 동물은? 78
- 2 꽃가루는 시대를 알 수 있는 타임캡슐 79
- 3 제일 멋쟁이 생물은? 80
- 4 샘물과 연못 물은 어디에서 왔을까요? 81
- 5 상어와 가오리는 어떤 점이 다를까요? 82
- 6 개미와 함께 살거나, 개미를 잡아먹는 나비 83
- 7 태풍은 왜 올까요? 84
- 8 세계에서 가장 작은 식물 분개구리밥 85
- 9 바다의 빨간 도깨비와 파란 도깨비 86
- 10 벌의 독은 왜 강할까요? 87
- 11 우리나라에서도 공룡 화석을 찾았어요 88
- 12 이빨이 있는 나방이 있다고요? 89
- 13 꽁치가 가을에 맛있는 이유는? 90
- 14 동물과 열매의 깊은 관계 91
- 15 제일 장수하는 동물이 조개라고요? 92
- 16 무당거미가 노란색 줄무늬를 가진 이유 93
- 17 도미의 몸속에 또 도미가 있다고요? 94
- 18 곤충의 더듬이에는 감지기가 달려 있어요 95
- 19 물이 돌과 지층을 깎을 수 있는 이유는? 96
- 20 이빨이 없는 새는 어떻게 먹이를 소화할까요? 97
- 21 공벌레는 바다에서 왔어요 98
- 22 우리와 가까운 생물 중 가장 위험한 말벌 99
- 23 석탄의 기원은 먼 옛날의 거대 삼림? 100
- 24 심해에는 거대한 단세포생물이 있어요 101
- 25 나비와 나방은 잎의 맛을 다리로 느껴요 102
- 26 지구 상에서 가장 큰 생물은? 103
- 27 알이 아니라 새끼를 낳는 물고기가 있어요 104
- 28 음악은 언제부터 생겼을까요? 105
- 29 미국의 숲을 구한 늑대 106
- 30 꽃가루는 범죄 사건 해결의 중요한 단서! 107

여러 가지 모양의 구름을 관찰해 볼까요? 108

10월

1. 밤바구미는 입이 아주 길어요 110
2. 꽃가루 예보는 어떻게 하는 것일까요? 111
3. 해류에 휩쓸리는 사멸회유어 112
4. 식물이기를 포기한 식물의 수수께끼 113
5. 곤충을 먹어 본 적 있나요? 114
6. 먹는 것을 잊어버린 새가 숲을 넓혀요 115
7. 우산이끼의 앞면과 뒷면 이야기 116
8. 붉은 깃털은 좋은 수컷이라는 증거 117
9. 헛수술로 곤충을 유혹하는 닭의장풀 118
10. 인류는 물고기를 언제부터 먹었을까요? 119
11. 미국 대륙을 최초로 발견한 사람은 누구? 120
12. 동물은 맛을 어떻게 느낄까요? 121
13. 나비와 나방이 숨을 쉬는 방법 122
14. 가을볕을 좋아하는 꽃무릇 123
15. 거미는 어떻게 거미줄을 칠까요? 124
16. 버섯은 몇 종류가 있는지 알 수 없어요 125
17. 바다에 사는 큰턱벌레 126
18. 시체에 모여드는 구더기의 활약 127
19. 새로 생긴 섬에는 어떻게 식물이 생길까요? 128
20. 지상에서 가장 강력한 미생물의 독 129
21. 철새처럼 긴 거리를 나는 왕나비 130
22. 물고기는 고통을 느낄까요? 131
23. 세계에서 가장 큰 나비와 가장 작은 나비 132
24. 멀리 날기 위해 몸이 변하는 철새 133
25. 노린재는 냄새를 구분해서 사용해요 134
26. 곤충의 오줌이 다른 곤충을 키워요 135
27. 꽃을 일제히 피우는 열대 지방의 나무 136
28. 캄캄한 밤의 사냥꾼 올빼미의 놀라운 비밀 137
29. 태양이 아니라 지구를 먹는 생태계도 있어요 138
30. 버섯과 나무의 떼려야 뗄 수 없는 관계 139
31. 왜 철새는 길을 잃어버리지 않을까요? 140

11월

1. 긴팔원숭이는 소프라노 가수? 142
2. 버섯을 키워서 먹이로 삼는 흰개미가 있어요 143
3. 포유동물이 공룡을 잡아먹기도 했어요 144
4. 수꽃에서 암꽃으로 성을 바꾸는 식물 145
5. 석유는 어디에서 나요? 146
6. 땅속으로 숨어드는 버섯의 작전 147
7. 고양이의 기분을 몸짓으로 알 수 있어요 148
8. 양봉꿀벌이 사라지고 있어요 149
9. 살아 있는 화석이란 무엇일까요? 150
10. 뼈를 가장 좋아하는 수염수리 151
11. 섬은 어떻게 생길까요? 152
12. 뱀은 왜 다리가 없을까요? 153
13. 거미줄은 왜 끈적끈적해요? 154
14. 사람이 볼 수 있는 색과 볼 수 없는 색 155
15. 날지 못하게 변한 딱정벌레 156
16. 물고기의 귀에 돌이 있어요 157
17. 하늘을 나는 거미 158
18. 인구가 너무 많아지면 산소가 부족할까요? 159
19. 발광 지렁이는 왜 빛이 날까요? 160
20. 개의 말랑말랑한 발바닥은 어디에 도움이 될까요? 161
21. 괴물 네시는 정말로 있을까요? 162

㉒ 먹으면 맛있는 나방 애벌레 **163**
㉓ 작은 규조류로 범인을 잡아요 **164**
㉔ 도구를 사용하는 새가 있어요 **165**
㉕ 금색으로 보이는데 금이 아닌 것 **166**
㉖ 청새치는 왜 '뿔'이 있을까요? **167**
㉗ 먼 옛날에 살았던 생물 암모나이트 **168**
㉘ 사람의 머리에 살면서 점점 수를 늘리는 이 **169**
㉙ 화성에서 살 수 있는 생물 **170**
㉚ 일본원숭이는 엉덩이랑 얼굴이 왜 빨개요? **171**

**생물들이 어떻게 월동 준비를 하는지
알아보세요 172**

12월

① 이름은 달라도 같은 물고기 명태·동태·황태 **174**
② 김 양식은 왜 추운 계절에 하나요? **175**
③ 흙 색깔도 다양해요 **176**
④ 멸종한 동경가리비는 맛있었을까요? **177**
⑤ 바닷속에서 자라는 해조류는 식물일까요? **178**
⑥ 비둘기는 왜 목을 흔들면서 걸을까요? **179**
⑦ 나비와 나방이 약으로 쓰인대요 **180**
⑧ 흰 쌀밥의 역사 **181**
⑨ 물고기도 곤충처럼 크면서 모습을 바꿔요 **182**
⑩ 겨울에 털 색깔을 바꾸는 산토끼 **183**
⑪ 털모자를 쓴 아기들솔이끼 **184**
⑫ 거머리말은 해조류와는 다른 해초예요! **185**
⑬ 판다 똥은 냄새가 향긋하다고요? **186**

⑭ 같은 종이라도 장소에 따라 모습이 달라요 **187**
⑮ 연근에는 왜 구멍이 뚫려 있을까요? **188**
⑯ 공룡의 색깔을 알았어요! **189**
⑰ 말린 멸치로 알 수 있는 물고기의 일생 **190**
⑱ 타란툴라는 맹독을 가진 거미일까요? **191**
⑲ 황제펭귄은 힘을 합쳐 추위를 피해요 **192**
⑳ 고래 사체에 다양한 생물이 모여들어요 **193**
㉑ 한국에서도 다이아몬드가 발견되었어요! **194**
㉒ 누구나 몸속에 시계가 있어요 **195**
㉓ 집을 빌려주는 대신 먹이를 받는 녹색짚신벌레 **196**
㉔ 돌고래는 한쪽 눈만 감고 자요 **197**
㉕ 과자를 유독 맛있게 느끼는 이유는? **198**
㉖ 적조는 왜 붉은색일까요? **199**
㉗ 코알라는 왜 유칼립투스를 먹을까요? **200**
㉘ 곰팡이로 맛있는 음식을 만들어요 **201**
㉙ 물고기에게 육감이 있다고요? **202**
㉚ 암에 걸리지 않는 벌거숭이두더지쥐 **203**
㉛ 먼 옛날에는 1년이 365일이 아니었어요 **204**

찾아보기 205

이 책을 활용하는 법

주제 자연과학에 폭넓은 흥미를 가질 수 있도록 다양한 분야를 다루었습니다.

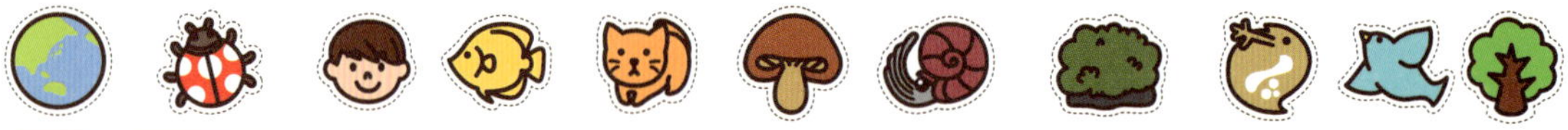

지구 곤충·거미 사람 어패류 포유류 균류 고대 생물 이끼·해조 미생물 조류 식물

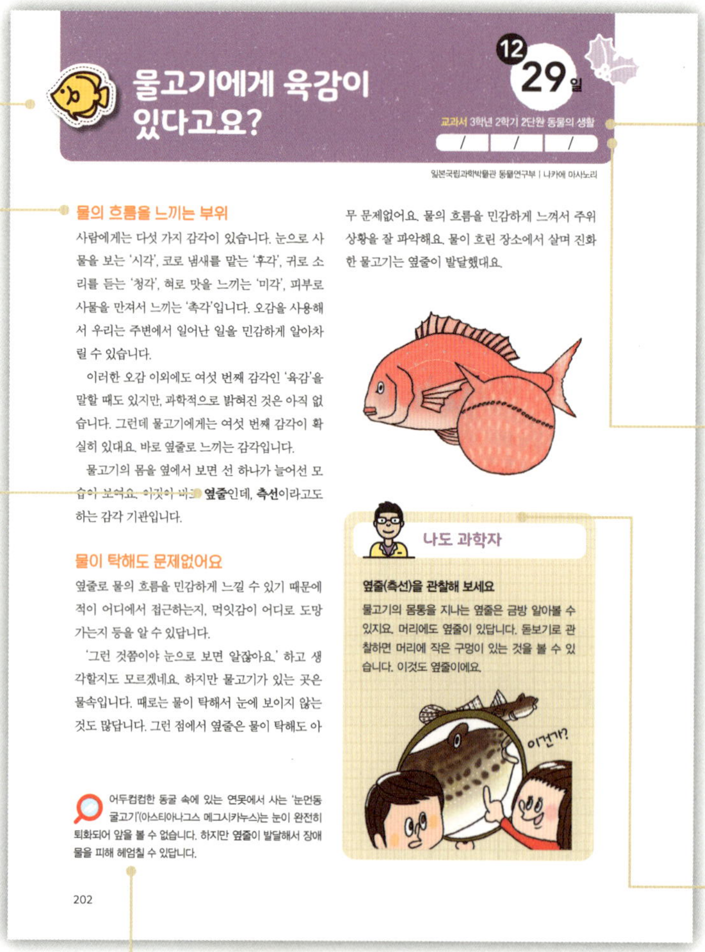

12 29일

물고기에게 육감이 있다고요?

교과서 3학년 2학기 2단원 동물의 생활

/ / /

일본국립과학박물관 동물연구부 | 나카에 마사노리

물의 흐름을 느끼는 부위

사람에게는 다섯 가지 감각이 있습니다. 눈으로 사물을 보는 '시각', 코로 냄새를 맡는 '후각', 귀로 소리를 듣는 '청각', 혀로 맛을 느끼는 '미각', 피부로 사물을 만져서 느끼는 '촉각'입니다. 오감을 사용해서 우리는 주변에서 일어난 일을 민감하게 알아차릴 수 있습니다.

이러한 오감 이외에도 여섯 번째 감각인 '육감'을 말할 때도 있지만, 과학적으로 밝혀진 것은 아직 없습니다. 그런데 물고기에게는 여섯 번째 감각이 확실히 있대요. 바로 옆줄로 느끼는 감각입니다.

물고기의 몸을 옆에서 보면 선 하나가 늘어선 모습이 보여요. 이것이 바로 **옆줄**인데, **측선**이라고도 하는 감각 기관입니다.

물이 탁해도 문제없어요

옆줄로 물의 흐름을 민감하게 느낄 수 있기 때문에 적이 어디에서 접근하는지, 먹잇감이 어디로 도망가는지 등을 알 수 있답니다.

'그런 것쯤이야 눈으로 보면 알잖아요.' 하고 생각할지도 모르겠네요. 하지만 물고기가 있는 곳은 물속입니다. 때로는 물이 탁해서 눈에 보이지 않는 것도 많답니다. 그런 점에서 옆줄은 물이 탁해도 아무 문제없어요. 물의 흐름을 민감하게 느껴서 주위 상황을 잘 파악해요. 물이 흐린 장소에서 살며 진화한 물고기는 옆줄이 발달했대요.

어두컴컴한 동굴 속에 있는 연못에서 사는 '눈먼동굴고기'(아스티아나그스 메그시카누스)는 눈이 완전히 퇴화되어 앞을 볼 수 없습니다. 하지만 **옆줄**이 발달해서 장애물을 피해 헤엄칠 수 있답니다.

나도 과학자

옆줄(측선)을 관찰해 보세요

물고기의 몸통을 지나는 옆줄은 금방 알아볼 수 있지요. 머리에도 옆줄이 있답니다. 돋보기로 관찰하면 머리에 작은 구멍이 있는 것을 볼 수 있습니다. 이것도 옆줄이에요.

이건가?

202

교과 연계 주제마다 교육 과정의 단원명을 연계하여 심화 학습을 할 수 있도록 도왔어요.

읽은 날짜 읽은 날짜를 적어 보세요. 형제자매가 함께 읽거나 반복해서 읽을 경우를 가정하여 3회분의 공간을 마련했습니다. 적는 횟수가 늘어날수록 성취도가 쑥쑥 늘어날 거예요.

핵심 용어 교육 과정과 연계했을 때 알아 두면 좋을 핵심 용어를 강조해 설명했습니다.

지식 돋보기 주제와 관련해 추가로 알아 두면 좋을 상식을 소개했습니다.

매일매일 신기한 자연과학 이야기 39개의 자연사학회에 소속된 전문가들이 모여 자연과학 이야기를 재미있게 풀어냈습니다. 우리 주변에서 흔히 발견할 수 있는 소재를 다루는 한편, 최신 연구 결과를 반영하여 어린이들이 과학에 흥미를 높일 수 있습니다.

나도 과학자 하나의 주제마다 어린이들이 직접 자연을 관찰하고, 실험하고, 관련 내용을 생각하고, 조사해 볼 수 있도록 도움말을 마련했습니다. 어린이들이 과학자가 된 것처럼 참여하고 체험할 수 있어요.

생물은 어떻게 분류할까요?

여러 생물은 서로 닮은 것끼리 묶어서 나눌 수 있어요. 예를 들어 왕나비와 모르포 디디우스 나비는 서로 다른 특성을 가지고 있지만 크게 보면 '나비'라는 공통점이 있고, '곤충'에 속해요. 또 나비와 메뚜기는 서로 다른 종류이지만 같은 '곤충'입니다. 사람으로 치면 같은 성씨와 조상을 갖고 있는 거예요.

아주 예전에는 모든 생물을 동물과 식물로 나누었대요. 하지만 지금은 분류하는 기준이 다양해져 3역 6계로 나누고, 각 계는 문으로, 문은 또 강으로, 계속해서 나눌 수 있답니다. 다음 그림으로 생물을 분류하는 단계를 알아보세요.

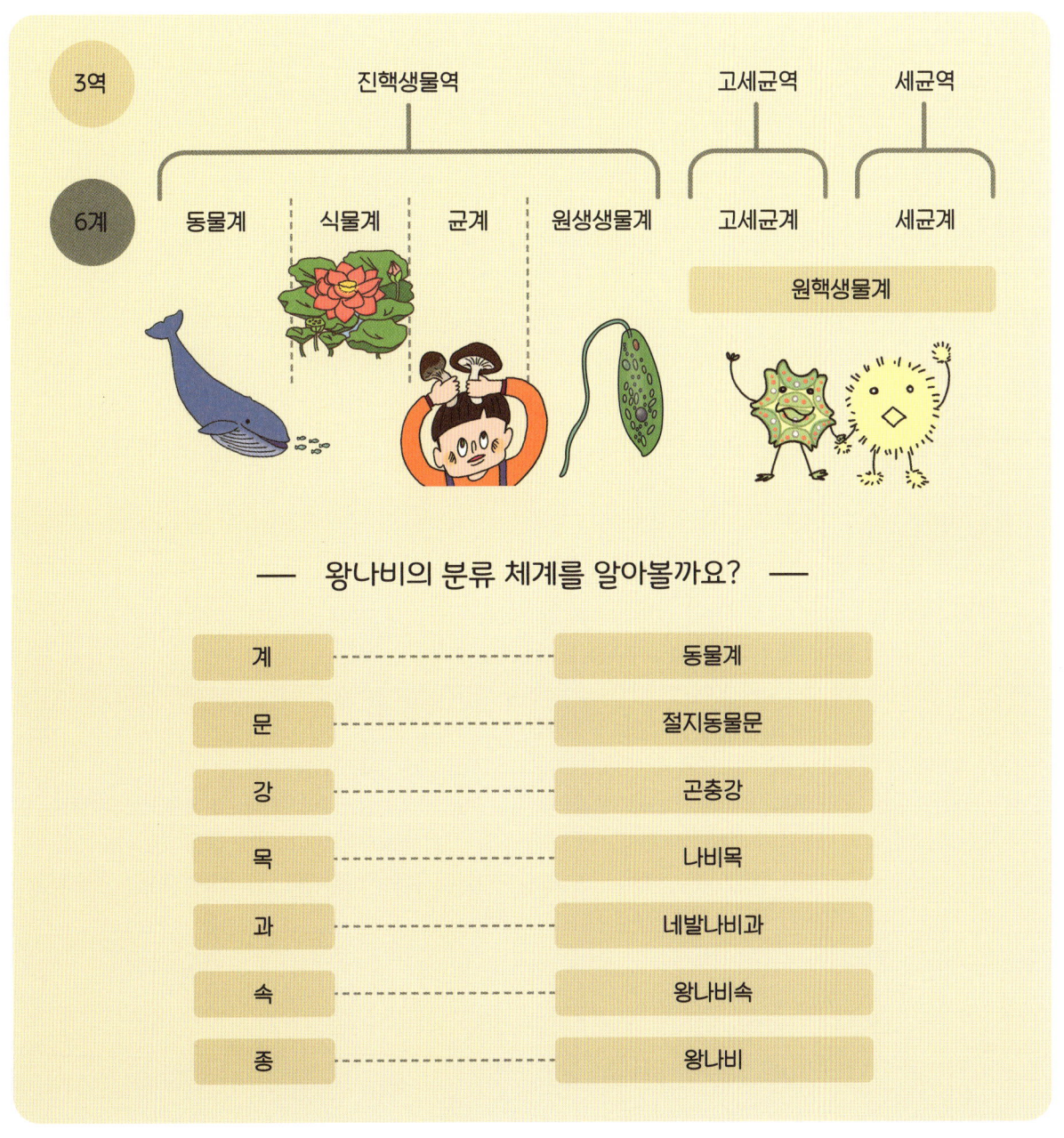

일러두기

- 이 책은 우리나라 독자를 위해 원서의 일부 내용을 변경했습니다.
- 현행 우리나라 학기제에 따라 '1학기'와 '2학기'로 나누되, 시기별로 찾아보기 쉽도록 각각 1월부터 6월까지, 7월부터 12월까지로 나누고 각 권을 날짜별로 구성했습니다.
- 주제마다 연계한 단원명은 2015년에 개정된 초등학교 교과서를 기준으로 하였습니다.
- 생물의 명칭은 '국가생물다양성센터'의 '국가생물종목록'을 기준으로 하였습니다. 우리나라 이름(국명)이 없는 것은 학명을 소리 나는 대로 적고 '(학)'이라고 표시했습니다. 우리나라 이름이 없더라도 통용하는 이름이 있는 경우에는 학명을 함께 적었습니다. 학명의 원어는 찾아보기에 함께 적었습니다. 단, 공룡의 이름은 통용되는 이름이 모두 학명이기 때문에 따로 표시하지 않았습니다.
  예) 파라폰타리아 라미나타(학)
  　　치즈 파리(피오필라 카세이)
  　　티라노사우루스
- 이 책에 참여한 전문가들의 소속과 이름을 모두 밝혀 두었습니다.

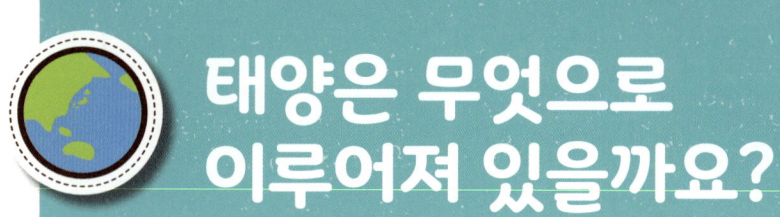

태양은 무엇으로 이루어져 있을까요?

교과서 3학년 1학기 5단원 지구의 모습

7월 1일

아이즈대학 우주정보과학클러스트 | 데무라 히로히데

태양은 가스로 이루어져 있어요

사람이 살기 위해서는 태양이 꼭 필요해요. 태양이 하늘에서 눈부시게 빛나며 지구까지 빛과 열을 전달해 주는 덕분에 생물들이 햇빛을 받아 자랄 수 있거든요. 무려 수십억 년 전부터 계속 타오르며 빛을 내고 있답니다. 어떻게 태양은 그렇게 오랫동안 계속 탈 수 있을까요?

태양에는 지구와 같은 땅이 없어요. 수소와 헬륨 등 가스가 뭉쳐져서 생겼답니다. 원래는 대부분 수소였는데, 수소끼리 합쳐져 헬륨이 탄생했습니다. 물질이 합쳐질 때는 엄청난 에너지가 생깁니다. 이 에너지가 빛과 열이 되어 지구까지 닿는 거예요.

별의 색깔은 온도에 따라 달라요

밤하늘에 반짝반짝 빛나는 수많은 별은 전부 태양처럼 스스로 빛을 내요. 그런데 자세히 보면 하나하나 색이 모두 다르답니다. 이는 별의 온도 차이 때문이에요.

푸른 별은 온도가 높고, 붉은 별은 낮은 온도로 불타요. 태양은 딱 중간 정도로, 누르스름한 빛을 내며 타고 있습니다. 높은 온도로 타는 별은 에너지를 점점 뿜어내기 때문에 수명이 1억 년 정도밖에 되지 않아요. 반대로 붉은 별은 천천히 타기 때문에 200억 년이나 계속 타는 별도 있습니다.

태양의 수명은 100억 년 정도라고 합니다. 태양이 탄생한 지 46억 년 정도 되었다고 하니, 앞으로 50억 년은 더 타겠지요.

태양은 영어로는 '선'(sun)이고, 그리스어로는 '헬리오스'라고 부릅니다. 헬륨은 태양에서 발견한 원소라서 '헬리오스'의 '헬리'를 본떠 이름 붙였대요.

나도 과학자

태양과 달의 크기를 비교해 보세요

가운데 구멍이 난 엽전을 본 적 있나요? 문방구에서 파는 엽전으로 별의 크기를 비교해 보세요. 엽전을 하늘에 대어 보면 달의 크기와 엽전 구멍의 크기가 거의 비슷하게 보일 거예요. 그런데 태양은 달보다 400배나 멀리 있습니다. 그런데도 달과 같은 크기로 보이니, 태양이 무척 크다는 것을 알 수 있지요.

※주의! 절대 태양을 맨눈으로 보면 안 돼요. 태양을 볼 때는 태양 안경이나 선글라스 등을 꼭 착용하세요.

바닷물고기와 민물고기는 무엇이 다를까요?

7월 2일

교과서 3학년 2학기 2단원 동물의 생활

/ / /

도쿄대학 대기해양연구소 | 사루와타리 도시로

바닷물고기는 아가미로 소금을 걸러요

바다와 강의 가장 큰 차이점은 바닷물이 강물과 달리 소금이 많이 들어 있어서 무척 짜다는 사실이에요. 바닷물의 소금 농도는 '바닷물고기'(해수어)의 체액보다도 높아요. 그래서 물이 농도가 낮은 쪽에서 높은 쪽으로 흘러가는 **삼투압** 현상이 일어나요. 바닷물고기의 몸에서 체액과 바닷물의 소금 농도를 똑같이 만든답니다. 몸에서 물을 내보내는 거지요. 한편 물고기는 빠져나간 물을 보충하기 위해 바닷물을 많이 마십니다.

바닷물을 마시면 몸속에 소금이 쌓여요. 이때 중요한 역할을 하는 것이 바닷물고기의 아가미입니다. 아가미는 소금을 거르는 기능이 있어서, 쓸모없는 소금을 몸 밖으로 내보낼 수 있답니다.

그런데 아무리 아가미로 소금을 걸러도 필요없는 소금이 몸에 들어오는 것을 완전히 막을 수는 없습니다. 바닷물을 마시면 몸에 소금이 쌓일 테니까요. 그래서 아가미로 거르지 못한 소금은 신장이 걸러서 오줌과 함께 몸 밖으로 내보낸답니다.

민물고기는 물을 마시지 않아요

소금이 적은 강이나 호수에서 사는 '민물고기'(담수어)는 물보다 체액의 소금 농도가 더 높습니다. 그래서 삼투압 작용으로 몸속에 물이 점점 들어옵니다. 물을 거의 마시지 않아도 오줌의 양이 많아요.

 바다에 사는 바다거북도 삼투압을 조절하는 능력이 있습니다. 눈물을 흘려 소금을 몸 밖으로 내보내요.

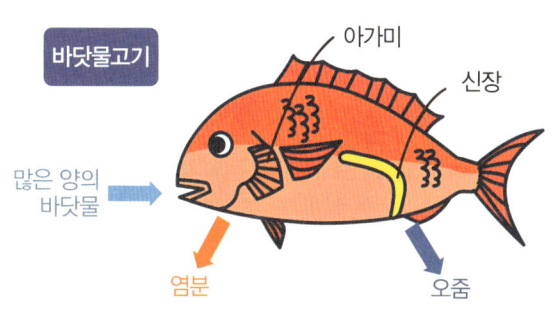

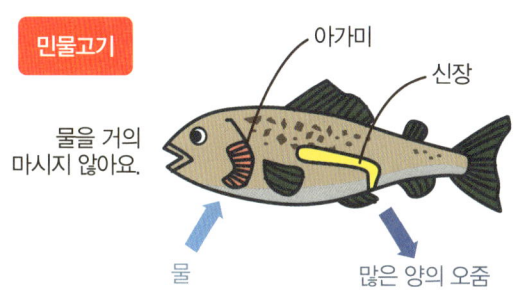

 **나도 과학자**

삼투압을 이용해서 만든 식품은?

삼투압을 이용해서 만드는 대표적인 식품은 바로 '김치'입니다. 배추를 소금에 절이면 채소에서 수분이 나와요. 그 대신 소금과 감칠맛 성분이 스며들어 맛있는 절임이 된답니다.

나무는 어떻게 우뚝 서 있을까요?

7 / 3 일

교과서 4학년 2학기 1단원 식물의 생활

기후대학 응용생물과학부 | 가토 쇼고

나무와 풀은 무엇이 다를까요?

우리 주위에 흔히 자라는 나무와 풀을 떠올려 보세요. 같은 식물인데 풀은 가늘고 키가 작은 반면 나무는 두껍고 커다랗지요. 물론 풀 중에 줄기가 아주 길거나 키가 큰 것도 있어요. 가을에 수확하는 고구마, 샐러드로 해 먹는 토마토 등도 그러하지요. 하지만 나무는 다 자란 후에도 스스로 서 있을 수 있는 반면 고구마 줄기는 땅에 계속 누워 있고, 토마토는 자라는 과정에서 사람이 막대기로 지지대를 만들어 주지 않으면 옆으로 쓰러지고 맙니다. 같은 식물인데 어째서 이러한 차이가 날까요?

몸을 단단하고 두껍게 만들어요

나무는 몸이 단단해요. 나무를 단단하게 만드는 물질인 **리그닌** 때문입니다. 리그닌 덕분에 거친 바람에도 쓰러지지 않고 스스로 우뚝 서 있을 수 있는 강한 몸이 만들어진답니다.

나무가 스스로 서 있을 수 있는 또 다른 이유는 줄기가 두껍기 때문이에요. 식물은 햇빛을 듬뿍 받으려고 위로 성장합니다. 그런데 풀은 성장하면서 줄기가 두꺼워지지는 않아요. 그저 비틀비틀 길게 뻗을 뿐이어서 너무 길어지면 줄기가 자기 무게를 이기지 못해 쓰러지고 말지요. 하지만 나무는 자라면서 줄기도 두껍게 성장합니다. 리그닌으로 몸을 단단하게 만들고, 줄기도 두껍게 만들어서 커다란 몸을 스스로 지탱하고 똑바로 설 수 있는 것입니다.

나도 과학자

나무가 몇 살인지 알 수 있을까요?

나무가 잘린 단면을 보면 몇 겹이나 되는 테두리가 있어요. 이를 **나이테**라고 부릅니다. 사계절이 뚜렷한 지역에서 나이테는 1년에 한 개씩 생기기 때문에, 그 수를 세면 나무가 몇 년이나 살았는지 알 수 있답니다.

🔍 나무는 새로 두꺼워지는 바깥쪽만 살아 있어요. 안쪽은 여러 가지 물질 덕분에 잘 썩지 않고 단단해집니다. 집을 지을 때는 중심 부분을 기둥으로 쓰면 좋아요.

빛으로 자기 그림자를 지우는 심해어

7월 4일

교과서 3학년 2학기 2단원 동물의 생활

일본국립과학박물관 동물연구부 | 시노하라 겐토

눈에서 희미한 빛을 반사해 사물을 봐요

심해라고 하면 햇빛이 닿지 않는 아주 어두운 곳을 떠올리지요. 실제로 수심이 수천 미터나 되는 심해는 칠흑같이 어둡습니다. 하지만 비교적 얕은 수백 미터 정도까지는 희미하게나마 햇빛이 들어옵니다. 사람의 눈에는 어둡게 보여도 심해어는 사물을 구분할 수 있답니다.

심해어는 대부분 눈이 크고 잘 발달되어 있습니다. 게다가 눈알 안은 거울처럼 빛을 반사합니다. 암흑 속에서 빛나는 고양이의 눈동자와 같은 원리랍니다. 심해어는 눈알에서 빛을 계속 반사하는 방법으로 희미한 빛을 이용해 사물을 볼 수 있어요.

배로 빛을 내 그림자를 지워요

해수면에서 희미한 햇빛이 내려오면 물고기의 배 밑으로 그림자가 생기겠지요. 이 그림자 때문에 더 깊은 곳에 사는 천적의 눈에 띌 위험이 있어요.

그래서 빛이 닿는 곳에 사는 심해어 중 일부는 흔히 '독사물고기'로 불리는 '바이퍼피시'(카울리오두스 슬로아니)처럼 배에 있는 '발광기'라는 기관으로 빛을 냅니다. 앨퉁이목과 샛비늘치목에 속하는 물고기의 배에는 깨알 같은 크기의 발광기가 줄지어 있어요. 위에서 내려오는 빛과 같은 강도로 빛을 내어 자신의 그림자를 지웁니다. 빛으로 그림자를 지우는 능력은 심해어뿐 아니라 매오징어에게도 있대요.

나도 과학자

심해어는 눈이 커요? 작아요?

빛이 닿는 깊이에서 서식하는 물고기는 희미한 빛으로 앞을 봐야 하기 때문에 눈이 큽니다. 반대로 빛이 닿지 않는 바다 깊은 곳 밑바닥에서 사는 심해어는 눈이 작답니다. 그래서 오직 냄새와 소리에 의지해 살아가요.

 발광기를 많이 가진 심해어는 아마도 조상 대대로 심해에서 살았던 것으로 보여요.

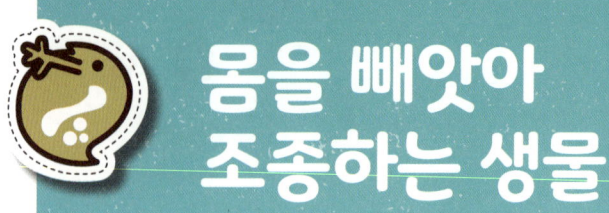

몸을 빼앗아 조종하는 생물

교과서 5학년 1학기 5단원 다양한 생물과 우리 생활

농업생물자원연구소 | 가게야마 다이스케

달팽이의 몸을 조종하는 흡충

다른 생물의 몸에 붙어서 영양분을 빼앗는 생물이 있어요. 이를 **기생 생물**이라고 부릅니다. 이때 양분을 뺏기는 생물은 **숙주**라고 해요. 그런데 영양분을 빼앗는 것도 모자라서 다른 생물의 몸을 조종해 움직이는 기생 생물도 있어요.

그중에서도 달팽이를 조종하는 기생 생물을 소개하겠습니다. 바로 '흡충'의 종류예요. 흡충은 다른 동물에 기생하며 생활하는 납작한 동물입니다. 숙주가 된 달팽이는 더듬이 끝이 마치 나비 애벌레 같은 모양으로 변해요. 그래서 새의 눈에 띄기 쉽답니다. 흡충이 조종한 달팽이는 새의 먹이가 되고, 새의 몸속에 들어간 흡충은 그곳에 알을 낳습니다. 알은 새의 똥에 섞여 땅에 떨어지는데, 그 똥을 다시 달팽이가 먹어서 달팽이의 몸속에 새로운 흡충이 들어옵니다. 흡충은 이러한 과정을 거쳐 달팽이를 조종하면서 자손을 퍼트린답니다.

수컷을 암컷으로 만들어 버려요

공벌레에는 '월바키아 피피엔티스'(학)라는 세균이 있습니다. 이 세균이 공벌레의 암컷에 기생하면 그 새끼에게 전해집니다. 수컷에 기생하면 자손에게 전해지지 않아요. 월바키아 피피엔티스는 더 많은 공벌레에 기생하려고 특별한 능력도 갖췄답니다. 이 세균은 놀랍게도 수컷 공벌레의 성별을 암컷으로 바꿔 버려요. 암컷으로 변한 공벌레는 평범하게 수컷과 짝짓기를 해서 번식할 수 있습니다.

 곤충의 약 40%가 월바키아 피피엔티스에 감염되었다는 보고가 있습니다.

나도 과학자

수컷과 암컷의 수는 왜 비슷할까요?

많은 생물은 수컷과 암컷의 수가 거의 같습니다. 우리 주위의 생물들을 한번 확인해 보세요. 수컷이 암컷보다 많으면 짝짓기에 실패한 수컷이 나오겠지요. 그러면 암컷이 자손을 많이 남깁니다. 마찬가지로 암컷이 더 많으면 수컷이 유리해요. 수컷이 더 많거나 암컷이 더 많은 경우는 뭔가 특별한 이유가 있어서일지도 몰라요.

생물의 90% 이상이 멸종했던 시기

7월 6일

교과서 5학년 1학기 5단원 다양한 생물과 우리 생활

도쿄대학대학원 | 이소자키 유키오

2억 5,000만 년 전의 대사건

바다 동물의 90% 이상, 육지 동물의 70%에 가까운 종류가 멸종한 적이 있습니다. 이는 지구 역사상 최대의 멸종 사건입니다. 과연 무엇이 원인일까요?

아직 확실하게 밝혀진 것은 없어요. 하지만 원인이 지구에 있었을 거라고 추측하는 연구자가 많아요.

암모나이트   삼엽충   바다나리

멸종한 생물

햇빛이 닿지 않았기 때문에?

'당시 지구 표면을 덮은 구름의 양이 지나치게 늘어난 결과, 땅에 햇빛이 닿지 않아 날씨가 추워졌던 것이 아닐까?'라는 설이 있습니다.

지구는 원래 지구에 있는 자기장 덕분에 지구 밖에서 날아오는 우주선으로부터 보호받습니다. **우주선**이란 우주에서 나오는 아주 높은 에너지가 담긴 입자선입니다. 그런데 지구 근처에서 별이 폭발하거나 지구의 자기장이 약해질 때가 있어요. 그때 아주 많은 우주선이 지구에 닿는데, 그러면 구름의 양이 늘어난답니다. 햇빛이 긴 시간 동안 구름에 가려지는 바람에 날씨가 추워져 식물의 성장이 더뎌졌고, 식물을 먹이로 삼았던 동물들이 하나둘 굶어죽기 시작하면서 동물이 사라진 것이 아닌가 하고 과학자들은 생각하고 있습니다.

 나도 과학자

멸종 위기에 처한 동물은?

세계자연보전연맹에서 발간하는 멸종위기생물 보고서인 '적색 목록'(Red List)을 찾아 어떤 동물이 멸종 위기에 있는지 알아보세요. 이를테면 코끼리도 멸종 위험이 있는 동물이랍니다.

 지구 역사상 모두 다섯 번의 대멸종 사건이 있었습니다.

보디가드를 고용하는 똑똑한 마카랑가 나무

7월 7일

교과서 4학년 2학기 1단원 식물의 생활

신주대학 이학부 생물과학과 | 이치노 다카오

밥과 잠자리를 제공하고 보호받아요

식물은 적이 공격해도 달아날 수 없지요. 그래서 몸을 지키려고 다른 방법을 궁리하며 진화해 왔어요. 예를 들어 열대 우림에는 '마카랑가'(학)라는 나무가 자랍니다. 이 나무는 개미의 보호를 받아요. 나무의 줄기에는 커다란 구멍이 뚫려 있는데, 그곳에 개미가 산답니다. 개미는 살 곳이 있는 것만으로도 행운이지요. 그런데 그게 다가 아니라 마카랑가 나무는 잎에 있는 영양분 가득한 식량(지름 1mm 정도의 둥근 입자)을 개미에게 줘요.

큰 원숭이까지 물리치는 개미

개미는 살 곳과 먹이를 제공받는 대신 마카랑가 나무를 먹으러 온 적들을 물리칩니다. 포유류와 조류는 고작 작은 개미의 공격 따위를 대수롭지 않게 여길지도 모르지요. 그러나 개미가 그들을 깨물고 그 자리에 개미 엉덩이에서 나오는 '개미산'이라는 액체를 바르면 상처가 아파서 도망치고 말아요.

마카랑가 나무의 구멍에는 깍지벌레도 살아요. 깍지벌레는 개미의 보호를 받는 대신 엉덩이에서 단물을 내어 개미에게 줍니다. 이처럼 마카랑가 나무, 개미, 깍지벌레가 서로 도우며 살아가요.

🔍 살충제를 뿌려 마카랑가 나무의 개미를 없애는 실험을 했습니다. 그랬더니 잎을 갉아 먹는 곤충이 찾아왔고, 한 달도 채 되지 않아 나뭇잎이 거의 사라졌대요.

마카랑가 나무의 줄기

깍지벌레 / 영양분 / 보디가드

나도 과학자

호장근을 관찰해 보세요

열대 우림에 있는 마카랑가 나무를 직접 관찰하기란 아무래도 힘들겠지요. 그런데 우리 주변에 지천으로 자라는 '호장근'도 잎이 달린 부분에서 꿀이 나와, 개미를 보디가드로 삼는답니다. 꿀을 받은 개미가 호장근을 먹으러 오는 곤충을 쫓아내요.

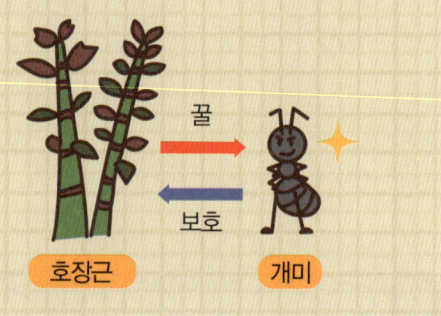

호장근 → 꿀 → 개미 / 개미 → 보호 → 호장근

고릴라와 침팬지 중에 누가 더 힘이 셀까요?

7월 8일

교과서 3학년 2학기 2단원 동물의 생활

/ / /

주부학원대학 아동학부 | 다케노시타 유지

같은 숲에 사는 고릴라와 침팬지

고릴라와 침팬지는 아프리카의 숲에서 살아요. 고릴라가 있는 숲에는 보통 침팬지도 살고, 먹이도 거의 비슷해서 숲에서 마주칠 때가 많습니다. 그럼 여기서 문제를 하나 낼게요. 고릴라와 침팬지가 마주쳐서 싸움이 벌어지면 누가 이길까요?

정답은 '안 싸우니까 모른다.'입니다. 조금 짓궂은 질문이었나요?

침팬지 / 고릴라

고릴라와 침팬지는 평화롭게 어울려요

고릴라와 침팬지는 거의 싸우지 않습니다. 무화과나무 한 그루에서 고릴라와 침팬지가 사이좋게 과일을 먹는 모습이 관찰된 적도 있습니다. 원래 자연에서는 먹이가 겹치는 동물끼리 부딪힐 때가 많지요. 실제로 침팬지는 다른 침팬지 집단과 싸웁니다. 고릴라도 다른 고릴라 집단과 싸우고요. 그러니 고릴라와 침팬지가 서로 싸워도 전혀 이상하지 않은데, 실제로는 싸우지 않고 느긋하게 같이 살아가는 것입니다. 정말로 신기한 현상이에요.

고릴라와 침팬지가 싸우지 않는 이유는 아직 밝혀지지 않았습니다. 이 평화로운 관계가 어쩌다가 생겼는지, 고릴라와 침팬지가 서로를 어떻게 생각할지 여러분도 한번 상상해 보세요.

 고릴라가 가슴을 두드리는 소리는 북 소리와 비슷합니다. 고릴라는 노래를 좋아한다고 해요. 먹이를 배불리 먹어 기분이 좋을 때면 "음음." 하고 콧노래를 흥얼거린답니다.

나도 과학자

고릴라처럼 가슴을 두드려 보세요

고릴라는 자신의 매력과 힘을 과시할 때 북을 치듯 양손으로 가슴을 두드립니다. 통통통 통통통! 이렇게 경쾌한 소리가 울린답니다. 손바닥을 펼쳐서 가볍게 치는 것이 요령이랍니다.

모기는 왜 피를 빨아 먹을까요?

교과서 3학년 2학기 2단원 동물의 생활

일본국립감염증연구소 | 쓰다 요시오

알을 낳기 위해 피에서 영양분을 얻어요

모기는 전 세계에 3,000종 이상 있습니다. 대부분 동물의 피를 빨아 먹으며 살아요. 그중에는 개구리와 새 등의 피를 빠는 모기도 있지요. 그런데 모기는 먹이 종류에 상관없이 암컷만 피를 빨고, 수컷은 피를 먹지 않습니다. 암컷이 피를 빠는 것은 알을 낳는 데 반드시 필요한 영양분이 피에 들어 있기 때문이에요. 대신 수컷은 꽃의 꿀이나 수액, 과일 등 달콤한 물을 빤답니다.

곤충은 알을 낳기 위해 동물과 식물로부터 영양분을 얻습니다. 모기처럼 피에서 영양분을 얻는 곤충에는 벼룩, 이, 빈대, 파리매, 등에 등이 있어요.

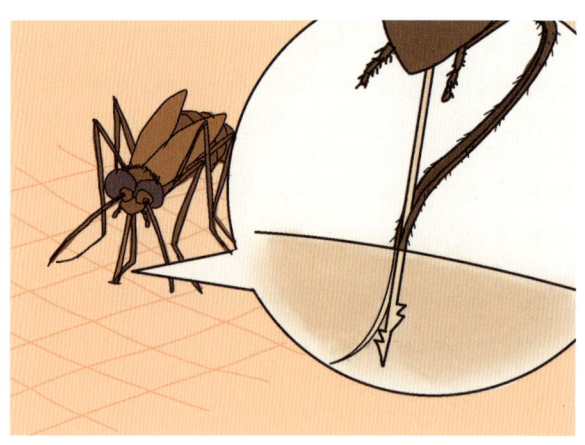

▲ 피를 빠는 모기

피를 빨기 위한 입

모기 입에는 6개의 침과 흡혈관이 들어 있어요. 모기가 어떤 과정을 거쳐 피를 빨아 먹는지 알아볼까요? 우선 피를 빨리는 동물이 아픈 느낌을 못 받도록 침을 찔러 물 곳을 마비시킵니다. 이 침에는 피를 굳지 않게 하는 성분도 포함되어 있어요. 마취가 끝나면 피부에 침을 꽂아 머리를 고정한 다음 흡혈관을 꽂아 본격적으로 피를 뽑습니다. 피는 모기의 몸에 있는 장으로 들어가요. 피 속 영양분은 모기의 몸속에 지방으로 쌓여 알을 낳는 데 쓰인답니다.

 모기의 더듬이는 아주 예민한 감지기예요. 더듬이에는 적어도 세 종류의 감각털이 있는데, 각각 이산화탄소, 냄새, 온도를 감지합니다. 더듬이는 효율적으로 피를 빨기 위한 강력한 무기인 셈입니다.

나도 과학자

곤충의 입 모양은 어떻게 생겼을까요?

곤충의 입은 모두 네 종류로 나눌 수 있어요. 예를 들어 메뚜기는 큰 턱으로 먹이를 뭅니다. 모기는 침 모양의 입으로 찔러서 액체를 빨아 먹습니다. 나비는 빨대 모양의 입으로 액체를 빱니다. 파리는 스펀지 모양의 입으로 액체를 핥아 먹어요.

메뚜기 / 파리 / 나비

이끼라고 가만히 있지만은 않아요!

교과서 4학년 2학기 1단원 식물의 생활

뮤지엄파크 이바라키현 자연박물관 | 우자와 미호코

이끼의 변화를 알아보는 방법

이끼는 일생 동안 아주 많이 변해요. 하지만 우리는 변화를 알아차리지 못해요. 무척 작은 세계인 데다 변화가 너무 천천히 일어나기 때문입니다. 그래서 다음과 같은 관찰을 했습니다. 이끼가 있는 곳에 디지털카메라를 고정한 후 일정 간격으로 약 10개월 동안 촬영했답니다. 촬영한 화면을 이어 붙인 다음 빨리 돌리기를 해서 어떤 변화가 일어났는지 확인했어요. 촬영한 이끼 종류는 '철사이끼'입니다. 우리 주위에서 쉽게 찾을 수 있어요.

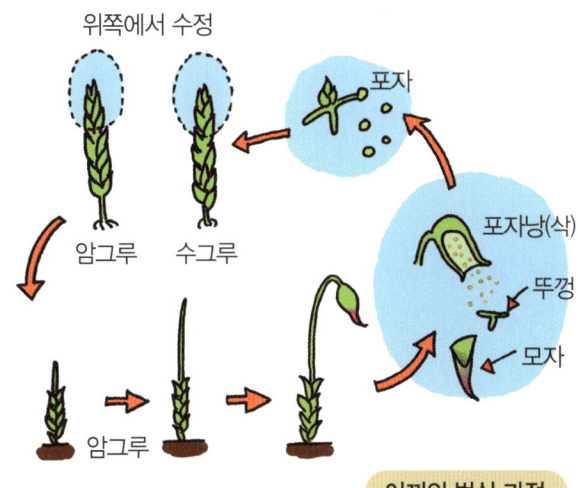

이끼의 번식 과정

포자로 이끼가 번식하는 과정

이끼는 포자로 번식합니다. 포자를 만드는 데는 오랜 시간이 걸리는데, 그때 이끼 식물의 몸에 커다란 변화가 일어납니다. 철사이끼는 암그루와 수그루로 성별이 나뉘어요.

  4~5월 무렵이 되면 수그루에서 나온 정자가 암그루에 도달해 수정이 이루어집니다. 그러면 10월 경 암그루 위에 가느다란 봉 같은 자루가 자라기 시작합니다. 이 자루는 이듬해 3월 무렵까지 계속 자랍니다. 4~5월이 되면 자루 끝에 캡슐처럼 생긴 포자낭(삭)이 부풀어 오르는데, 이 안에서 포자가 성숙합니다. 2년 후 7월 즈음에는 포자낭에서 뚜껑과 모자가 떨어진 뒤에 포자가 튀어나와요.

 철사이끼는 세계 각지에 분포해요. 시골뿐 아니라 도시에서도 쉽게 찾아볼 수 있어요. 도로 같은 콘크리트 위에서도 모여 자랍니다.

나도 과학자

포자가 튀어나올까요?

포자가 들어 있는 부분을 **포자낭(삭)**이라고 합니다. 철사이끼나 그 밖의 다른 이끼 식물이라도 좋으니 포자낭이 성숙한 것을 찾아보세요. 포자낭을 막대기로 가볍게 쿡쿡 찌르면 포자가 튀어나올지도 몰라요.

돌멩이는 왜 동글동글할까요?

교과서 3학년 2학기 3단원 지표의 변화

7월 11일

가나자와대학 지역창조학류 | 아오키 다쓰토

돌끼리 부딪쳐요

산 위에 있는 돌은 울퉁불퉁 거칠고 모났어요. 그런데 평야에 있는 돌은 대개 동글동글합니다. 왜 이런 차이가 생길까요? 평야에 있는 돌은 산에서 굴러내려 온 것입니다. 산에 있던 각진 돌이 계곡에 모여 강물을 따라 아래쪽으로 내려와요. 그 과정에서 돌은 강바닥을 구르거나 튀어 오르기도 합니다. 이때 다른 돌과 부딪히면서 조금씩 깎이는 것이지요. 그래서 평야에 닿을 즈음에는 동글동글해집니다. 이동한 거리가 길수록 돌은 더 동글동글해진답니다.

점점 깎여서 둥글어져요.

산에서 나오면 멈춰요

돌은 보통 굴러내려 오면서 점점 깎여 모래와 진흙이 됩니다. 입자가 섬세한 모래와 진흙은 강 하류까지 흘러간답니다. 그런데 **화강암**은 달라요. 커다란 돌이 깎이는 것이 아니라 화산 활동이 일어날 때 생긴 마그마가 지하 깊은 곳에서 서서히 굳어 그대로 모래와 점토가 돼요. 화강암에는 입자가 큰 다양한 광물이 섞여 있는데, 그중 부드러운 장석과 운모는 물과 반응해서 점토가 되고, 딱딱한 입자인 석영은 그대로 모래가 됩니다. 모래, 진흙과 함께 돌도 흘러내려 가는데, 둥글어진 돌멩이는 대부분 강이 산에서 벗어나는 부분에서 움직임을 멈춥니다. 산에서 벗어나면 물의 힘이 약해져 더는 돌을 굴릴 수 없기 때문입니다.

 돌에 햇빛이 닿거나 물이 묻으면 돌을 형성하는 광물의 결합이 느슨해집니다. 그래서 돌이 흩어지거나 점토가 됩니다. 이를 **풍화**라고 부릅니다.

나도 과학자

강의 위치에 따라 돌 모양이 다를까요?

강을 하나 골라 하류에서 상류까지 거슬러 올라가 봅시다. 돌은 강의 어느 쪽에서 발견될까요? 그리고 돌의 모양은 하류에서 상류로 갈수록 어떻게 변할까요?

따개비는 조개가 아니라고요?

7월 12일

교과서 3학년 2학기 2단원 동물의 생활

해양생물연구가 | 구라타니 우라라

보들보들한 다리로 먹이를 잡아먹어요

바닷가의 바위 밭에 가 보면 따개비가 많습니다. 따개비는 껍데기가 있으니 조개인 것 같지만 새우, 게와 같은 종류랍니다.

따개비의 몸은 바깥쪽이 단단한 껍데기로 감싸져 있습니다. 껍데기가 몸까지 통째로 바위에 붙어 있기 때문에 이동할 수 없어요. 새우, 게와 같은 종류인데도 따개비는 걷지도 헤엄치지도 못한답니다. 그러면 따개비에게는 새우나 게의 다리에 해당하는 부분이 없는 것일까요? 놀랍게도 따개비는 먹이를 먹을 때 다리를 사용한다고 합니다. 껍데기 안에 특이하게 생긴 6쌍 12개의 다리가 있어요. 다리는 보드라운 깃털처럼 생겼는데, 이 깃털을 넣었다 꺼냈다 하면서 바닷속의 플랑크톤을 잡아먹는답니다.

따개비의 일생

알에서 나온 새끼 따개비는 바닷속에서 헤엄치며 플랑크톤을 잔뜩 먹고 몸에 영양분을 저장해요. 모습은 새끼 새우, 게와 닮았습니다. 따개비는 성장하기 전에 자기가 앞으로 살 장소를 결정해요. 장소를 정하면 몸을 거꾸로 세워 접착제 같은 것을 발라 달라붙습니다. 그러면 몸 주변에 껍데기가 생겨요. 이렇게 어른 따개비가 된답니다.

 세계에는 1,000종류가 넘는 따개비가 있으며, 심해에도 산다고 합니다. 고래, 바다거북, 바다뱀에 달라붙기도 한대요. 스스로 이동할 수 없는 따개비도, 헤엄치는 동물에 달라붙으면 바다에서 멀리 이동할 수 있답니다.

다리를 내민 따개비

나도 과학자

깃털 같은 다리로 어떻게 먹이를 잡을까요?

손바닥으로 실험해 보세요. 손가락이 다리이고, 손바닥의 한가운데에 입이 있다고 생각하는 거예요. 손을 펼치면 손가락에 플랑크톤이 달라붙습니다. 그리고 손을 오므리면 플랑크톤이 정확히 입 쪽으로 들어오겠지요.

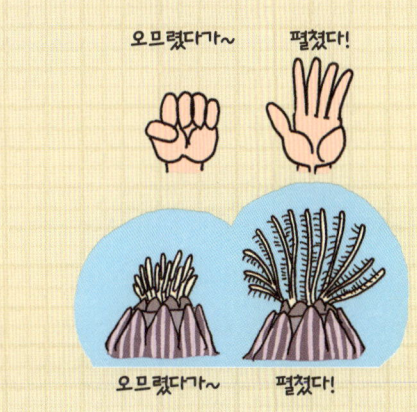

작디작은 흡혈귀 등에모기는 누구?

7월 13일

교과서 3학년 2학기 2단원 동물의 생활

농연기구동물위생연구소 | 야나세 도오루

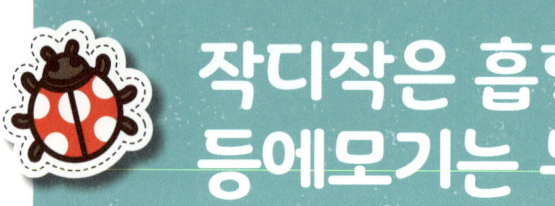

방충망 구멍도 통과해요

무더운 여름이 되면 촘촘한 방충망까지도 통과해 집 안으로 들어오는 작은 곤충이 있습니다. 바로 '등에모기'입니다. '쌀겨처럼 작은 모기'라는 의미에서 '쌀겨모기'라고 부르기도 하는데, 이름처럼 몸이 1~4mm 정도로 무척 작습니다. 등에모기는 사람, 동물의 몸에 달라붙어 피를 빨아 먹습니다. 알에 줄 영양분을 얻기 위해서예요. 그래서 피를 빠는 것은 암컷 등에모기뿐이에요.

작아서 방충망도 통과해요!

공룡의 피까지 먹었을지도 몰라요

보통 모기에 물리면 피부가 간지러운 정도에서 그쳐요. 하지만 때로 모기가 병의 원인이 되는 바이러스를 옮겨서 일본뇌염, 말라리아 같은 전염병에 걸리기도 합니다. 소, 돼지 등 가축도 마찬가지랍니다. 등에모기가 옮긴 바이러스 때문에 많은 송아지가 사산되거나 태어난 지 얼마 안 되어 죽어 버리는 일도 있어요. 지금은 질병을 억제하는 백신이 개발되었지만 여전히 등에모기는 농가에 성가신 존재입니다.

포유류뿐만 아니라 조류, 파충류, 양서류, 심지어 다른 곤충의 체액을 빼는 등에모기도 있습니다. 심지어 공룡의 피도 빨았을지 몰라요. 중생대(약 2억 5,000만 년 전~약 6,500만 년 전)의 호박 속에서 등에모기를 많이 발견했거든요.

 등에모기가 큰 문제가 된 영국에서는 등에모기가 너무 많이 발생하기 쉬운 날씨가 되면 등에모기 발생을 예보하는 인터넷 웹사이트가 있답니다.

나도 과학자

등에모기가 피를 빨아 먹는 방법은?

등에모기의 입은 모기처럼 길쭉한 침 모양이 아니에요. 그러면 어떻게 피를 빨아 먹을까요? 등에모기의 입에는 톱날같이 생긴 이빨이 있어서, 피부를 살짝 베어 피를 빨아 먹는답니다.

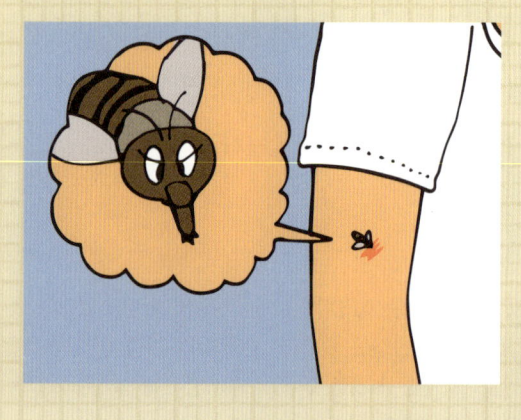

물 위에서도 땅 위에서도 잘 자라는 은행이끼

교과서 4학년 2학기 1단원 식물의 생활

7월 14일

이화학연구소 | 이토 가미사오

물에 뜨는 이끼

초여름이 되면 논에 초록색을 띠는 작은 생물이 나타납니다. 바로 '은행이끼'입니다. 은행이끼는 독특하게도 물에 뜬답니다. 이름대로 꼭 은행잎처럼 생겼고, 뒷면에는 보라색 잔주름이 잔뜩 있습니다. 이 잔주름은 이끼가 물에 잠기거나 뒤로 뒤집히지 않도록 일종의 튜브 같은 역할을 합니다.

은행이끼는 논을 좋아합니다. 5월이 되어 논에 물을 대면 그때까지 땅에 달라붙어 있던 은행이끼가 점점 떠오릅니다. 여름이 되면 몸이 마구 갈라지면서 그 수가 늘어난답니다. 여름철의 은행이끼는 지름이 1.5cm 정도 되는 크기입니다.

여름 1.5cm

겨울에는 땅에 살아요

가을이 되면 논에서 물을 뺍니다. 그러면 물 위에 떠 있던 은행이끼가 땅에 닿아요. 겨울에는 은행이끼의 잎 같은 부분(엽상체)이 자주색으로 바뀝니다. 크기는 다 컸을 때 지름이 3cm 정도입니다. 물 위에서 균형을 잡는 데 도움이 되었던 주름은 아주 작아져서 눈에 띄지 않는답니다.

요즘은 옛날과 비교해서 논 환경도 많이 바뀌었지요. 그래서 언제부터인가 은행이끼가 땅에 닿기 힘들어졌습니다. 은행이끼의 멸종이 우려되고 있어요.

겨울 3cm

나도 과학자

은행이끼를 뒤로 뒤집으면 어떻게 될까요?

은행이끼를 찾아보세요. 발견하면 살짝 잡아 뒤집어서 물 위에 띄워 봅니다. 그러면 은행이끼가 몸을 휙 돌려 원래 모습으로 돌아와요.

논에 콘크리트 수로가 늘어나고 농약 사용이 증가해 은행이끼의 수가 줄어들고 있습니다.

게가 만드는 모래 경단의 비밀

7 15일

교과서 3학년 2학기 2단원 동물의 생활

이와테의과대학 | 마쓰마사 마사토시

게집을 막아요

갯벌에는 '엽낭게'와 '농게'라는 게가 있습니다. 그들은 집 구멍을 파는데, 바닷물이 빠지면 바깥 활동을 하다가 바닷물이 다시 차기 시작하면 구멍 속으로 돌아간답니다. 바닷물이 다 차면 구멍은 물에 잠길까요? 아니요. '엽낭게'와 '넓적콩게'는 게집 안에 있는 흙을 이용해서 출입구를 막아요. 또, '농게'는 게집 밖에 있는 모래알을 모아 뚜껑을 만듭니다. 출입구가 막히면 게집 안으로 바닷물이 들어오지 않으니 집이 망가지지 않아요. 그리고 출입구가 막힌 게집은 공기가 차오르므로, 게들은 집 안에 있는 공기로 숨 쉰답니다.

게집 주위의 모래 경단

바닷물이 빠지고 나면 게는 집에서 나와 먹이를 먹거나 구애를 하는 등 바쁘게 활동한답니다. 먹이는 모래알에 붙어 있는 '규조류'예요. 모래를 통째로 가져와 규조류를 갉아 먹기 때문에 마치 흙을 먹는 것처럼 보여요. 게집 주위에서는 크고 작은 모래 경단을 쉽게 찾을 수 있습니다. 큰 경단은 게집에서 꺼낸 것이고 작은 경단은 먹다 남은 덩어리랍니다.

게집의 출입구는 작은 구멍입니다. 엽낭게의 집은 지름이 1cm 정도 돼요. 지름 크기는 집 주인의 몸집과 상관있습니다. 덩치가 큰 엽낭게라면 지름이 더 크겠지요.

🔍 '엽낭게'는 몸이 약 1cm이고, 게집의 깊이는 15~20cm 정도 됩니다. '농게'는 몸이 2~3cm이고, 집은 30cm 정도로 깊습니다.

 나도 과학자

갯벌에서는 어떤 소리가 날까요?

바닷물이 빠져 엽낭게와 농게가 게집에서 나올 때면 보드득 하는 소리가 들려요. 바닷물이 찼을 때 삽으로 흙을 파면 뽀글뽀글 공기가 나온답니다.

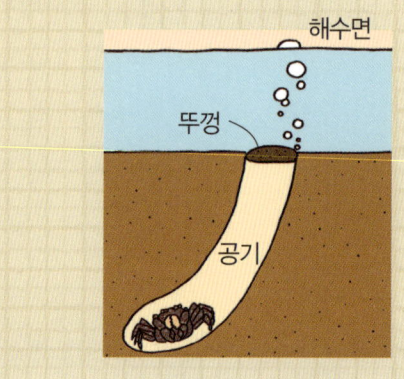

움직이지 않고 햇빛을 피하는 동물

교과서 3학년 2학기 2단원 동물의 생활

류큐대학 이학부 생물계 | 히로세 유이치

햇빛에는 장단점이 있어요

햇빛은 식물에 아주 중요한 에너지원입니다. 식물은 빛에너지를 이용해서 양분을 만들고, 동물은 그 식물을 먹으며 살아갑니다. 빛이 없으면 지구 상의 생물은 살아남을 수 없어요.

하지만 빛은 생물에 해를 입히기도 합니다. 예를 들어 한여름에 강한 햇빛을 쐬면 피부가 붉게 타서 따끔따끔해져요. 가벼운 화상이 일어나는 것입니다. 햇빛에는 동물의 체세포와 유전자를 손상하는 성분도 있습니다. 동물은 수시로 햇빛이 닿지 않는 곳에 가서 강렬한 햇빛을 피해요.

경쟁을 피해 빛이 닿는 곳에서 살아가는 멍게

햇빛을 피해 움직이지 못하는 동물은?

동물 중에는 움직일 수 없는 것도 있지요. 이것을 **고착성 동물**이라고 부르는데, 바닷속에 사는 멍게가 대표적입니다. 멍게도 대체로 햇빛을 피해 그늘에서 살아요. 하지만 많은 고착성 동물이 서로 좋은 자리를 차지하려고 경쟁한답니다.

그래서 빛은 어느 정도 닿지만 경쟁하지 않아도 되는 곳에서 살아가는 멍게가 등장했습니다. 이러한 멍게는 다양한 방법으로 빛으로부터 몸을 보호합니다. 이를테면 껍질을 두껍게 하거나, 껍질 안에 석탄질인 알갱이를 만들어 빛을 반사하거나, 햇빛 때문에 껍질을 검게 해요. 그중에는 자신의 배설물을 사용해서 몸을 지키는 멍게도 있대요.

 사람의 피부가 햇볕에 타서 피부색이 검어지는 것도 빛으로부터 몸을 지키기 위한 방어 반응입니다.

나도 과학자

그늘에는 어떤 생물이 있을까요?

바닷가에 놀러 가면 그늘이 있는 장소를 주의 깊게 관찰해 보세요. 그곳에는 어떤 생물이 살고 있나요?

콩 위에 알을 낳는 영리한 콩바구미

7월 17일

교과서 3학년 2학기 2단원 동물의 생활

도쿄대학대학원 종합문화연구과 | 시마다 마사카즈

콩 하나를 독차지해요

콩바구미는 무척 영리한 방법으로 알을 낳습니다. 아주 많은 콩에 알을 하나씩 낳는 것입니다. 자신이 선택한 콩에 이미 알이 있으면 다른 콩에 알을 낳아요. 하나의 콩에 한 마리의 유충이 자라면서 콩을 독차지해 배불리 먹을 수 있답니다.

알을 낳을 때 기름을 발라요

실험을 통해 관찰해 보니, 콩바구미는 우선 콩 하나에 알을 하나씩 낳았습니다. 대부분의 콩에 알을 다 낳은 후에야 각 콩에 두 번째 알을 낳기 시작했습니다. 알이 무척 작은데, 바구미는 콩에 알이 이미 있는지 어떻게 알 수 있을까요?

콩바구미는 알을 낳을 때 기름을 내서 알에 바릅니다. 콩에 알이 달라붙어 있는 것을 발견하면 그 콩은 피하는데, 볼 필요도 없이 기름이 묻어 있는지만 알아도 그 콩에는 알을 낳고 싶어 하지 않는답니다. 주위에 알을 낳지 않은 콩이 없어지면 드디어 콩마다 두 번째 알을 낳기 시작해요. 그 결과 콩 일부에만 치우치지 않고 모든 콩에 알을 낳을 수 있답니다.

나도 과학자

콩바구미를 찾아봅시다

콩바구미의 종류는 아주 많은데, 그중에서 우리가 제일 흔히 보는 것은 팥바구미입니다. 동부콩밭이나 팥밭에서 8~10월경이 되면 볼 수 있어요. 동부콩과 팥은 좋아해도 그 밖의 다른 콩은 별로 좋아하지 않아요. 특히 대두를 제일 싫어합니다. 쉽게 사육할 수 있지만, 집 안에서 놓치지 않도록 조심하세요.

 콩바구미는 이름은 비슷하지만 바구미가 아닙니다. 바구미는 모습이 코끼리와 비슷해서 한자로는 '상충'(象蟲)이라고 불러요. '쌀바구미'라고도 하지요..

벌레에서 버섯이 자라나요

7월 18일

교과서 4학년 2학기 1단원 식물의 생활

/ / /

후쿠시마대학 공생시스템 이공학류 | 구로사와 다카히데

곤충에 기생하는 동충하초

숲을 거닐어 보면 개미나 벌이 식물의 잎과 줄기 위에 죽어 있는 모습을 쉽게 찾을 수 있습니다. 자세히 살펴보면 몸에서 '뭔가'가 자라나고 있을 거예요. 땅에서도 벌레의 몸에서 '뭔가'가 자라고 있는 것을 볼 수 있지요. 흙을 살짝 옆으로 치우고 들여다보면 나방 애벌레, 매미 애벌레의 몸에서 '뭔가'가 나와 있는 모습이 보입니다. 익숙한 사람은 이것이 무엇인지 금세 알아차린답니다. 이것의 정체는 바로 곤충에 기생하는 버섯 '동충하초'입니다. 동충하초는 종류가 아주 많아요. 세계에 580종 정도가 알려져 있고 우리나라에서는 80여 종이 발견되었다고 합니다.

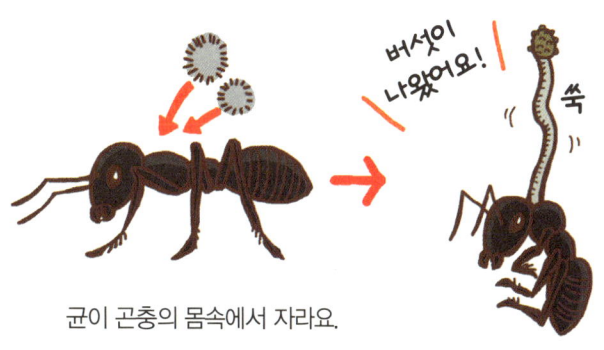

균이 곤충의 몸속에서 자라요.

곤충에게 달라붙어 성장하는 균

동충하초는 어떻게 버섯을 만들어 낼까요? 먼저 동충하초의 균이 곤충에게 달라붙습니다. 그러면 곤충의 몸 안에 균이 서서히 늘어나요. 곤충의 몸을 영양분 삼아 균이 성장하는 것이지요. 이윽고 균은 버섯이 되어 곤충의 몸을 뚫고 쑥쑥 뻗어 나옵니다. 이때 곤충의 몸은 대체로 원래 모습 그대로라서, 마치 곤충의 몸에서 버섯이 자라나는 것처럼 보여요.

겨울에는 곤충이었는데 여름이 되면 풀처럼 버섯이 나온다고 해서 동충하초라고 부릅니다.

 동충하초 중에는 귀한 한약 재료가 되는 것도 있어요. 약재로 가치가 높아 비싼 가격에 거래된답니다.

나도 과학자

동충하초를 찾을 수 있을까요?

동충하초는 습기가 있는 곳을 좋아합니다. 여러 나무가 많은 숲 속을 거닐어 보세요. 습기 많은 곳이나 계곡을 따라 난 길에서 동충하초를 발견하기 좋아요.

활유어는 민달팽이? 물고기?

7월 19일

교과서 3학년 2학기 2단원 동물의 생활

도쿄대학 임해실험소 | 구보카와 가오루

눈, 코, 귀가 전부 없어요

'창고기'라고도 부르는 '활유어'(브란키오스토마)는 물고기가 아닙니다. 물고기와 달리 헤엄치는 데 필요한 지느러미가 없어요. 헤엄칠 때는 대신 몸을 구불거립니다. 몸길이는 4cm 정도인데, 헤엄치면 1초에 40cm를 나아갑니다. 의외로 빠르지요. 몸은 반투명하고 피부는 반짝거려요. 머리와 꼬리는 똑같이 뾰족 튀어나와 있고, 입에는 수염이 달려 있습니다. 눈, 코, 귀가 전부 없어서 온몸으로 빛, 소리, 냄새 등을 느낍니다. 심지어 등뼈도 없어요. 등뼈는 몸을 지지하므로 등뼈가 없으면 몸이 흐물흐물하겠지요. 대신 활유어의 몸은 '척삭'이라고 해서, 머리끝부터 꼬리 끝까지 이어진 일종의 막대기가 몸을 받친답니다.

모래 속에 구멍을 파요

활유어는 깨끗한 바다 밑바닥의 모래 속에서 살아요. 몸을 구불거리면서 모래를 파고 들어가 플랑크톤을 먹으면서 삽니다. 그런데 바다 밑바닥에 모래가 계속해서 쌓이면 모래가 점점 단단해지고 모래 속의 산소도 줄어들어요. 그래서 활유어는 구멍을 파서 바다 밑바닥의 모래와 모래 사이에 빈틈을 만듭니다. 틈으로 바닷물과 산소가 들어와요.

활유어의 천적은 바다 밑바닥에서 먹이를 찾아다니는 물고기예요. 특히 육식을 하는 가오리 같은 물고기는 활유어에게 정말 위험해요.

활유어가 바다를 헤엄치는 것은 산란 때뿐입니다. 바다 밑바닥에서 3m 정도 위로 올라가 알을 낳은 다음 곧바로 모래 속으로 돌아옵니다.

나도 과학자

다음 중 몸의 구조가 사람에 가까운 것은?

약 5억 년 전의 고대 생물
① 피카이아
② 아노말로카리스
③ 할루시게니아

핵심은 '척삭'입니다. 사람도 척삭이 있어요. 다만 태아가 되기 전인 배아 단계일 때뿐입니다. 아기가 되는 과정에서 척삭이 사라지고 대신 골격이 몸을 지탱합니다. 그래서 답은 1번이에요.

🔍 활유어는 뇌와 얼굴이 없는 선사시대의 물고기입니다. 대신 원시적인 신경 조직을 갖고 있어요. 심장이라고 할 만한 것도 없습니다.

파도는 어떻게 생겨요?

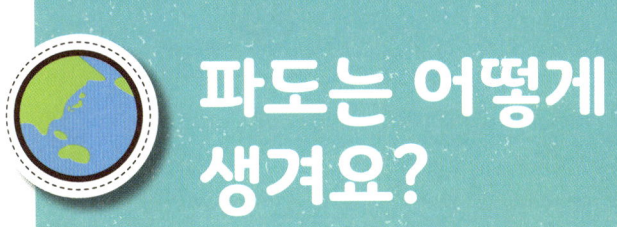

7월 20일

교과서 5학년 2학기 3단원 날씨와 우리 생활

쓰쿠바대학 생명환경계 | 이케다 아쓰시

파도는 바람 때문에 일어나요

바다에 가면 철썩철썩 쉬지 않고 파도가 밀려와요. 왜 바다에는 파도가 일까요?

차나 국 등 뜨거운 것을 마실 때 먼저 숨을 후후 불어 식혀 본 적 있지요? 그때 뜨거운 물의 표면이 흔들릴 거예요. 파도도 마찬가지랍니다.

넓은 바다에서는 반드시 어딘가에서 바람이 붑니다. 그 바람이 바다의 표면을 흔들어 파도를 일으켜요. 하지만 바닷가에 서 있으면 바람이 불지 않는데도 파도가 밀려올 때가 있어요. 파도는 멀리까지 전달되는 성질이 있습니다. 우리가 바닷가에서 보는 파도는 세계 어딘가에서 바람으로 일어난 파도가 가까이 온 것이랍니다.

파도의 크기는 바람으로 결정돼요

파도의 크기는 바람의 세기, 바람이 분 시간과 넓이에 따라 결정돼요. 바람이 강할수록, 바람이 분 시간이 길수록, 넓은 범위에서 불수록 큰 파도가 일어난답니다.

태풍은 몹시 강력한 바람이 넓은 범위에서 부는 현상입니다. 그래서 큰 파도가 함께 일어납니다. 태풍이 멀리 있으면 바닷가의 날씨는 맑지만, 바닷가에는 파도부터 높게 밀려와요.

 지구 상에서 특히 바람이 센 곳은 남극 주변입니다. 남극은 늘 바람이 거칠어요. 그곳에서 생긴 파도는 태평양까지 와서 하와이를 넘어 북아메리카까지 전해져요.

머나먼 바다에서 일어난 파도

바닷가에서 큰 물결로 변해요!

나도 과학자

욕조에서 실험해 보세요

욕조 가운데에 칸막이를 두고 한쪽에 선풍기나 드라이기로 바람을 보내 보세요. 바람으로 일어나는 파도를 재현하는 것인데, 이 파도가 전해져서 반대쪽에도 파도가 생기는 모습을 확인할 수 있어요.

칸막이

※주의! 반드시 어른과 함께하고, 드라이기를 욕조에 빠트리지 않도록 조심하세요. 만일 떨어뜨렸다면 즉시 콘센트를 뽑고 욕조에서 물을 뺀 다음 드라이기를 주워야 합니다.

암컷 공작은 왜 화려하지 않고 수수할까요?

교과서 3학년 2학기 2단원 동물의 생활

7월 21일

오카야마대학 이학부 생물학과 | 다케우치 사카에

수컷만 화려하게 진화했다고요?

공작은 화려한 깃털로 유명하지요. 사실 아름다운 깃털을 가진 것은 수컷뿐입니다. 지금까지는 수컷이 암컷에 구애하기 위해 화려한 깃털을 뽐낸다고 생각했습니다. 그런데 최근 연구에 따르면 원래 공작은 양쪽 다 아름다운 깃털을 가지고 있었는데, 암컷만 깃털이 수수하게 바뀌었다고 합니다.

암컷도 화려한 깃털이 생길 수 있어요

수컷은 수컷답게 하는 남성호르몬을 가지고 있습니다. 이 호르몬은 정소에서 만들어져요. 반대로 암컷은 암컷답게 하는 여성호르몬을 가지고 있습니다. 여성호르몬은 난소에서 만들어집니다. 이러한 '성호르몬'은 공작의 깃털 색에 큰 영향을 줍니다.

수컷 공작만 화려한 깃털을 가지도록 진화했다고 가정해 보세요. 남성호르몬의 작용이 멈춘 수컷은 깃털이 수수해지겠지요. 그래서 공작의 정소를 제거하는 실험을 했는데, 그래도 수컷의 깃털이 화려했습니다. 반대로 암컷의 난소를 제거했더니, 여성호르몬이 줄어들어 깃털이 화려해졌다고 합니다.

이러한 실험 결과를 봤을 때, 수컷 공작만 아름다운 깃털을 가지도록 진화한 것은 아니라는 결론이 나옵니다. 어쩌면 새끼를 키우는 암컷에게 여성호르몬이 작용해서, 적의 눈에 잘 띄지 않게 깃털이 수수해진 것이 아닐까요?

 '동천홍'이라는 닭도 수컷만 화려한 깃털을 뽐냅니다. 그런데 암컷이 늙어서 여성호르몬이 작용하지 않자 수컷과 똑같이 화려한 깃털이 생겼다고 합니다.

나도 과학자

암수의 생김새에 차이가 없는 새는 어느 쪽이 새끼를 키울까요?

공작은 수수하게 생긴 암컷이 새끼를 키웁니다. 그런데 제비처럼 암컷과 수컷의 모습에 차이가 없는 새는 어느 쪽이 새끼를 키울까요? 정답은 '암컷과 수컷이 서로 도와 새끼를 키운다'입니다.

물고기인데 물에 빠진다고요?

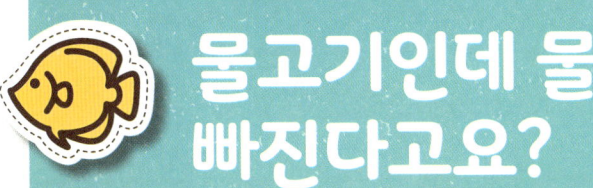

교과서 3학년 2학기 2단원 동물의 생활

일본국립과학박물관 동물연구부 | 나카에 마사노리

피부로 호흡한다고요?

물고기 하면 물속에서 활발히 헤엄치는 모습이 떠오르지 않나요? 물고기는 아가미로 물속의 산소를 빨아들입니다. 물에서 살기에 적합한 몸이어서, 뭍으로 올라가면 숨을 쉬지 못해 죽고 말아요.

그런데 물보다 육지에서 사는 것을 더 좋아하는 물고기가 있습니다. 바로 '말뚝망둥어'입니다. 아가미로도 산소를 빨아들이지만, 피부로 더 많은 산소를 마신답니다. 물속에서는 산소가 모자라 물에 빠지기도 해요.

입으로 공기를 마셔요.
미꾸라지

공기 좋다!
말뚝망둥어

육지를 더 좋아해요

말뚝망둥어의 피부에는 섬세한 혈관이 아주 많이 지나기 때문에 공기 중에서 직접 산소를 빨아들여요. 다만 몸이 마르면 산소를 마실 수 없기 때문에 물 근처에 살면서 이따금씩 몸을 적십니다.

아가미 호흡으로 얻는 산소만으로는 부족해서, 해안선에 서식하는 말뚝망둥어는 밀물이 되면 물가까지 이동합니다.

말뚝망둥어처럼 아가미가 아닌 다른 방법으로 호흡하는 물고기는 또 있습니다. '미꾸라지', 중국남부와 필리핀, 베트남 등지에 있는 '대만가물치'입니다. 대만가물치는 정기적으로 공기를 마시기 위해 수면으로 얼굴을 내민답니다.

 아마존 강에 있는 물고기 피라루쿠(아라파이마 기가스)는 아가미 호흡도 하지만, 부레를 폐처럼 사용해서 공기 속의 산소도 마신답니다. 이따금 공기를 마시려고 물 위로 얼굴을 내밀어요.

나도 과학자

말뚝망둥어 수조의 모습은?

말뚝망둥어의 몸은 물속보다도 육지 생활에 알맞습니다. 수족관에서 말뚝망둥어를 사육할 경우 수조안에 육지를 만들어 놓아요. 어떤 식으로 사육하는지 관찰해 보세요.

사이좋게 지내는 것이 이익이에요

7월 23일

교과서 4학년 2학기 1단원 식물의 생활

사가대학 | 미야와키 히로미

한 몸처럼 같이 사는 지의류

생물의 세계에서는 먹잇감을 두고 싸우거나 짝짓기를 위해 경쟁하는 등 다툼이 끊이지 않습니다. 그런데 싸우지 않고 평화롭게 살아가는 생물도 있어요. 그중 대표적인 것이 소라게와 말미잘입니다. 소라게는 말미잘이 가진 독으로 보호받고, 말미잘은 소라게의 도움으로 이동해서 먹이를 잡아먹어요.

이들처럼 서로 도우며 한 몸처럼 살아가는 식물에는 지의류가 있어요. 지의류는 선태류에 속하는 이끼 식물과 비슷하지만 전혀 달라요. 곰팡이, 버섯 등의 '균류'와 물속이나 습지에서 사는 '조류', '시아노박테리아'(남세균. 엽록소로 광합성을 하는 세균)가 혼자서는 살 수 없는 환경에서 한 몸이 되어 같이 살아가는 생명체를 **지의류**라고 합니다.

서로 돕는 공생 관계

균류와 조류가 한 몸이 되면 어떤 좋은 점이 있을까요? 집주인에 해당하는 균류는 조류로부터 집세 대신 영양분을 받습니다. 조류는 균류가 제공한 집 안에서 건조한 날씨와 자외선 등으로부터 보호받고, 햇빛을 이용해 열심히 영양분을 만들어 낸답니다.

눈에 잘 띄지 않는 지의류이지만, 도로변에 깔린 돌이나 나무껍질, 암석, 흙 등 우리 주변에 여러 가지 종류가 자라고 있습니다. 세계적으로 2만여 종, 우리나라에는 700~800여 종이 알려져 있어요. 어떤 지의류는 털실 염색, 향수, 식용 등에 쓰여요.

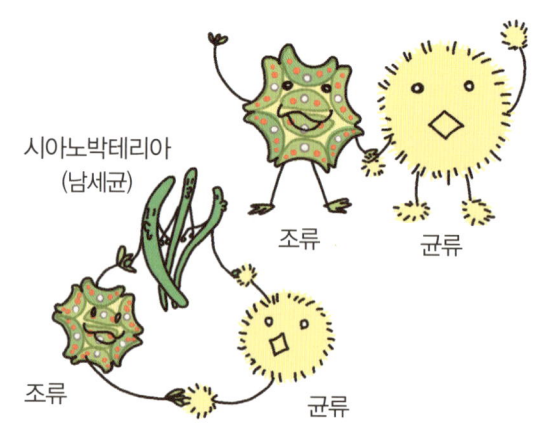

시아노박테리아 (남세균) / 조류 / 균류 / 조류 / 균류

 유럽에 서식하는 지의류 중에 향수에 사용되는 것이 있어요. 흔히 '오크모스'라 불리는 '진두발지의'입니다. 지의류의 향기가 향수에 깊이를 더한답니다.

나도 과학자

페인트칠처럼 보이는 촛농지의를 찾아봐요

도로변에 깔린 돌, 가로수에 노란색 페인트가 묻은 것 같은 모습을 본 적이 있나요? 실제로는 페인트가 아니라 주황단추지의, 촛농지의 등 지의류인 경우가 많습니다.

나무껍질에서 자라는 촛농지의

독 없는 나비가 독 있는 나비를 흉내 내요

7월 24일

교과서 5학년 2학기 2단원 생물과 환경

도쿄대학 종합연구박물관 | 야고 마사야

맛없게 보이면 잡아먹히지 않아요

새는 한 번 먹었을 때 맛이 없는 먹이를 기억해 두었다가, 그와 비슷하게 생긴 것은 먹지 않으려고 합니다. 그래서 맛없는 독나비를 먹고 난 다음에는 그와 비슷한 모양의 나비를 먹지 않는답니다. 독나비는 화려한 색깔과 무늬를 지녀서, 자신이 맛없다는 사실을 적극적으로 알리는 생김새를 하고 있어요.

그런데 독이 없는데도 불구하고 화려한 색과 무늬를 지닌 나비가 있습니다. 원래라면 눈에 너무 띄어서 제일 먼저 새에게 잡아먹혀 버리겠지요. 그런데 독나비와 비슷하게 보이기 때문에 새가 독나비인 줄 알고 먹지 않는답니다. 예를 들어 일본 오키나와에 있는 흰띠제비나비 암컷은 독이 있는 사향제비나비와 꼭 닮았답니다.

호랑이잠자리나비

실바나독나비

선조는 다른데도 쏙 빼닮았어요

독이 있는 나비끼리도 닮은 경우가 있어요. 예를 들면 '호랑이잠자리나비'(메카니티스 폴림니아)와 '실바나독나비'(헬리코니우스 누마타)는 둘 다 독을 가진 나비인데, 거의 같은 장소에 살고 생김새도 흡사합니다. 독이 있는 나비끼리도 모습이 유사해야 새에게 잡아먹히지 않는 데 도움이 돼요. 조상이 다른데도 서서히 생김새가 비슷해졌다니, 정말 신기하지 않나요?

 독이 없는 나비가 독이 있는 나비의 무늬를 따라해 위장하는 것을 **베이츠 의태**라고 부릅니다. 그리고 종이 다른데 같은 생물의 먹잇감이 되는 나비나 벌 등이 서로 닮아가는 것을 **뮐러 의태**라고 합니다.

나도 과학자

닮은 나비를 찾아보세요

오키나와로 여행 갈 기회가 생긴다면 흰띠제비나비의 암컷과 사향제비나비를 찾아보세요. 색깔과 무늬뿐 아니라 나는 모습까지도 똑 닮았으니 유심히 관찰해 봅시다.

흰띠제비나비

사향제비나비

강에 금이 있다고요?

교과서 3학년 2학기 3단원 지표의 변화

대학강사 | 야지마 미치코

강에서 금을 찾을 수 있어요!

귀금속이라는 단어에서도 짐작하듯, 금은 아주 귀한 금속입니다. 금을 얻으려면 금이 묻힌 광산을 찾아 대규모 채굴 작업을 해야 하지요. 일반적인 광산에서는 1,000kg의 광석에서 3g 정도의 금을 채취할 수 있습니다.

그런데 그 힘든 일을 하지 않아도 금을 구할 수 있는 곳이 있답니다. 바로 강입니다. 강모래 속에서 반짝반짝 빛나는 금을 찾을 수 있어요. 모래 같은 금이라고 해서 '사금'이라고 부릅니다. 왜 강에 금이 있는 것일까요?

사금은 어떻게 생길까요?

금 성분을 가진 돌이 흐르는 물을 따라 구르면서 깎이거나, 햇볕이나 바람 때문에 약해져 부서지면서 금이 강변이나 해변에 쌓여요. 우리나라에서는 신라 시대에 사금을 채취해 금을 활용한 장식품을 많이 만들었습니다.

사금이 생기는 또 다른 방법으로 마그마가 있습니다. 화산이 폭발하면 마그마가 지하에서 솟아오릅니다. 마그마에 금이 포함되어 있을 때가 많아요. 화산이 많은 곳에서는 마그마와 함께 금도 나왔습니다. 식어서 굳은 마그마가 비와 강물에 휩쓸려 조금씩 깎여나가면 마그마에 포함되어 있던 금도 강물에 흘러가겠지요. 이렇게 강모래에 섞인 금이 발견되는 것입니다. 이러한 사금은 우리나라 하천 곳곳에서 찾을 수 있어요. 화산은 무서운 재해를 일으킵니다. 하지만 한편으로는 이러한 혜택도 줘요.

나도 과학자

강에서 사금을 찾아볼까요?

'패닝 접시'라는 사금 채취 전용 접시에 강모래와 물을 넣고 마구 흔들어서 모래와 진흙을 조금씩 흘려보내세요. 운이 좋으면 패닝 접시 바닥에 남아 반짝거리는 작은 사금을 볼 수 있어요.

🔍 사금을 찾기 쉬운 장소나 사금 채취에 대한 자세한 방법을 인터넷으로 조사해 보세요. 체험 교실도 있으니 거기에 참가해도 좋아요.

빨리 죽는 해파리와 다시 어려지는 해파리

교과서 3학년 2학기 2단원 동물의 생활

7월 26일

교토대학 | 구보타 신

위와 촉수가 없는 해파리

해파리에는 두 가지 모습이 있습니다. 바다를 떠도는 '해파리'와 바다 밑바닥에 달라붙어 있는 '해파리 폴립'입니다. 해파리를 나비에 비유한다면 폴립은 애벌레에 해당합니다. 이 두 종류의 생활을 지금부터 비교해 볼까요?

먼저 '유김난테아 야포니카'(학)의 일생입니다. 폴립은 두껍질조개나 참굴 등의 부드러운 몸에 달라붙습니다. 때가 되면 마치 약속이라도 한 것처럼 일제히 해파리가 됩니다. 암컷과 수컷이 서로 수정하고, 수정이 끝나면 그날 안에 죽어 버려요. 해파리가 된 후의 수명은 단 하루입니다. 그래서 먹이를 잡아먹는 촉수도, 먹이를 소화하는 위도 없어요.

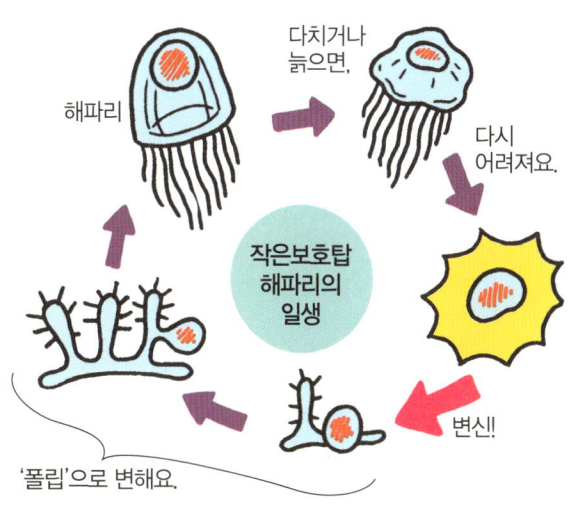

나비가 애벌레로 돌아가는 것과 같아요

해파리에는 암컷과 수컷이 있어서, 수정하여 알을 낳습니다. 알에서 태어난 새끼는 바다 밑바닥까지 헤엄쳐 내려가 그곳에서 폴립으로 자라납니다.

그런데 '작은보호탑해파리'는 몇 번이고 다시 어려져요. 이 해파리의 폴립은 바다 밑바닥에 뿌리를 내립니다. 때가 되면 폴립의 몸 일부에서 해파리가 탄생합니다. 놀랍게도 몸이 찢어지거나 다치면 다시 폴립으로 되돌아가요. 마치 나비가 다시 애벌레로 돌아가는 것 같지요. 그야말로 불사조인데, 그래도 천적에게 잡아먹히면 별수 없이 죽고 말겠지요.

 '작은보호탑해파리'가 얼마나 어려지는지 관찰한 결과 해파리에서 폴립, 또 해파리로 거듭하는 과정이 적어도 10번 정도는 일어났습니다.

나도 과학자

인터넷에서 찾아 관찰해 보세요

'작은보호탑해파리'는 전 세계 열대와 온대 지역의 얕은 바다에 서식합니다. 크기가 수 밀리미터에서 1센티미터 정도 되는 해파리의 모습을 관찰해 보세요. 붉게 보이는 것이 소화기예요.

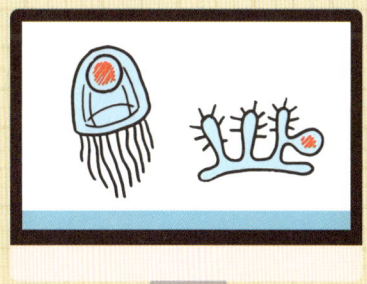

모래사장과 모래 언덕은 어떻게 생겼을까요?

7월 27일

교과서 3학년 2학기 3단원 지표의 변화

쓰쿠바대학 생명환경계 | 히사다 겐이치로

모래는 움직이기 쉽고 멈추기도 쉬워요

누구나 한 번쯤 놀이터나 바닷가에서 모래 놀이를 해 본 적이 있을 거예요. 그만큼 모래는 우리에게 무척 친숙하지요. 모래는 움직이기 쉽고 멈추기도 쉽다는 특징이 있습니다. 정반대 같은 말인데, 도대체 이게 무슨 소리일까요?

모래는 강물의 흐름이나 조금 센 바람 등에 의해 쉽게 이동합니다. 강물이 잔잔해지거나 바람이 그치면 곧바로 움직임을 멈추지요. 이것이 바로 움직이기 쉽고 멈추기도 쉽다는 뜻입니다.

진흙사장, 자갈언덕은 없어요

모래사장과 모래 언덕 등 모래가 모인 지형도 이러한 특징에 따라 탄생한 것입니다. 이를테면 모래보다도 작은 진흙이 바람에 실려 공중에 날리면 너무 가벼워서 언제까지고 계속 날아다닙니다. 멈추기 힘들지요. 또 모래보다 큰 자갈은 무거워서 웬만큼 강한 바람이 불지 않으면 꿈쩍도 하지 않습니다.

진흙은 한곳에 모여 봤자 바람이 불면 전부 날아가 버립니다. 또 자갈은 움직이기 힘든 성질이니 애초에 모일 수가 없습니다. 진흙사장, 자갈언덕은 생길 수 없어요.

모래는 주위에 있는 물과 공기의 흐름에 따라 움직이기도 쉽고 멈추기도 쉽습니다. 그래서 우리는 모래사장이나 모래 언덕 같은 독특한 경치를 즐길 수 있어요.

 모래는 주로 화강암이라는 암석이 부서져서 작게 변한 것입니다. 크기는 2~0.02mm이며, 그보다 작은 것을 진흙, 그보다 큰 것을 자갈(조약돌)이라고 부릅니다.

나도 과학자

강모래와 바닷모래의 차이점은?

모래는 장소에 따라 모양과 크기가 다릅니다. 하천의 모래와 바다의 모래를 비교해 보세요. 강은 진흙도 쌓이므로 물이 탁한데, 얕은 바다는 모래만 있어서 물이 투명하다는 등 여러 가지 차이점을 발견할 수 있답니다.

신경도 근육도 없는 판형동물

교과서 5학년 1학기 5단원 다양한 생물과 우리 생활

쓰쿠바대학 시모다임해실험센터 | 나카노 히로아키

의외로 가까운 곳에 있는 생물

바다에는 비밀이 많은 동물이 살고 있어요. 바로 **판형동물**이라는 생물입니다. 다만 판형동물이 몇 종류나 되는지는 아직 밝혀지지 않았어요.

몸 크기는 0.5~3mm 정도예요. 아메바같이 생긴 무척 작은 동물이랍니다. 풍선을 납작하게 누른 듯한 생김새이며, 위와 장은 물론이고 신경과 근육도 없습니다.

먹이는 규조류와 박테리아 등이에요. 바닷속을 표류하기도 하고, 바다 밑 돌 등에 달라붙어 있기도 합니다. 주로 열대 바다에 있는데, 전 세계 바다에 어떻게 분포하는지는 아직 모른답니다.

어떻게 수를 늘릴까요?

판형동물은 몸에 알을 하나만 만듭니다. 수컷이 있는지 없는지는 밝혀지지 않았습니다. 다시 말해서, 혼자 알을 만드는지 아니면 암컷과 수컷이 수정해서 만드는지조차 아직 몰라요. 알에서 어떻게 성장하는지도 밝혀지지 않았어요.

한편 판형동물은 몸이 두 개로 분열해 수를 늘린다고 합니다. 몸의 일부에 둥근 덩어리가 생긴다는 사실도 알려졌는데, 이 둥근 부분이 언제 다시 원래의 몸으로 돌아가는지는 아직 모릅니다.

🔍 수족관에 가면 아크릴 유리를 관찰해 보세요. 크기 0.5~3mm인 흰색 점이 아크릴 유리 표면을 이동하는 모습이 보인다면 그 생물이 판형동물일지도 몰라요.

위에서 보면 / 이래도 동물일까요? / 옆에서 보면

나도 과학자

판형동물을 찾을 수 있을까요?

우선 페트병을 준비하세요. 페트병에 바닷물을 담고 거기에 돌을 넣습니다. 그리고 뚜껑을 닫은 상태에서 얼마간 놔두세요. 크기 0.5~3mm의 흰색 점이 페트병 안에서 돌아다니고 있다면 그것이 판형동물일지도 몰라요.

바닷물에 페트병을 담가요. / 작은 돌을 넣고 뚜껑을 닫아요. / 땅 위에 얼마간 두세요.

장거리 비행을 하는 작은빨간집모기

7월 29일

교과서 3학년 2학기 2단원 동물의 생활

일본국립감염증연구소 | 사와베 교코

중국에서 한국까지 멀리 날아와요

놀랄 만큼 긴 거리를 나는 모기가 있어요. 주로 여름에 농촌에서 발견되는 '작은빨간집모기'입니다. 일부는 중국 대륙에서 이동해 온 것으로 보여요. 그 거리는 약 1,000km나 됩니다. 빠르게 흐르는 공기 흐름인 제트 기류를 타기 때문에 1,000km를 고작 1~2일 만에 이동합니다.

그런데 모기가 정말로 그렇게 먼 거리를 날 수 있을까요? 실험해 보니 20시간 이상, 때로는 38시간이나 천천히 계속 날았습니다. 멀리 날기 위한 힘은 몸속 지방에서 얻습니다.

시가지에 사는 모기

도시에 사는 모기의 대부분은 '빨간집모기'입니다. 주로 시가지에 서식하고, 2~3km를 이동합니다. 강한 힘으로 짧은 시간 동안 날고, 잠시 쉰 후 또 난대요. 성충은 몸속의 지방을 이용해 겨울을 납니다. 작은빨간집모기가 날 때 지방을 쓰는 것과는 목적이 다르답니다.

숲에서 흔히 볼 수 있는 '흰줄숲모기'의 이동 거리는 100~200m 정도입니다. 지방은 별로 축적하지 않아요. 이는 흰줄숲모기가 알의 모습으로 겨울을 보내는 것과 상관있을지도 모릅니다.

작은빨간집모기의 암컷은 가을이 되어 해가 짧아지면 흡혈과 산란을 멈추고 성충인 채로 겨울을 나요. 추위에 약해서 추운 곳에서는 보통 겨울을 나지 않아요.

나도 과학자

벽에 앉은 모습을 관찰해 보세요

빨간집모기와 흰줄숲모기는 앉았을 때 몸이 벽과 평행합니다. 반면 얼룩날개모기는 엉덩이를 들고 있어요. 얼룩날개모기에게 물리면 말라리아에 감염될 위험이 있다고 하니 해외에 나갈 때 특히 조심하세요.

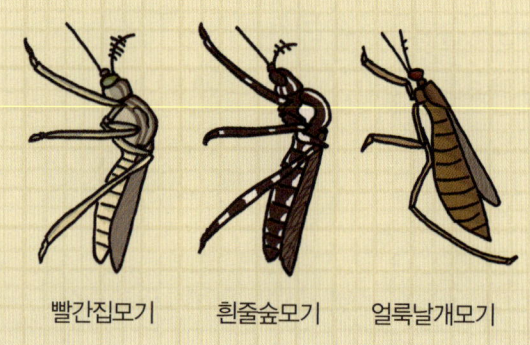

빨간집모기　흰줄숲모기　얼룩날개모기

히치하이크하는 조개가 있다고요?

7월 30일

교과서 3학년 2학기 2단원 동물의 생활

도쿄대학 대기해양연구소 | 가노 야스노리

강을 거슬러 올라가는 것은 물고기뿐?

강에는 많은 생물이 살고 있습니다. 그중에는 한번 바다로 내려갔다가 다시 강으로 돌아오는 것도 있어요. 그 대표적인 생물 중 하나가 여러분도 즐겨 먹는 '연어'입니다. 연어처럼 헤엄치는 힘이 센 물고기는 강물의 흐름을 거슬러 상류까지 올라갑니다. 그럼 조개, 새우, 게는 어떨까요?

이동하는 힘이 약한 생물이 강을 거슬러 올라가기란 그리 쉽지 않습니다. 하지만 이 생물들도 시간을 들여 강을 거슬러 올라갑니다. 그중에는 '꾀'를 부려 다른 생물의 도움을 빌리는 것도 있답니다.

'네리티나 풀리게라'의 껍데기에 붙은 '네리티나 아스페룰라타'

다른 조개류의 도움을 받아요

필리핀, 오키나와 등 열대지방과 아열대지방의 강에는 '네리티나 아스페룰라타'가 서식합니다. 이 고둥은 '네리티나 풀리게라' 같은 다른 고둥 등의 껍데기에 달라붙어 강의 상류로 올라갑니다. 마치 달리는 차에 올라타듯, 히치하이크라도 하듯 말이지요. 고둥의 입구가 다른 조개류에 달라붙을 때 잘 떨어지지 않도록 평평하답니다.

강을 거슬러 오르는 동안 크게 성장하면 태워 준 고둥에게서 떨어져 나가 버릴 수도 있어요. 또 달라붙은 상태에서는 먹이를 충분히 먹지 못하겠지요. 이러한 점 때문에 고둥 껍데기의 크기는 커 봐야 몸 길이가 3mm 반 정도에서 그친답니다.

 '네리티나 풀리게라'는 이동하는 속도가 매우 느려요. 약 5km 떨어진 강 상류까지 1년 이상이 걸린대요.

나도 과학자

'비늘흑색배말'을 떼어 낼 수 있을까요?

고둥 '네리티나 아스페룰라타'는 몸의 일부가 달라붙기 쉽게 생겼어요. 물가에 있는 '비늘흑색배말'처럼 껍질이 하나인 조개도 바위에 강하게 붙을 수 있답니다. 과연 여러분의 힘으로 떼어 낼 수 있을까요?

공룡만 화석으로 남는 것이 아니에요

교과서 4학년 1학기 2단원 지층과 화석

쓰쿠바대학 생명환경계 지구진화과학전공 | 사시다 가쓰오

화석이 되는 것은 뼈뿐일까요?

화석 하면 공룡이나 동물의 뼈, 이빨 등이 떠오르지요. 하지만 그것만 화석이 되는 것은 아니랍니다. 생물이 생활했던 흔적(생흔)도 화석이 될 수 있어요.

공룡으로 예를 들면 둥지, 알, 발자국, 배설물 화석이 발견되고 있어요. 공룡 둥지, 알 화석을 조사하면 가족 구성이나 새끼를 키웠던 방법을 알 수 있습니다. 또 공룡 발자국을 보면 걸음걸이와 이동한 방향을 알 수 있어요. 공룡의 배설물 화석을 보면 주로 어떤 먹이를 먹었는지 파악이 가능하답니다. 이처럼 **흔적 화석**(생흔 화석)을 조사하면 그 생물이 어떤 환경에서 어떻게 살았는지 짐작할 수 있어요.

화석으로 옛날의 환경을 알 수 있어요

몸집이 큰 동물만 화석이 되는 것은 아닙니다. 바다에 사는 게와 갯지렁이는 모래사장에 구멍을 파서 집을 만드는데, 이 집이 화석으로 남기도 해요. 동물뿐 아니라 식물도 화석이 됩니다. 나무줄기와 잎은 물론이고 꽃가루 화석도 발견됩니다.

이러한 화석을 조사하면 화석이 발견된 장소의 환경을 파악할 수 있어요. 게집 화석을 찾았다면 그곳이 옛날에 모래사장이었다고 짐작하겠지요. 또 지대가 높은 곳에 피는 꽃의 꽃가루 화석이 발견되었다면 그곳은 예전에 고원이었을지도 모릅니다.

 나무도 화석이 돼요. 그게 바로 석탄입니다. 석탄은 나무줄기와 나뭇가지가 오랜 세월을 거치면서 탄소 덩어리로 변한 것입니다.

나도 과학자

언젠가 화석이 될까요?

모래사장에는 다양한 생물의 흔적이 남아 있어요. 갯지렁이와 소라게가 지나간 흔적, 게집과 파도로 생긴 모래 모양도 보입니다. 이러한 것들을 살펴보세요. 미래에 화석으로 남을지도 몰라요.

덫을 만들어 곤충을 유인해 보세요

교과서 3학년 2학기 2단원 동물의 생활

일본국립과학박물관 | 도모쿠니 마사아키

빛을 이용하는 라이트 트랩

연구와 방충 등의 목적으로 곤충을 잡기 위해 여러 가지 '덫'을 사용해요. 몸이 작거나 밤에 잘 돌아다니는 곤충은 눈으로 찾아서 잡기가 무척 어렵기 때문입니다. 만들기 쉬운 '덫'을 몇 가지 알아볼까요?

먼저 '라이트 트랩'입니다. 빛을 보고 달려드는 곤충을 유인해 잡는 거지요. 흰색 스크린과 전등을 사용합니다. 먼저 스크린을 펼치고 그곳에 전등을 거꾸로 매답니다. 모기, 딱정벌레, 벌, 노린재 등을 채집할 수 있어요.

구멍을 파서 만드는 트랩

다음은 '미끼 트랩'이에요. 우선 땅을 판 다음 그곳에 컵을 묻습니다. 컵에는 햄이나 썩은 고기 등을 넣어둡니다. 며칠 지나 컵을 꺼내 보면 딱정벌레, 송장벌레, 반날개 등이 들어가 있답니다. 고기 대신 물에 녹인 흑설탕이나 과일즙 등을 사용하기도 합니다. 다만 수분이 많은 먹이는 자칫 잘못하면 곤충이 빠져 죽어, 곧 썩어 버리고 말아요. 그러니 트랩을 설치하면 하루 이틀 뒤에 확인해야 해요.

마지막은 '함정 트랩'입니다. 먼저 땅에 구멍을 팝니다. 그대로 두거나 커다란 빈 캔을 파묻습니다. 미끼 트랩과 비슷하지만 안에 먹이를 넣지 않아요. 땅을 기어 다니는 곤충이 잘 빠집니다. 그 밖에도 말레이즈 트랩(텐트형), 충돌판 트랩 등이 있어요.

라이트 트랩

나도 과학자

수박으로 덫을 만들어 보세요

상수리나무 밑동 근처에 먹다 남은 수박을 둡니다. 이때 수박 껍질이 위로 오도록 합니다. 다음 날 보러 가면 여러 곤충이 모여 있을 거예요. 무척 간단하니 직접 해 보세요.

곤충망으로 곤충을 채집할 때는 미리 곤충의 습성을 알아 두는 것이 아주 중요합니다. 나비로 예를 들면 호랑나비는 위아래로 움직이고, 팔랑나비는 직선, 뿔나비는 불규칙적으로 날아다닌답니다.

다리로 숨을 쉬는 게가 있다고요?

8월 2일

교과서 3학년 2학기 2단원 동물의 생활

이와테의과대학 | 마쓰마사 마사토시

다리에 고막이 있다고요?

썰물이 빠져나간 갯벌은 육지가 됩니다. 갯벌에 사는 '엽낭게'와 '넓적콩게'는 다리에 북이 있답니다. 이 북의 이름은 '고막'이에요. 다리에 고막이 있다니, 도대체 이 고막은 무슨 역할을 할까요?

1980년대에 고막은 '호흡을 하는 곳'으로 밝혀졌습니다. 다리로 호흡을 하다니 믿기 힘든 이야기이지요. 고막에 에나멜을 바르는 실험을 했더니, 엽낭게가 숨쉬기 어려워했대요. 이 점만 봐도 게 다리의 고막이 호흡에 필요하다는 사실을 알 수 있어요.

다리의 고막으로 호흡하는 게

게는 아가미 또는 고막으로 호흡해요

바다 밑바닥에 사는 게는 껍데기 안에 있는 아가미로 호흡합니다. 아가미를 통해 바닷물에 들어 있는 산소를 몸속으로 빨아들여요. 그런데 바다에 있던 게가 육지로 올라오면 아가미가 흐물흐물해져서 제대로 호흡할 수 없습니다. 이런 이유로 바다 밑바닥에서 사는 게는 땅에서 살 수 없어요.

갯벌에 사는 '엽낭게'와 '넓적콩게'는 다른 방법으로 호흡한답니다. 껍데기 안의 아가미를 작게 만들고, 대신 다리의 고막으로 호흡해요. 갯벌에 사는 '농게'는 다리에 고막이 없는데, 대신 껍데기 안에 공기를 저장해 아가미로 호흡합니다.

 '엽낭게'는 넓적콩게보다 다리의 고막이 더 잘 발달해 뚜렷이 보여요. '넓적콩게'는 아가미가 들어 있는 방에 공기를 넣어 숨을 쉽니다.

나도 과학자

게가 물에 뜬다고요?

두리번거리는 농게를 발견하면 얼른 붙잡아 물웅덩이에 넣어 보세요. 가라앉지 않고 물 위에 뜬답니다. 껍데기 속에 공기를 저장하기 때문에 뜰 수 있어요.

밀물과 썰물은 왜 일어날까요?

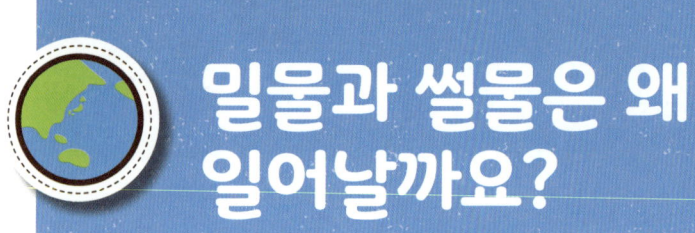

교과서 6학년 1학기 2단원 지구와 달의 운동 심화

쓰쿠바대학 생명환경계 | 이케다 아쓰시

달이 바닷물을 끌어당겨요

'바닷물의 표면'을 일컫는 **해수면**은 시간에 따라 올라가기도 하고 내려가기도 합니다. 해수면이 제일 높은 때를 **만조**, 제일 낮은 때를 **간조**라고 해요. 만조와 간조는 보통 하루에 두 번씩 일어납니다.

해수면의 높이가 변하는 것은 달과 관련이 있어요. 모든 사물에는 서로를 끌어당기는 **인력**이 존재합니다. 우리가 지구 위에 서 있을 수 있는 것도 지구의 인력 때문이지요. 마찬가지로 달에도 인력이 있어서 달과 지구는 서로를 끌어당기고 있답니다.

육지는 딱딱하니 달이 끌어당겨도 모양이 거의 변하지 않습니다. 하지만 바닷물은 액체여서 달의 인력에 이끌리고 맙니다. 그래서 달이 있는 방향으로 바닷물이 모이는 만조가 된답니다.

원심력도 관련 있어요

달이 있는 반대쪽은 간조가 될까요? 달의 반대쪽도 만조가 됩니다. 달과 지구는 마치 피겨 스케이트 페어 선수가 서로 손을 잡고 도는 것처럼 서로 끌어당기며 돌고 있습니다. 회전하는 바깥쪽으로 원심력이 작용합니다. 달이 있는 쪽은 달의 인력 때문에 만조가 되고, 반대쪽은 원심력 때문에 만조가 됩니다.

🔍 밀물과 썰물은 태양의 영향도 받습니다. 달과 태양이 일직선상에 있으면 만조와 간조의 차이가 가장 큰 **한사리(대조)**가 일어나고, 지구를 중심으로 달과 태양이 직각의 위치에 있으면 **작은사리(소조)**가 일어납니다.

지구는 자전하므로 달의 위치가 시간에 따라 달라집니다. 만조와 간조도 보통 하루에 각각 두 번씩 일어난답니다.

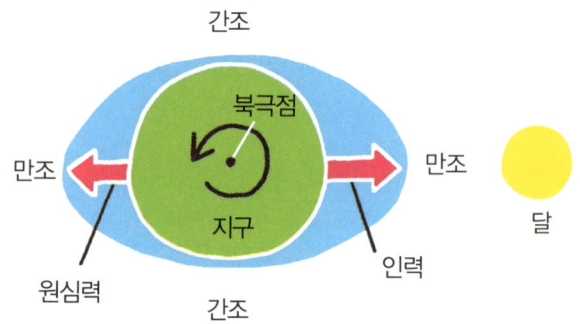

나도 과학자

밀물과 썰물을 관찰해 보세요

파도가 잔잔할 때 바다에 나가 보세요. 한 시간마다 같은 해변을 사진으로 찍어 비교해 보세요. 만(간)조에서 간(만)조까지 얼마나 시간이 걸리는지 조사해도 흥미로울 거예요.

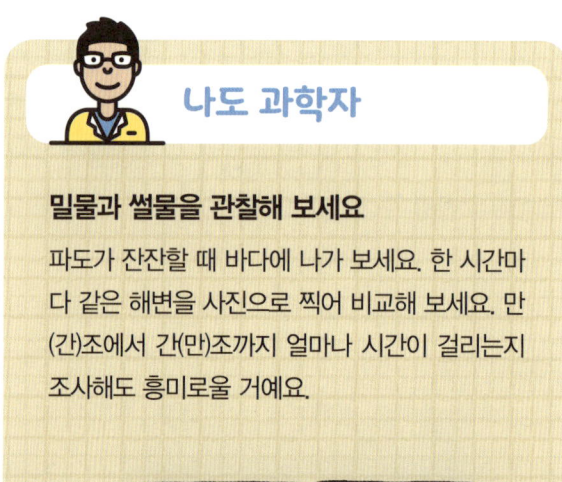

꿀벌은 특별한 이유로 춤을 춰요

8월 4일

교과서 3학년 2학기 2단원 동물의 생활

고베대학 이학연구과 | 스가하라 미치오

먹이가 있는 곳을 알려요

꿀벌은 단체 생활을 합니다. 많은 벌이 함께 살기 위해서는 먹이 확보가 중요하지요. 늘 먹이를 찾아다녀요. 먹이를 발견하면 이 사실을 다른 동료에게 어떻게 알릴까요?

꿀벌은 먹이가 있는 곳을 알릴 때 춤을 춥니다. 이를 **꿀벌의 엉덩이 춤**이라고 부르는데, 먹이의 위치에 따라 두 종류의 춤을 춘다고 합니다. 꿀벌은 벌집 위를 기어 다니면서 춤춰요. 먹이가 벌집에서 100m 이내에 있으면 꿀벌은 원을 그리며 춤을 춥니다. 이 춤을 보면 동료들이 집 근처에 먹이가 있다는 사실을 알 수 있어요. 근처를 윙윙 날아다니며 먹이를 찾는답니다.

원형 춤   8자 춤

8자 춤으로 거리와 방향을 가리켜요

한편 먹이가 벌집에서 100m 이상 떨어져 있을 때는 먹이를 발견한 꿀벌이 8자를 그리며 춤을 춰요. 8자를 그리는 이유는 먹이가 있는 장소를 동료에게 쉽게 알리기 위해서예요. 8자의 가운데를 지날 때 꿀벌은 엉덩이를 흔드는 각도로 먹이 장소를 가리킵니다. 엉덩이를 흔드는 속도로 먹이 장소까지의 거리를 알려 줍니다. 다른 꿀벌이 춤추는 꿀벌에게 접촉하거나 날개 소리와 진동을 느껴서 먹이가 있는 방향과 거리를 알 수 있답니다.

🔍 '꿀벌의 엉덩이춤'이 또 다른 의미를 전할 때도 있습니다. 한 벌집에서 태어난 새로운 무리가 집짓기에 적당한 장소를 발견했을 때도 춤으로 알린답니다.

나도 과학자

사람의 행동에는 어떤 의미가 있을까요?

사람도 손짓 발짓으로 무언가를 전할 때가 있습니다. 어떤 때, 무엇을 전하려고 몸을 쓸까요?

이리로 와!   쉿, 조용히!

복날에 먹는 보양식은?

교과서 3학년 2학기 2단원 동물의 생활

도쿄대학대학원 농학생명과학연구과 | 구로키 마리

복날에 먹는 삼계탕

무더운 여름철에는 기운이 없고 힘들기 마련이지요. 특히 더운 날을 일컫는 초복, 중복, 말복에는 입맛을 잃기 쉽고 지치기 때문에 영양을 보충해 몸을 보호하기 위해 보양식을 먹는답니다. 우리나라에서는 삼계탕을 주로 먹어요. 닭의 배를 갈라 인삼, 대추, 찹쌀 등을 넣고 푹 끓여 먹는 음식입니다. 인삼이 아닌 닭이 주재료이기 때문에 '계삼탕'이라고 불러야 한다는 얘기도 있어요.

영양이 듬뿍 든 장어

보양식에는 삼계탕 말고도 장어도 있습니다. 예전에는 장어도 삼계탕처럼 국으로 끓여서 먹곤 했지요. 요즘엔 구이로 즐겨 먹어요. 우리나라에서뿐만 아니라 일본, 중국을 비롯한 다른 나라에서도 즐겨 먹는답니다. 일본에서는 장어가 여름 특별 보양식으로 사랑받지요.

사람들이 장어를 많이 찾다 보니 자연산 장어보다는 양식 장어를 주로 볼 수 있어요. 겨울에 강 하구에서 잡은 실뱀장어를 연못에서 키운 것이 양식 장어예요. 우리가 먹는 것은 대부분 양식 장어랍니다. 장어에는 영양소가 골고루 들어 있어요. 하지만 소화가 잘되지 않으니 한꺼번에 많이 먹으면 안 돼요.

 장어는 우리나라와 일본뿐만 아니라 세계적으로 즐겨 먹는 물고기입니다. 훈제, 냉동 젤리, 포도주 찜으로 먹기도 하고, 또는 실뱀장어를 올리브유에 볶아서 먹기도 합니다.

나도 과학자

장어에는 어떤 영양소가 있을까요?

장어의 영양 성분을 다른 음식과 비교해 보면 비타민 A가 무척 많이 포함되어 있다는 사실을 알 수 있어요.

가시 돋친 거대한 잎을 가진 가시연꽃

8 / 6일

교과서 4학년 2학기 1단원 식물의 생활

고베대학대학원 이학연구과 | 가도노 야스로

잎에 뾰족한 가시가 있어요

가시연꽃은 물에 뜨는 식물로 이름과 달리 연꽃과가 아닌 수련과에 속합니다. 여름에 호수, 늪, 저수지 등지에서 볼 수 있어요. 천연기념물로 지정된 가시연꽃은 수가 많이 줄어들어 안타깝게도 현재 멸종 위기에 처했어요.

가시연꽃은 다 크면 잎의 지름이 2m 정도 돼요. 잎은 쭈글쭈글하고, 뾰족한 가시가 잔뜩 나 있어요. 맨손으로 만지면 다치기 쉽답니다. 잎의 뒷면은 자주색이에요.

가시연꽃은 아름다운 보라색 꽃을 피웁니다. 잎이 무성한 곳에서는 꽃이 잎을 뚫고 수면으로 고개를 내밀기도 합니다. 보라색 잎과 꽃을 이용해서 천을 염색할 수 있어요.

어린아이가 올라탈 수 있는 큰가시연꽃

가시연꽃과 비슷한 꽃으로 '큰가시연꽃'(빅토리아 아마조니카)이 있어요. 가시연꽃과 생김새가 닮아서 이렇게 부르지만 이 꽃도 수련과에 속하고, '빅토리아 수련'으로도 불러요. 남아메리카에서 볼 수 있고 잎의 지름도 최대 약 3m로 무척 커요. 잎의 가장자리는 약 5cm 높이로 왕관 테두리처럼 거의 직각으로 구부러져요. 잎은 어린아이가 올라탈 수 있을 만큼 튼튼하답니다.

씨앗을 구하면 집에서도 가시연꽃을 키울 수 있어요. 작은 용기에 키우면 용기 크기에 맞추어 작은 가시연꽃이 자란답니다.

나도 과학자

연꽃과 수련의 차이점은 무엇일까요?

8월은 가시연꽃이 크게 성장해서 꽃을 피우는 시기입니다. 가시연꽃이 있는 곳을 찾아가 관찰해 보세요. 경상남도에 있는 우리나라 최대의 자연 늪지인 우포늪지에서 많이 볼 수 있답니다. 관찰하면서 가시연꽃이 왜 연꽃이 아니라 수련인지, 둘의 차이점은 무엇인지 알아보세요.

누에는 자연에서 스스로 살지 못해요

8월 7일

교과서 3학년 2학기 2단원 동물의 생활

도쿄대학 종합연구박물관 | 야고 마사야

뽑아내는 실 길이는 1,500m

우리가 입는 옷 중에는 나방을 이용해 만들어진 것이 있어요. 비단 한복이나 실크 블라우스는 누에나방의 유충인 누에가 토한 명주실로 만듭니다. 비단실과 실크는 모두 명주실을 가리켜요. 누에는 먹은 뽕나무 잎의 성분을 원료로 체내의 특수한 기관에서 명주실을 만들어요. 누에가 토한 실은 굵기 0.02mm 정도로 무척 가느다랗습니다. 그것을 짜서 명주실로 사용한답니다.

누에고치 하나에서 뽑아내는 실의 길이는 예전에는 길어 봐야 500m 정도였습니다. 그런데 더 긴 실로 고치를 만드는 누에를 선별해 개량한 결과, 지금은 하나의 누에고치에서 1,500m나 되는 실을 얻을 수 있습니다.

누에고치와 누에

스스로 먹이를 찾을 수 없어요

인간이 누에를 길러 온 역사는 약 5,000년이나 되었다고 합니다. 옛날에는 중국의 궁궐에서만 몰래 키웠다고 하네요.

옛날부터 사람에게 사육당한 누에는 자연에서 살아갈 능력을 완전히 잃어 버리고 말았습니다. 스스로 먹이를 찾지 못하기 때문에 사람의 손에 크지 않으면 죽고 맙니다.

🔍 누에는 바로 가까이에 뽕잎이 없으면 아무것도 먹지 못해요. 스스로 돌아다니면서 먹이를 구할 수 없기 때문입니다. 누에나방은 날지도 못해요.

나도 과학자

누에를 키워 봅시다

누에 알 또는 애벌레를 사거나 얻어서 키워 봅시다. 누에가 실을 토하면 계란판이나 종이컵 등으로 누에용 아파트를 만들어서 누에고치를 만들어 보세요.

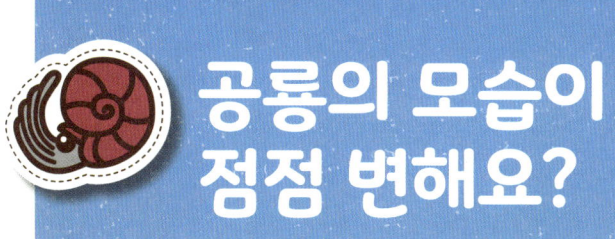

공룡의 모습이 점점 변해요?

교과서 4학년 1학기 2단원 지층과 화석

홋카이도대학 종합박물관 | 고바야시 요시쓰구

공룡에게 깃털이 있을까요?

공룡 도감을 펼치면 마치 새처럼 몸이 깃털로 뒤덮인 공룡 그림이 많이 실려 있습니다.

모두 통틀어서 '공룡'이라고 말하지만 실은 수많은 종류로 나눌 수 있답니다. 그중 몇몇 공룡은 깃털의 흔적이 남은 화석으로 발견되었습니다. 또 지금은 화석에 깃털 흔적이 남아 있지 않은 공룡이라도 같은 종류의 공룡에 깃털이 있다는 사실을 알면 그 공룡에도 깃털이 있었을 가능성이 높다고 추측할 수 있습니다. 특정한 공룡의 화석이 발견되지 않았어도 이런 식으로 추측할 수 있으니 언젠가는 깃털의 증거를 찾을 가능성이 얼마든지 있답니다.

티라노사우루스도 깃털이 있다고요?

2012년, 몸길이 9m로 추정되는 깃털 달린 육식 공룡이 보고되었습니다. 이 공룡의 이름은 '유티란누스 후알리'입니다. 우리가 너무도 잘 아는 육식 공룡 티라노사우루스와 같은 과입니다. 그래서 티라노사우루스 화석에서 깃털이 발견되지는 않았지만, 현재는 티라노사우루스도 깃털을 가지고 있지 않았을까 하고 추측해요.

여러분의 부모님이 어렸을 적에는 깃털을 가진 공룡이 있다고 생각하지 않았어요. 공룡은 악어처럼 단단한 비늘로 뒤덮인 동물이라고 생각했지요.

 공룡의 깃털은 아마도 체온을 유지하기 위해 있었던 것으로 여겨집니다. 깃털이 몸을 뒤덮고 있었기 때문에 추운 지역에서도 활동할 수 있지 않았을까요?

물론 아직은 모든 공룡이 깃털을 가지고 있다고 밝혀진 것이 아닙니다. 앞으로 연구 결과에 따라 도감의 그림이 크게 달라지겠지요.

나도 과학자

옛 도감과 새 도감을 비교해 보세요

도서관이나 헌책방 등에 있는 옛 공룡 도감과 2010년 이후에 나온 새 공룡 도감을 비교해 봅시다. 어떤 종류의 공룡이 바뀌었을까요?

바닷물을 소금기만 빼고 마실 수 있을까요?

교과서 3학년 2학기 2단원 동물의 생활

일본국립과학박물관 | 다지마 유코

아가미를 이용해 소금을 거르는 물고기

바다에서는 물을 마시기가 무척 힘듭니다. 물이 그렇게 많은데, 정말 이상한 이야기지요. 그런데 바닷물을 마시면 오히려 목이 더 마르답니다. 바닷물이 몸속에 들어올 때 소금기도 같이 들어와서, 몸속의 세포에서 물을 빼내 가기 때문입니다. 물이 부족해지면 목이 더 말라져요. 사막에서 물이 부족한 현상이 바닷속에서도 일어나는 셈입니다. 하지만 바다에 사는 물고기는 아가미가 있어서 바닷물에서 물만 골라 마실 수 있습니다. 그래서 바닷물을 마셔도 목을 축일 수 있답니다.

바다에 사는 포유동물은 어떨까요? 돌고래, 고래, 바다표범 등은 아가미가 없어서 물고기처럼 목을 적실 수 없습니다.

고래는 소금을 어떻게 거를까요?

바다의 포유동물은 주로 먹이로 물을 흡수하는 듯해요. 먹이의 몸속에 수분이 들어 있을 테니까요. 먹이로 영양분뿐 아니라 물까지 얻는 것입니다.

그 밖에 돌고래나 고래의 장이 바닷물에서 물만 분리하는 특별한 작용을 하는 것이 아닌가 하는 설이 있습니다. 돌고래와 고래는 소화기관인 장이 무척 길거든요. 육지에 사는 동물과 비교해 보면, 초식 동물의 장은 길고 육식 동물의 장은 짧아요. 반면 돌고래와 고래는 육식인데도 장이 무척 길어요. 그 이유는 아직 밝혀지지 않았습니다.

 바다에 사는 돌고래가 어쩌다가 강으로 올라올 때가 있습니다. 그럼 바닷물에 있을 때와 달리 몸에 물이 점점 들어와서 마침내 몸이 부풀어 버려요. 바다에 사는 돌고래는 강에서 살 수 없답니다.

나도 과학자

손이 왜 쭈글쭈글해질까요?

바다나 계곡에서 물놀이를 오래 즐기다 보면 손이 쭈글쭈글해지지요. 이는 몸에서 수분이 빠져나갔기 때문입니다. 마찬가지로 바닷물을 마셔도 몸속에서 수분이 빠져나가 버린답니다.

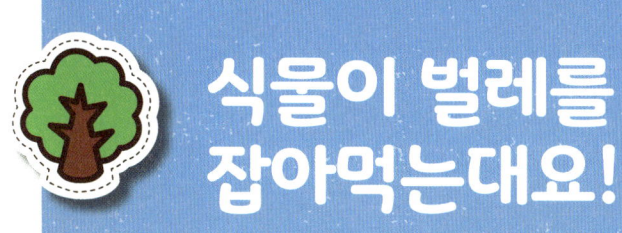

식물이 벌레를 잡아먹는대요!

교과서 4학년 2학기 1단원 식물의 생활

후쿠시마대학 공생시스템 이공학류 | 구로사와 다카히데

곤충을 잡아먹는 벌레잡이 식물

대부분의 식물은 물과 햇빛, 흙에서 양분을 흡수하지만 어떤 식물들은 덫을 놓아 벌레를 잡아 녹여 양분을 흡수해요. 바로 **벌레잡이 식물**입니다. **식충 식물**이라고도 하지요.

가장 대표적인 벌레잡이 식물 두 가지를 알아볼까요? 먼저 '파리지옥'입니다. 파리지옥은 곤충을 잎 사이에 끼우듯이 붙잡습니다. 파리지옥의 잎에는 꿀이 나오는 부분이 있어요. 그 꿀로 곤충을 유인한답니다. 잎 안에는 감각을 느낄 수 있는 털이 있어요. 곤충의 몸이 닿으면 잎을 닫아 붙잡은 다음 곤충의 몸을 녹여서 영양분을 흡수합니다.

한편 '벌레잡이통풀'은 잎이 항아리처럼 생겼는데, 항아리 입구에서 곤충을 유인하는 꿀이 나와요. 꿀을 찾아온 곤충은 발이 미끄러져 항아리 속에 빠집니다. 벌레잡이통풀은 항아리 속에 든 액체로 곤충을 녹여 흡수한답니다.

왜 곤충에게서 영양분을 취할까요?

벌레잡이 식물이 자라는 곳은 대부분 습지나 암벽 같은 곳이라서 햇볕이 많이 들거나 수분이 충분하지만 흙 속 영양분이 부족하답니다. 성장에 필요한 질소와 인을 얻기 위해 곤충을 녹여 흡수합니다. 사실 곤충을 먹는 강한 식물이라기보다 다른 식물이 자라기 힘든 곳에서 겨우 자라는 식물이라고 할 수 있어요. 벌레잡이 식물은 대부분 멸종 위기에 처했습니다.

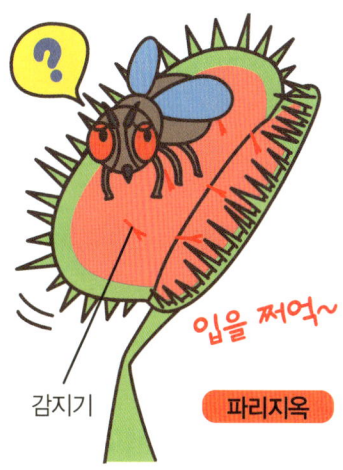

감지기 / 입을 쩌억~ / 파리지옥

🔍 벌레잡이 식물은 다른 식물과 마찬가지로 햇빛으로 에너지를 만듭니다. 벌레잡이 식물에 곤충은 특식과 같은 의미랍니다.

나도 과학자

벌레잡이 식물은 어디에서 자랄까요?

우리나라에는 끈끈이주걱, 토종 땅귀개, 토종 이삭귀개 등 12종의 벌레잡이 식물이 있습니다. 습지보호지역에 가면 찾아볼 수 있어요.

끈끈이주걱

산은 어떻게 생길까요?

교과서 4학년 2학기 4단원 화산과 지진

가나자와대학 지역창조학류 | 아오키 다쓰토

산에는 두 종류가 있어요

땅이 평평하고 넓게 트인 곳을 **평야**라고 부릅니다. 반대로 편평하지 않고 높이 솟은 산이 많은 땅을 **산지**라고 하지요. 우리나라는 전체 토지의 4분의 3이 산지로, 산이 무척 많습니다. 산은 형성 방법에 따라 일반적인 산과 화산으로 나눌 수 있어요.

일반적인 산은 거기서 다시 두 종류로 나뉩니다. 하나는 지진으로 생긴 산이에요. 지진이 일어나서 땅이 조금씩 솟아올라 생기지요. 또 하나는 지각이 움직이거나 휘어져 생긴 산입니다. 땅속의 맨틀이 움직이며 지각도 힘을 받아 휘어지거나 솟아올라 산이 생겨요.

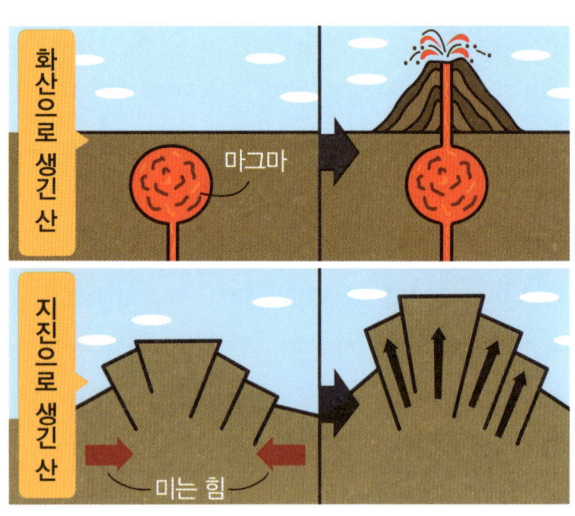

화산은 축적되어 높아져요

화산은 마그마의 분화로 생깁니다. 땅 밑에 있던 마그마가 분출되어 땅 위로 흘러나올 때 나온 용암과 화산재가 땅에 쌓이면서 높은 산이 되는데, 이것이 바로 **화산**입니다. 백두산과 한라산이 그렇게 만들어졌습니다. 일반적인 산은 솟아올라 생긴 반면, 화산은 쌓여서 생긴 거예요. 그런데 그저 높기만 해서는 산의 모양이 완성되지 않지요. 산의 모양은 비와 강물이 흙을 깎으면서 변하기도 합니다.

🔍 한라산 정상에 있는 큰 호수의 이름은 '백록담'입니다. 용암 따위의 화산 분출물이 나왔던 분화구에 물이 고여 만들어졌답니다. 이를 **화구호**라고 부릅니다. 이와 달리 백두산 '천지'는 용암과 가스가 분출되면서 생긴 땅 속 빈 공간이 무너져서 생겼어요. 천지와 같은 지형을 **칼데라**라고 하고, 칼데라에 생긴 호수를 **칼데라호**라고 해요.

나도 과학자

산 모양을 조사해 보세요

지도를 펼쳐 활화산을 찾아보세요. 그다음, 활화산의 모양을 관찰할 수 있는 사진을 찾아 일반적인 산과 무엇이 다른지 비교해 보세요.

여름철 강에 나타나는 끈질긴 흡혈 곤충

8월 12일

교과서 3학년 2학기 2단원 동물의 생활

일본국립감염증연구소 곤충의과학부 | 와타나베 마모루

산란을 위해 피를 빨아요

피를 빠는 곤충 하면 누구나 모기를 떠올리지요. 그런데 피를 빠는 곤충이 모기만은 아니랍니다. 여름철 300~500m 높이의 산지에 흐르는 강 상류에서 발견되는 등에 '타바누스 이오인시스'(학)도 사람에게 달라붙어 피를 빱니다.

암컷은 산란하기 위해 영양분이 풍부한 피를 구하러 다니는데, 사람뿐 아니라 어쩌다가 강의 상류 가까이에 온 원숭이, 사슴, 영양 등 포유류의 몸에도 달라붙습니다. 그 피부를 째서 피를 먹어요. 반면 알을 낳지 않는 수컷은 피를 빨지 않아요.

마을이 사라지는 원인 중 하나

암컷은 첫 산란 때만 피를 빨지 않고 알을 낳는다는 사실이 밝혀졌습니다. 유충 시절에 지렁이와 곤충 유충을 먹어 저장해 두었던 영양분을 쓰기 때문이에요. 다만 두 번째, 세 번째 산란할 때는 피의 영양분이 필요해서, 포유동물에게 즉각 달려듭니다. 일본에는 타바누스 이오인시스가 매년 엄청나게 발생하는 탓에 대부분의 주민이 마을을 떠나 버린 곳도 있대요.

이런 벌레에 물리지 않으려면 여름에 강 상류 근처로 가지 않는 것이 제일이지만, 어쩔 수 없이 가야 할 때는 벌레기피제를 몸에 뿌리세요.

타바누스 이오인시스

나도 과학자

왜 사람에게 다가올까요?

타바누스 이오인시스는 우리가 내뱉는 숨에 포함된 이산화탄소와 체온(열), 움직임을 감지해서 다가옵니다.

우리나라에는 '타바누스 이오인시스'를 부르는 이름이 없을 정도로 생소한 곤충이지만, 일본에서는 익숙하답니다. 일본 도감에 실린 명칭은 '이요흰띠등에'이고, 도야마 현에서는 '오로로', 니가타 현에서는 '우루루'로 불러요. 부르는 이름이 있다는 것은 해당 지역 사람에게 친숙한 생물이라는 증거겠지요.

대나무는 꽃을 피우고 숲 전체가 시들어요

교과서 4학년 2학기 1단원 식물의 생활

도쿄대학대학원 농학생명과학연구과 | 히사모토 요코

대나무가 꽃을 피우는 시기

꽃이 피기까지 시간이 아주 오래 걸리는 식물이 있어요. 바로 대나무입니다. 대나무 종류에는 왕대와 맹종죽, 솜대 등이 있어요. 대나무의 개화 시기는 3년, 4년, 30년, 60년, 120년 등으로 다양합니다. 대나무 꽃은 보기 어려워 신비하게 여겨요. 기록에 따르면 왕대는 꽃이 한 번 피기까지 약 120년이 걸린다고 해요.

우리나라에서 솜대의 꽃은 2007년 경북 칠곡에서 피었고 2017년 경남 창원에서도 피었습니다. 그 외에 1937년 경남 하동에서 왕대가, 2008년 경남 거제에서 맹종죽이, 2012년 경남 김해에서 이대 등이 꽃을 피웠습니다.

꽃을 피운 후 어떻게 될까요?

맹종죽은 꽃이 지고 나면 씨앗이 많이 생기고, 대나무 숲 전체가 시들어 죽습니다. 한편 왕대는 120년마다 꽃을 피우는데도, 씨앗이 거의 생기지 않아요. 꽃이 지고 나면 줄기가 시드는데, 대신 땅속줄기에서 새로운 줄기가 나와 번식해요. 즉, 맹종죽처럼 대나무 숲 전체가 시드는 것은 아니랍니다. 대나무의 일생에는 이렇게 많은 비밀이 있어요.

🔍 대나무는 땅 위에서 보면 여러 나무가 서 있는 것처럼 보이지만 대부분 하나의 땅속줄기에서 뻗어 나와 자라요. 그래서 꽃을 피운 후 시들 때 숲 전체가 말라 죽는 거예요.

나도 과학자

왕대일까요, 맹종죽일까요?

대나무를 발견하면 왕대인지 맹종죽인지 알아보세요. 왕대 줄기는 맹종죽보다 가늘고 마디 위가 볼록 나와 있습니다. 또 왕대의 죽순 껍질은 털이 없는데, 맹종죽의 죽순 껍질에는 뻣뻣한 털이 나 있답니다.

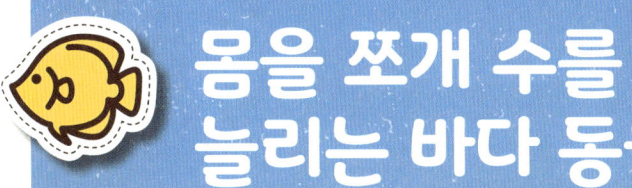

몸을 쪼개 수를 늘리는 바다 동물

교과서 3학년 2학기 2단원 동물의 생활

일본생물지리학회 | 야마다 가즈유키

몸을 쪼개 두 마리로 늘어나요

몸을 갈라 늘어나는 동물 이야기를 들어 보았나요? 주로 바다의 얕은 곳에 사는 '뱀거미불가사리'는 스스로 몸을 찢어 두 개로 나눕니다. 하나였던 뱀거미불가사리가 둘이 되는 것이지요. 또 해삼 중에도 스스로 몸을 반으로 갈라 둘로 늘어나는 것이 있어요.

한편 바다에 사는 '둔이염주발갯지렁이'도 몸이 나뉘어 늘어나요. 어떻게 몸이 나뉘는지 알아볼까요? 우선 몸 끝에 머리가 생깁니다. 새로 생긴 머리에서 새로운 몸이 튀어 나오고, 마지막으로 원래 몸에 붙어 있던 머리가 떨어져 나갑니다. 이런 식으로 한 마리가 두 마리로 늘어나는 것입니다.

두 마리로 늘어나는 '뱀거미불가사리'

쪼개지는 방법도 여러 가지예요

말미잘 중에도 몸을 쪼개며 증식하는 것이 있습니다. 방법은 여러 가지예요. 흔히 몸이 세로로 갈라집니다. 촉수가 벌어지면서 서서히 몸이 세로로 쪼개지는 거예요. 그 밖에 몸의 일부에서 새로운 개체가 나오는 유형도 있습니다. 촉수의 일부가 떨어져 나가 또 다른 개체로 성장하기도 합니다. 말미잘은 자유롭게 늘어날 수 있어요.

바다에는 이렇게 몸을 나누어 수를 늘리는 생물이 아주 많아요. 물론 암컷과 수컷이 수정해서 늘어나기도 합니다.

🔍 해면동물, 산호, 히드라충류, 태형동물 등은 유전자가 같은 개체(클론)를 늘릴 수 있어요. 이 동물들은 클론끼리 모여서 커다란 군체(집단)를 만듭니다.

나도 과학자

플라나리아의 몸을 자르면 어떻게 될까요?

깨끗한 강에 사는 플라나리아는 몸을 반으로 잘라도 원래의 모습으로 돌아온답니다. 반으로 자르면 머리 부분에는 꼬리가 나오고, 꼬리 부분에는 머리가 생겨요.

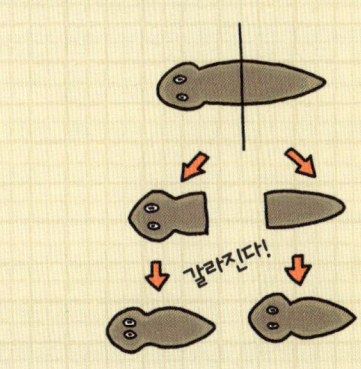

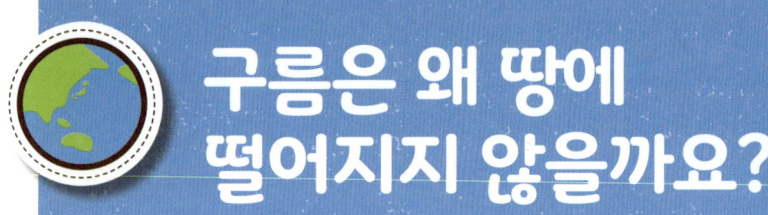

구름은 왜 땅에 떨어지지 않을까요?

교과서 5학년 2학기 3단원 날씨와 우리 생활

교토대학 명예교수 | 오쿠니시 가즈오

구름은 떨어지지 않아요

더운 여름에는 하늘에서 여러 구름을 발견할 수 있습니다. 뭉게구름, 비를 뿌리는 비구름 등 그런데 어느 것 하나도 땅에 떨어지지 않지요. 왜 그럴까요? 가벼워서일까요? 구름이 땅에 떨어지지 않는 이유는 구름이 생기는 과정과 깊은 관련이 있습니다.

구름은 위로 뜨는 공기 때문에 생겨요

공기 중에는 공기와 똑같이 우리 눈에 보이지 않고, 만질 수도 느낄 수도 없는 물이 있습니다. **수증기**라고 부르지요.

수증기를 머금은 공기 덩어리는 따뜻해지면 위로 올라갑니다. 하늘 위는 공기가 별로 없어서 공기의 온도가 내려가고, 그 때문에 수증기는 물방울이나 얼음알갱이로 '변신'합니다. 그렇게 생긴 물방울과 얼음 알갱이가 모인 것이 **구름**이랍니다.

즉 구름이란 위로 올라가는 공기에 의해 만들어져요. 땅에 떨어질 수 없지요. 위로 올라가는 공기가 없어지면 구름도 사라져 버립니다.

위로 올라가는 공기의 힘이 강하면 물방울과 얼음 알갱이가 커집니다. 이러한 알갱이는 무거워서 아래로 떨어질 수 있어요. 이것이 바로 **비**입니다.

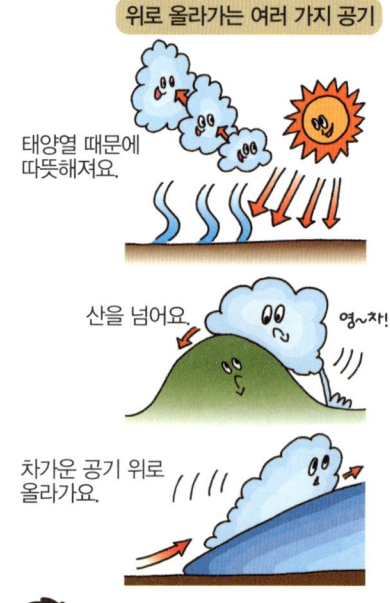

위로 올라가는 여러 가지 공기

태양열 때문에 따뜻해져요.

산을 넘어요.

차가운 공기 위로 올라가요.

나도 과학자

뭉게구름을 관찰해 보세요

뭉게구름을 자세히 관찰하면 구름이 생기는 것과 동시에 사라지는 모습을 볼 수 있어요.

관찰하는 방법
① 건물이나 산 근처에서 보이는 뭉게구름은 변화를 알기 쉬워요.
② 저녁 무렵의 구름은 눈부시지 않아서 특히 추천해요.
③ 뭉게구름 중에서도 크고 하늘 높이 뜬 구름이 더 관찰하기 쉬워요.

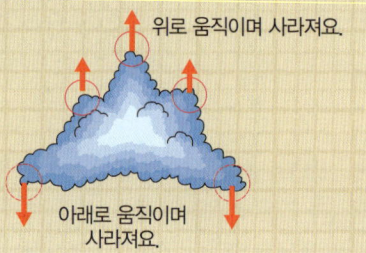

위로 움직이며 사라져요.

아래로 움직이며 사라져요.

🔍 기후와 계절에 따라 다양한 모양의 구름을 관찰할 수 있어요. 비늘구름, 솜구름, 깃털구름 등 옛날부터 불렸던 이름이 있답니다.

세계에서 가장 큰 꽃 자이언트 라플레시아

8월 16일

교과서 6학년 1학기 4단원 식물의 구조와 기능

후쿠시마대학 공생시스템 이공학류 | 구로사와 다카히데

꽃 하나의 크기를 비교해 보세요

세계에서 가장 큰 꽃을 피우는 식물은 '자이언트 라플레시아'(라플레시아 아르놀디)입니다. 이 식물은 동남아시아의 열대림에 서식합니다. 꽃의 지름은 90cm 정도예요. 꽃 하나의 크기만 보면 세계에서 가장 크지요. 우리가 잘 아는 나팔꽃의 지름이 10cm, 작약이 20cm 정도이니, 자이언트 라플레시아가 얼마나 큰지 상상해 볼 수 있겠지요?

이렇게 큰 꽃을 피우는 데는 1개월 이상이 걸린대요. 하지만 일주일 만에 져 버려서 발견하기란 쉽지 않은 일입니다. 게다가 멸종 위기에 처해 꽃을 보기는 더 어려워지고 있어요.

스스로 영양분을 만들지 못해요

자이언트 라플레시아는 잎과 줄기도 클까요? 땅 위에 볼록 고개만 내민 라플레시아는 잎도 줄기도 보이지 않습니다.

꽃의 크기와 달리 찾아오는 생물의 몸집은 작아요. 이 꽃에서는 꼭 음식물 쓰레기가 썩는 듯한 지독한 냄새가 나는데, 이 냄새에 이끌려 파리가 찾아와요. 자이언트 라플레시아의 꽃가루받이는 파리가 도와준답니다.

 자이언트 라플레시아는 꽃을 피울 때만 지상으로 나옵니다. 자이언트 라플레시아처럼 스스로 광합성을 하지 못해 다른 식물에 기생해서 영양분을 받는 식물을 **기생식물**이라고 합니다.

나도 과학자

꽃인데 왜 잎이 없을까요?

식물은 잎에서 에너지와 영양분을 만듭니다. 그런데 자이언트 라플레시아는 스스로 영양분을 만드는 대신 포도과 식물에 완전히 기생해서 영양분을 얻습니다. 그래서 잎도 줄기도 찾을 수 없어요.

다양하게 생긴 곤충의 몸

교과서 3학년 2학기 2단원 동물의 생활

일본국립과학박물관 | 도모쿠니 마사아키

곤충의 선조는 날개가 없었어요

곤충의 몸은 머리, 가슴, 배로 나뉘어요. 가슴에는 2쌍(4개)의 날개와 3쌍(6개)의 다리가 있습니다. 날개가 있어서 날 수 있지요. 이것이 곤충의 기본적인 모습입니다. 하지만 예외도 있어서, 좀벌레처럼 날개가 없는 곤충도 있답니다.

원래 곤충의 선조는 다리가 많고 날개가 없는 모습이었다고 해요. 마치 지네처럼 말이지요. 그렇게 다리가 많았던 생물에서 어느샌가 다리가 6개인 곤충이 탄생한 것입니다. 좀벌레는 이러한 변화 전의 모습에 가깝지 않을까 하고 추측합니다. 그 후 진화해서 다리 6개에 날개가 달린 곤충이 탄생했다고 말이지요.

날개 없는 곤충들

쓰지 않는 날개가 **퇴화**한 곤충도 있습니다. 개미 중에는 날개가 있는 개미도 있지만, 일개미는 거의 날개가 없어요. 또 진딧물은 대부분 원래 날개가 없는 새끼를 낳지만, 개체 수가 너무 늘어났거나 일정 시기가 되면 날개 달린 진딧물이 등장해 다른 식물로 날아갑니다. 또, 수컷과 암컷 중 암컷만 날개가 없는 곤충도 있습니다. 도롱이나방(유충 이름은 도롱이벌레), 깍지벌레, 개미벌 등의 암컷은 날개가 없어요. 벼룩과 이도 날개가 없기 때문에 날아서 이동할 수 없답니다.

머리 가슴 배

나도 과학자

매미의 몸을 관찰해 보세요

여름이 되면 죽은 매미가 땅에 떨어진 것을 볼 수 있어요. 이를 발견하면 매미의 몸이 머리, 가슴, 배로 나눠지는지 한번 확인해 보세요. 곤충은 기본적으로 머리, 가슴, 배를 쉽게 구분할 수 있습니다. 매미의 몸이 어떻게 생겼는지 자세히 관찰해 봅시다.

🔍 유충과 성충의 모습이 전혀 다른 곤충이 있습니다. 파리, 벌, 나비, 개미 등이 그러한 예입니다. 한편 유충일 때부터 모습이 별로 변하지 않는 곤충도 있습니다. 예를 들어 흰개미가 있지요.

모래사장에 득실거리는 눈에 보이지 않는 생물

8월 18일

교과서 5학년 1학기 5단원 다양한 생물과 우리 생활

도쿄대학 대기해양연구소 | 기타하시 도모

1제곱미터당 미생물 수백만 마리

바다로 피서를 가도 모래사장에 생물이 많다는 사실은 별로 느끼지 못하지요? 하지만 모래사장에는 눈에 보이지 않는 '미생물'이 득시글거린답니다. 1제곱미터당 수백만 마리나 되는 미생물은 해양생물 연구자들 사이에 크게 주목받고 있어요.

미생물은 특정 생물을 가리키는 단어가 아닙니다. 바다 밑바닥에 있는 몸길이 1mm 이하의 작은 생물을 모두 합해 그렇게 부른답니다. 이중에는 게, 새우과, 갯지렁이 등 다양한 생물이 포함됩니다.

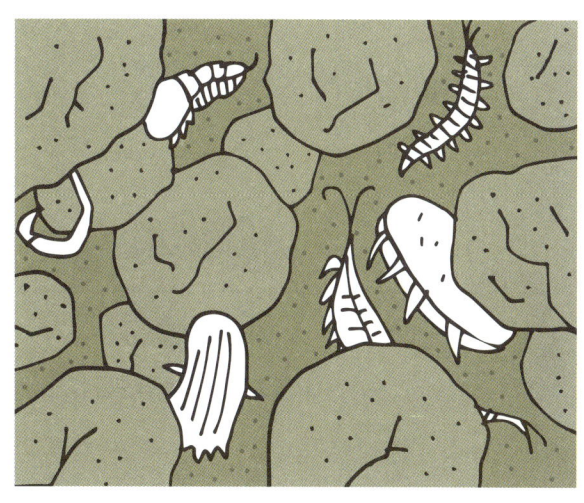

미생물은 생물의 멸종과 관련이 있어요

과학자들은 어째서 미생물에 주목할까요? 미생물은 모래사장의 모래 사이에 섞인, 더 작은 미생물을 먹이로 삼습니다. 미생물은 우리 눈에 보이는 생물의 먹이가 됩니다.

큰 생물 중에는 미생물을 직접 먹지 못하는 것도 있으므로, 만약 미생물이 사라진다면 많은 생물이 멸종 위기를 맞을지도 몰라요.

자연에서는 모든 생물이 다른 생물로부터 영양분을 얻습니다. 이렇게 먹고 먹히는 관계를 **먹이 사슬**이라고 불러요. 미생물처럼 우리 눈에 보이지 않는 생물도 먹이 사슬 안에서는 아주 중요한 역할을 한답니다.

 미생물이 사는 곳은 모래사장뿐만이 아닙니다. 갯벌, 깊은 바다의 밑바닥 등 다양한 곳에 수많은 미생물이 살아요.

나도 과학자

미생물을 찾아보세요

맨눈으로 볼 수 없는 미생물이지만, 그나마 큰 것은 돋보기로 볼 수 있어요. 모래사장에도 얼마든지 있으니 한 손에 돋보기를 들고 찾으러 나서 보세요.

덩굴식물은 어느 방향으로 감아 올라갈까요?

8월 19일

교과서 6학년 1학기 4단원 식물의 구조와 기능

교토대학 하쿠비센터 | 호소 마사키

덩굴이 감는 방향에는 규칙이 있어요

나팔꽃 줄기는 길게 뻗어 나가면서 긴 막대 등을 감고 올라가며 자라는 **덩굴**이랍니다. 이러한 덩굴 식물은 감는 방향에 따라 오른쪽 감기와 왼쪽 감기로 나뉘어요. 덩굴줄기를 위에서 보았을 때 시계 방향으로 감으면 **오른쪽 감기**, 시계 반대 방향으로 감으면 **왼쪽 감기**랍니다. 등나무는 오른쪽 감기이지만 비슷한 식물인 산등나무는 오른쪽 감기입니다. 나팔꽃은 왼쪽 감기예요. 한편 왼쪽 감기와 오른쪽 감기를 모두 하는 식물도 있습니다. 수세미와 오이 등은 자라는 동안 덩굴손이 휘감는 방향이 달라져요.

암술과 수술이 있는 자리가 달라요

수술에 있는 꽃가루가 다른 꽃의 암술에 닿으면 열매와 씨앗이 생깁니다. 보통 식물마다 암술과 수술의 위치는 일정하답니다. 그런데 몇몇 물옥잠 같은 식물은 수술이 오른쪽, 암술이 왼쪽에 있는가 하면 위치가 반대인 것도 있습니다. 이는 꽃가루를 반드시 다른 꽃의 암술에 닿게 하기 위한 식물의 작전이랍니다. 꽃에 찾아온 곤충이 수술과 암술의 위치가 반대인 다른 꽃을 찾으면 꽃가루가 암술에 잘 묻겠지요.

오이 덩굴손

물옥잠

나팔꽃 덩굴

나도 과학자

나팔꽃을 관찰해 보세요

저녁 무렵, 나팔꽃 꽃봉오리에 알루미늄포일로 만든 모자를 씌웁니다. 다음 날 아침에 모자를 벗겨 보세요. 꽃이 펴지는 모습을 관찰할 수 있답니다. 나팔꽃의 덩굴줄기가 왼쪽 감기인지, 오른쪽 감기인지도 관찰해 보세요.

 수세미, 오이 등의 **덩굴손**은 줄기와 잎의 일부가 변해서 생긴 것입니다. 식물의 몸을 나무 등에 단단히 고정하지요. 겉보기는 비슷하지만 나팔꽃의 덩굴은 줄기 자체이고, 덩굴손과는 다르답니다.

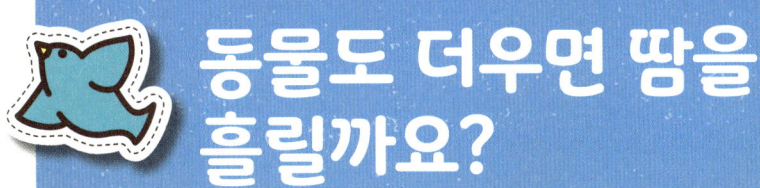

동물도 더우면 땀을 흘릴까요?

교과서 3학년 2학기 2단원 동물의 생활

야마시나조류연구소 | 야마사키 다케시

땀을 흘리는 동물은 많지 않아요

동물들은 여러 가지 방법으로 더위를 납니다. 몹시 무더운 여름날, 사람은 온몸으로 땀을 내보내며 체온을 내리지요. 그런데 이렇게 땀을 흘리는 동물은 사람, 말, 낙타 등 극히 일부밖에 없답니다. 그러면 다른 동물들은 어떻게 더위를 견딜까요?

개와 고양이는 발바닥의 맨살이 드러난 부분에서만 땀이 나옵니다. 그런데 이 땀은 체온을 내리기 위해서 나오는 것이 아니에요. 동물이 헥헥 하고 헐떡거리는 모습을 쉽게 볼 수 있지요? 이렇게 헐떡거리면 체온 조절에 도움이 된다고 합니다.

땀 대신 침을 사용하는 동물도 있습니다. 예를 들면 캥거루입니다. 캥거루는 온몸에 침을 발라 체온을 내린다고 하네요.

새는 어떻게 더위를 견딜까요?

새는 땀을 흘리지 않습니다. 땀이 나오는 땀샘이 없기 때문입니다. 그렇다면 새는 과연 어떻게 더위를 견딜까요? 몸을 숨길 그늘마저 없을 때 새는 깃털을 곤두세우거나, 입을 벌리거나, 빠르게 호흡하기도 한답니다. 이러한 행동들이 체온을 내리는 데 도움이 된대요. 그 밖에도 날개를 축 늘어뜨리거나 물을 끼얹어 배를 적시기도 합니다. 몸의 표면을 바람과 물로 식혀서 체온을 내리는 것입니다.

🔍 새는 땀샘이 없지만, 대신 꽁무니에 '미지샘'이라는 피부샘이 있습니다. 날개를 다듬을 때 부리로 여기에서 나오는 기름을 깃털에 칠해요. 이렇게 하면 깃털에 습기가 차는 것을 막을 수 있습니다.

나도 과학자

동물은 더위를 어떻게 날까요?

동물원에서 햇볕 아래에 있는 동물이 무엇을 하는지 관찰해 보세요. 예를 들면 사다새와 가마우지는 날개를 축 늘어뜨리거나 목구멍을 벌려 헐떡거립니다. 호랑이는 물에 들어가서 몸을 식혀요. 북극곰은 얼음에 몸을 비빈답니다.

먼 옛날의 바다는 붉은색이었다고요?

교과서 3학년 2학기 2단원 동물의 생활

도쿄대학대학원 | 야마무로 마스미

붉은 물의 비밀

일본 가고시마 현의 가미코시키 섬에는 바닷물이 섞인, '조개 연못'이라는 신기한 연못이 있대요. 그 연못의 4~5m 정도 깊이에, 약 0.5~1m의 두께로 붉은 물이 펼쳐져 있어요. 그 윗부분은 일반적인 호숫물입니다. 그런데 그 붉은 물부터 아래쪽에는 산소가 거의 없다고 해요.

붉은색의 정체는 사실 눈에 보이지 않을 만큼 작은 생물이 무수히 모여 있는 것입니다. 이 작은 생물들은 산소가 없는 곳을 좋아하는데, 빛도 좋아해서 최대한 위쪽에 모인 것이지요.

먼 옛날 바다에는 산소가 없었어요

35억 년 전 지구에는 산소가 거의 없었습니다. 그때부터 바닷속에 작은 생물이 산소도 없이 살고 있었던 것입니다. 이 생물에게 산소는 독이라고 합니다.

조개 연못처럼 햇빛이 닿는 얕은 곳에 산소가 없는 것은 무척 희귀한 현상인데, 이렇게 특수한 곳에서만 사는 생물이 옛날부터 있었던 거예요. 긴 세월이 지나 산소가 점점 늘어나면서 그와 같은 생물이 살 수 있는 장소가 사라져 갔습니다.

먼 옛날 바다는 바다 표면까지 산소가 없었으니, 붉은색의 작은 생물들이 모여 물까지 붉은색으로 보였을지도 몰라요.

지구가 탄생한 것은 약 46억 년 전입니다. 산소를 만드는 작은 생물은 약 30억 년 전에 등장했습니다. 5억 년 전부터 산소의 양이 지금과 거의 같아졌대요.

나도 과학자

물이 섞이지 않는 실험

두 개의 플라스틱 컵에 뜨거운 홍차와 차가운 물을 가득 채워 준비하세요. 그리고 뜨거운 홍차가 담긴 컵을 마분지로 잘 막은 후 쏟지 않게 누르면서 뒤집어 차가운 물 컵 위에 딱 붙이세요. 마지막으로 마분지를 빼면 두 액체가 섞이지 않고 그대로 있답니다! 물을 쏟아도 상관없는 곳에서 실험하세요.

잘 떨어지지 않는 진드기의 비밀

8월 22일

교과서 3학년 2학기 2단원 동물의 생활

효고의과대학 피부과 | 나쓰아키 마사루

진드기는 종류도 다양해요

진드기는 알려진 것만 2만여 종이나 됩니다. 특히 숲에 무척 많은데, 주로 낙엽을 먹으며 산답니다. 그 덕분에 비옥한 흙이 만들어져요. 연못이나 해안에 사는 진드기도 있습니다. 한편 사람에게 해를 끼치는 진드기인 참진드기는 약 20종류가 있는데, 사람의 피를 빨아 먹는다고 해요.

왜 참진드기는 피를 빨아 먹을까요? 피에는 성장과 산란에 필요한 영양분이 들어 있기 때문입니다. 보통 산의 풀숲 등지에 살면서 야생 동물의 피를 빨아 먹는데, 지나가는 사람에게 옮겨 붙을 때가 있습니다. 평소에는 몸 크기가 3~5mm 정도이지만, 피를 빨면 15mm로 커집니다.

피를 빨기 위한 무시무시한 턱

흡혈 중인 참진드기는 세게 잡아당겨도 웬만해서는 피부에서 떼어 내기 힘들어요. 참진드기는 어떤 방법으로 피를 빨아 먹을까요? 우선 사람의 몸을 기어 다니면서 피부가 보드라운 부분을 찾습니다. 턱 양쪽에 있는 집게(협각)로 피부를 벤 다음 피를 빨기 위해 턱을 찔러 넣습니다. 턱에는 톱날같이 생긴 가시가 아주 많아서, 빼내기 힘들답니다. 게다가 시멘트 같은 물질을 분비해 참진드기의 몸을 피부에 고정합니다. 피를 배불리 먹고 나면 스스로 턱을 빼내 피부에서 떨어져요.

 참진드기가 병원균을 옮긴 사례도 많은 만큼, 참진드기에게 물리면 최대한 빨리 치료받으세요.

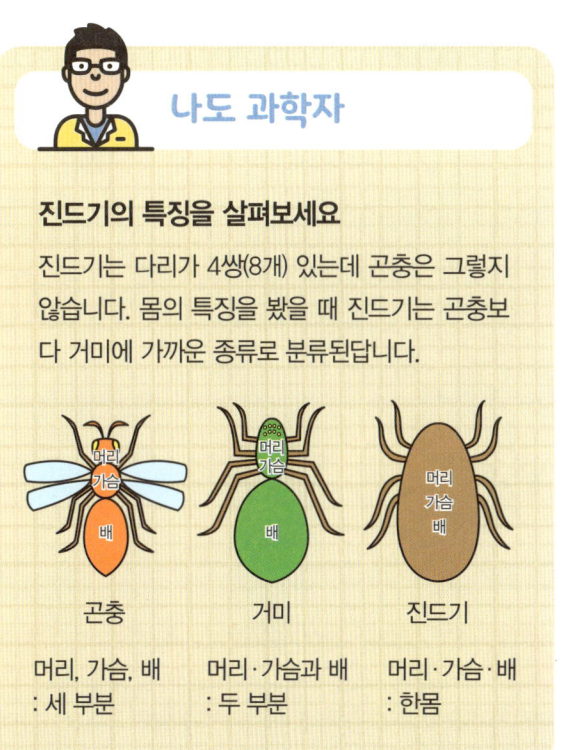

나도 과학자

진드기의 특징을 살펴보세요

진드기는 다리가 4쌍(8개) 있는데 곤충은 그렇지 않습니다. 몸의 특징을 봤을 때 진드기는 곤충보다 거미에 가까운 종류로 분류된답니다.

- 곤충: 머리, 가슴, 배 - 세 부분
- 거미: 머리·가슴과 배 - 두 부분
- 진드기: 머리·가슴·배 - 한몸

13년 매미와 17년 매미

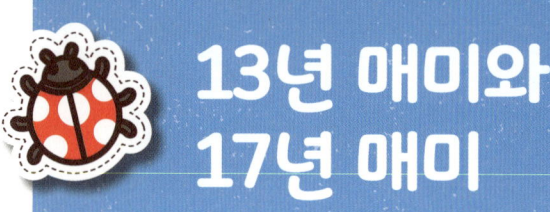

8월 23일

교과서 3학년 1학기 3단원 동물의 한살이

시즈오카대학 창조과학기술대학원 | 요시무라 진

굉장히 오래 사는 주기 매미

미국에는 13년 또는 17년마다 딱 한 번만, 제한된 장소에서 정해진 시기에 대량 발생하는 '주기 매미'(마기치카다)가 있어요. 그 수가 어마어마해서 한 군데에서만 수십억 마리가 발견되었다고 해요. 울음소리가 너무 커서 전화 통화도 못할 정도래요.

성충이 된 매미는 보름 정도 날아다니며 짝을 찾아 **짝짓기(교미)**하고, 알을 낳은 후 죽습니다. 짧은 일생 같지만 사실은 그렇지 않아요. 알에서 깨어난 유충은 땅을 파고 들어가 성충이 될 준비를 합니다. 주기 매미는 이러한 유충 시절이 무척 길답니다.

하나도 안 들려.

오랜 시간 후에 만나는 같은 종류의 짝

우리나라의 매미도 6~7년 정도 땅속에서 지내지만, 주기 매미는 그보다 훨씬 오래 지냅니다. 땅속에 있는 시간이 무척 길기 때문에, 따로따로 땅에서 나온다면 같은 종류의 짝을 찾기가 힘들겠지요. 그렇다고 다른 종류의 매미와 짝짓기를 거듭하다 보면 언젠가 종이 멸종해 버릴 것입니다.

하지만 13년, 17년이라는 긴 시간이라도 전부 일제히 날개돋이하면 같은 종류의 매미와 만날 확률이 높아집니다. 자신과 똑같은 자손을 많이 남길 수 있어요. 주기 매미는 오랫동안 지금과 같은 방식으로 서식해 왔답니다.

 주기 매미를 **소수 매미**라고도 불러요. 13, 17처럼 1과 자기 자신만으로 나누어떨어지는 수를 **소수**라고 부르기 때문입니다. 1부터 20까지의 소수는 2, 3, 5, 7, 11, 13, 17, 19입니다.

나도 과학자

매미의 날개돋이를 관찰해 보세요

매미가 날개돋이할 것 같은 장소를 찾아봅시다. 풀이나 나뭇잎에 붙어 있는 허물 또는 나무 주변 땅에 난 구멍이 그 흔적이에요. 날개돋이가 시작되는 것은 저녁부터 밤 8시 무렵까지랍니다. 어른과 함께 관찰해 보세요.

어떤 곤충이 독을 가졌을까요?

8월 24일

교과서 3학년 2학기 2단원 동물의 생활

일본국립과학박물관 | 도모쿠니 마사아키

독을 가진 가장 대표적인 곤충은 벌

곤충 중에 독성분으로 사람과 가축에게 해를 끼치는 것이 있습니다. 그중 우리가 제일 잘 아는 곤충은 벌 종류입니다. 벌은 배 끝에 독침이 있는데, 이 독침은 산란관(알을 낳는 관)이 변화한 것이어서 암컷에게만 있어요. 암벌만 침을 쏩니다. 벌은 독으로 먹잇감을 마비시키거나 적과 싸우는 무기로 씁니다. 잎벌 같은 종류 외에는 대부분의 벌이 독침을 가지고 있지만, 대체로 몸집이 작고 공격성도 없어서 사람과 가축에게 그리 해가 되지는 않습니다. 다만 말벌과 쌍살벌, 꿀벌 등에게 쏘이면 목숨을 잃을 위험도 있으니 조심해야 해요.

청딱지개미반날개

피부가 부어올라요!

피부를 부어오르게 하는 독을 지닌 곤충도 있습니다. 하늘소붙이, 청딱지개미반날개 등 딱정벌레목은 체액에 독성분이 들어 있어요. 이 체액이 피부에 닿으면 마치 화상을 입은 듯 물집이 생기고 무척 따가우니 주의가 필요합니다.

독나방, 차독나방 유충의 몸에는 독성분이 있는 날카로운 털이 많아요. 털에 찔리면 피부가 붉게 부어 오르고 가려운 증상이 일주일 정도 이어져요.

나도 과학자

독 때문에 피부가 부풀어 올랐을 때는?

우선 부어오른 부위를 흐르는 물에 깨끗하게 씻으세요. 많이 가려워도 절대 긁으면 안 됩니다. 긁으면 간지러운 부분이 더욱 넓게 퍼지기 때문입니다. 씻은 후에는 바로 병원에 가서 치료받으세요.

독나방 차독나방 / 성충 / 유충

 독나방과 차독나방 성충의 몸에는 독성분이 있는 털이 자라지 않습니다. 단, 번데기에서 갓 날개돋이해 성충이 될 때, 고치 속에 남아 있는 유충 시절의 독성분 털(독모)을 몸에 두른다고 합니다. 즉, 자신을 지키기 위해 독이 있는 털을 계속 유용하게 쓰는 셈입니다.

서핑을 잘하는 조개

교과서 3학년 2학기 2단원 동물의 생활

도쿄대학 대기해양연구소 | 세이케 고지

바닷가에서 쾌적하게 살려면?

조개에게 바닷가는 무척 살기 좋은 장소입니다. 항상 파도가 밀려오기 때문에 조개를 잡아먹는 게와 같은 천적이 없어요. 또 파도가 식물 플랑크톤을 가져오므로 먹이 걱정도 없답니다.

하지만 바닷가에서 살기 때문에 위험한 점도 있어요. 자칫 파도에 밀려 육지 위로 올라가면 조개는 말라죽고 맙니다. 또 반대로 깊은 바다까지 딸려 들어가면 천적에게 잡아먹히겠지요.

살아남기 위해 두껍질조개인 '키온 세미그라노사'(학)는 파도를 타고 이동합니다. 서핑으로 언제든지 쾌적한 장소로 움직여요.

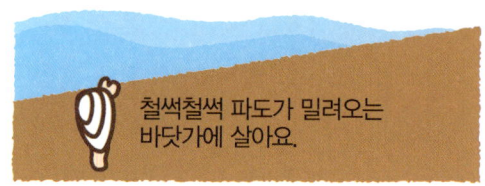
철썩철썩 파도가 밀려오는 바닷가에 살아요.

파도가 밀려오면 튀어나온 다리를 쭉 뻗어 파도를 타요.

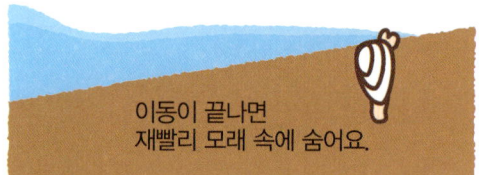
이동이 끝나면 재빨리 모래 속에 숨어요.

밀려오는 파도에 맞추어 튀어나와요

키온 세미그라노사는 늘 모래에 숨어 살아갑니다. 그러다가 '지금 있는 장소는 너무 깊어. 육지 쪽으로 조금 가까이 가고 싶어' 하고 느끼면 밀려오는 파도에 맞추어 모래 속에서 튀어나와 파도를 탑니다. 반대로 조금 더 깊은 곳으로 들어가고 싶을 때는 파도가 밀려 나가는 것에 맞추어 모래에서 튀어나온답니다. 이때 파도를 타고 이동하기 위해 '수관'이라는 다리 부분을 쭉 뻗습니다. 우연히 모래에서 튀어나오는 것이 아니지요. 어떻게 파도가 오는 순간을 알아내는지는 아직 밝히지 못했어요.

나도 과학자

파도 타는 조개를 관찰해 보아요

'키온 세미그라노사'는 중국과 일본, 대만에서 발견할 수 있어요. 파도가 밀려오는 모래사장에 가면 조개가 파도 타는 모습을 볼 수 있습니다.

 새우, 게 중에도 파도를 타는 것이 있어요. '금게'는 아예 다리가 납작하게 생겨서 파도를 타기 쉽대요.

해변에 사는 것은 힘들어요

교과서 3학년 2학기 2단원 동물의 생활

일본생물지리학회 | 야마다 가즈유키

바닷가에 사는 곤충

파도치는 바닷가는 곤충에게 무척 혹독한 환경이에요. 바닷물이 튀기도 하고 강한 자외선이 쏟아지고, 때로는 거센 바람도 불어오기 때문입니다. 그런데 이러한 환경에서 사는 곤충이 꽤 많답니다. 과연 어떤 곤충이 바닷가에 살까요?

대표적인 예로 방파제에 사는 깔따구가 있습니다. 방파제 콘크리트 구조물에는 굴, 지중해담치 등이 달라붙어 있는데, 깔따구 유충은 이러한 조개류를 잡아먹으며 자란답니다. 성충이 되면 바로 짝짓기를 시작해요. 혹독한 환경에서 살아가는 만큼 빨리 자손을 퍼트리려는 목적인지도 모르겠네요. 깔따구가 성충으로 사는 시간은 짧대요.

날개 없이도 멀리까지 갈 수 있어요

바닷물이 고인 웅덩이 등에는 소금쟁이가 살아요. 강에 사는 소금쟁이와 비교하면 몸집이 조금 작답니다. '표주박바구미'도 바닷가에 살아요. 이 곤충은 날개가 없어요. 그런데도 멀리까지 이동할 수 있습니다. 떠다니는 나무 따위에 달라붙어 바닷물을 따라 이동하는 것이지요. 그 밖에 바닷가로 떠밀려 온 나무를 조사해 보았더니 반날개, 민집게벌레도 숨어 있었다고 해요.

 해변에 사는 곤충으로 좀, 민집게벌레, 소금쟁이, 딱정벌레, 파리, 나방 등의 종류가 보고되었어요. 하지만 어떤 방식으로 살아가는지는 아직 밝혀지지 않았어요.

바닷가에 사는 여러 가지 곤충

나도 과학자

어떤 생물이 숨어 있을까요?

방파제 콘크리트 구조물이나 바위 밑에는 다양한 생물이 살고 있습니다. 쇠주걱 등의 도구를 이용해서 긁어 보면 깔따구 유충 같은 곤충의 애벌레가 나올지도 몰라요.

유충에게 거미를 먹이는 대모벌

8월 27일

교과서 3학년 1학기 3단원 동물의 한살이

일본국립과학박물관 | 도모쿠니 마사아키

대모벌은 독침으로 거미를 잡아요

거미도 천적이 있어요. 흔히 '거미벌'이라고 부르는 '대모벌'입니다. 거미 사냥에 나서는 것은 암컷 대모벌로, 마음에 드는 거미를 발견하면 가까이 다가가 독침으로 찔러 마비시켜요. 그리고 거미를 집 짓기에 좋은 장소로 옮긴 다음, 집 구멍을 파서 먹잇감을 끌고 들어갑니다. 그다음 거미의 몸에 알을 하나 낳고 작은 돌 따위로 구멍을 막아요. 그때까지도 거미는 계속 마취된 상태입니다. 이윽고 알을 깨고 나온 대모벌의 유충은 살아 있는 거미를 먹으며 자랍니다.

거미를 마비시키는 '대모벌'

유충이 자라는 동안 거미는 살아 있어요

'기생말벌'도 거미를 사냥해요. 기생말벌의 종류에 따라 노리는 거미의 종류가 정해져 있어요. 기생말벌은 거미의 몸에 정확하게 독침을 찔러 넣습니다. 거미는 마비되어 일시적으로 움직이지 못합니다. 이때 기생말벌의 암컷이 거미의 몸 표면에 알을 낳아요. 이윽고 마취에서 깬 거미는 다시 활발하게 돌아다니지만, 거미 몸 위에서 기생말벌 유충이 자라는 거예요. 유충은 거미의 체액을 빨아 먹으며 무럭무럭 성장합니다. 유충이 충분히 성장할 때쯤 거미는 죽어 버려요. 거미를 먹으면서 자란 유충은 그 근처에 고치를 만들어 번데기가 된답니다.

🔍 열대 지방에는 거미를 먹는 새도 있습니다. 바로 거미잡이새입니다. 부리가 길고 활 모양으로 휘어 있어 거미를 잡기 쉽습니다.

나도 과학자

그 밖에도 거미를 먹는 곤충이 있을까요?

대모벌, 기생말벌 말고도 거미를 먹는 곤충이 있습니다. 사마귀붙이과의 유충은 거미의 알을 먹어요. 사마귀붙이과는 지금까지 우리나라에 네 종류가 발견되었어요. 어떤 종류가 있는지 조사해 보세요.

사마귀붙이

수벌은 침을 쏘지 않는다고요?

교과서 3학년 2학기 2단원 동물의 생활

8월 28일

슈토대학도쿄 도시교양학부 | 시미즈 아키라

벌침은 알이 나오는 관이 변한 거예요

벌 하면 따가운 침이 떠오르지요? 벌은 먹잇감을 마비시키거나 적에게서 자신의 몸과 집을 보호하기 위해 독침을 쏩니다. 침이 독을 저장해 둔 주머니와 이어져서, 침으로 독이 나오는 거예요. 그런데 이 독침은 알을 낳을 때 알이 통과하는 관(산란관)이 변한 것입니다. 원래 알을 낳기 위한 관이 바뀐 것이므로 독침은 암컷에게만 있어요. 다시 말해서 독침을 쏘는 것은 암벌뿐인 셈입니다.

꺄악!
번뜩
몸을 활 모양으로 구부려서 독침 공격!

수벌도 침을 쏠 때가 있어요

독침은 암벌에게만 있지만 수벌에게는 비슷한 '가짜 침'이 있습니다. 배의 일부분이 변해서 침처럼 뾰족한 모양이 된 것입니다.

호리병벌, 배벌이 가짜 침을 가지고 있어요. 벌의 종류에 따라 가짜 침의 수는 2~3개 정도로 각각 다르답니다. 이 수벌들은 위험을 감지하면 암벌처럼 몸을 활 모양으로 구부려 가짜 침으로 적을 찔러요.

수벌이니 괜찮다는 생각에 맨손으로 잡았다가는 가짜 침에 쏘이고 말아요. 독은 없지만 아픈 것은 마찬가지이므로 독침이 없다고 방심하면 안 됩니다.

나도 과학자

벌침을 조사해 보세요

침의 길이와 두께는 벌의 종류에 따라 달라요. 도감을 펼쳐 벌의 몸이 어떻게 생겼는지 조사해 보세요. 모양이 다른 이유는 침을 쓰는 목적과도 상관있으니 침을 어떻게 사용하는지도 같이 생각해 봅시다.

 독침은 알을 낳기 위한 산란관이 변한 것입니다. 벌의 알은 침이 있는 곳에서 나오는데, 다만 벌의 종류에 따라서 알이 침과 다른 곳에서 나오는 벌도 있답니다.

모닥불의 재를 좋아하는 이끼의 비밀

8월 29일

교과서 4학년 2학기 1단원 식물의 생활

/ / /

이화학연구소 | 이토 가미사오

중금속을 저장하는 이끼

캠프파이어를 하고 나면 재가 남지요. 재에는 중금속이 들어 있어서 그 주변에 식물이 살기 어려워요. 그런데 표주박이끼만은 아무 문제없답니다.

표주박이끼는 재가 있는 곳에서 어떻게 살 수 있을까요? 표주박이끼의 원사체에 그 비밀이 숨겨져 있습니다. **원사체**란 쉽게 말해 아기 이끼라고 할 수 있어요. 원사체가 재 속에 포함된 중금속을 체내로 거두어들이는 것입니다. 물론 자기 몸에 해가 되지 않도록 잘 저장합니다. 그렇게 표주박이끼는 다른 식물들이 살지 못하는 곳에서도 잘 살아요.

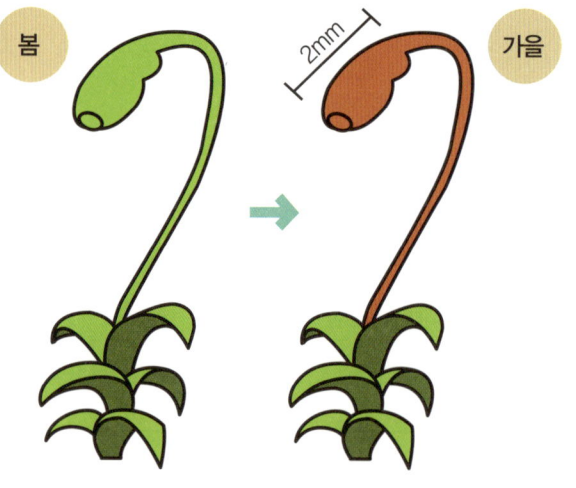

표주박이끼의 변화

표주박이끼의 일생

표주박이끼가 성장하면 몸에 초록색 표주박처럼 생긴 부분이 만들어집니다. 그 표주박 안에는 작은 가루가 생기는데, 이 가루가 공기 중으로 날아가 땅에 떨어져 아기 이끼가 태어난답니다.

표주박처럼 생긴 부분은 봄에는 초록색이다가 여름에서 가을 무렵이 되면 시든 것처럼 갈색으로 바뀌어 눈에 잘 띄지 않습니다. 그렇게 1년이 지나면 시든답니다. 표주박이끼는 같은 장소에서 3년 정도 번식한다고 해요. 3년이 지나 그 장소에 풀이 우거지면, 풀숲에서 잘 살 수 없는 표주박이끼는 어느새 모습을 감춰 버려요.

나도 과학자

표주박이끼는 어디에 있을까요?

표주박이끼는 햇볕이 잘 들고 풀이 없는 맨땅에서 잘 자랍니다. 강가의 모닥불 자리, 캠프파이어 흔적이 있는 곳에 가면 발견할 수 있어요. 작은 표주박 모양이 큰 특징이랍니다.

 표주박이끼는 몸속에 금속을 저장하는 성질이 있어요. 이 성질을 이용해서 물에 녹아 있는 금속을 모으는 연구도 진행되고 있답니다.

성게도 뼈가 있을까요?

교과서 3학년 2학기 2단원 동물의 생활

야마구치대학 교양학부 | 기타자와 지사토

뾰족뾰족 가시의 정체

성게의 몸에는 가시가 아주 많아요. 가시는 적으로부터 몸을 보호하거나 다른 곳으로 움직일 때 등에 사용합니다. 가시와 가시 사이에는 두 종류의 돌기가 있습니다. 하나는 가시를 닮은 '차극'입니다. 차극의 끝은 집게발처럼 생겨서 해조류를 잘게 자르거나 자신의 몸을 청소하는 데 써요. 또 다른 돌기는 '관족'입니다. 관족은 늘어났다 줄어들었다 할 수 있어요. 그 끝이 빨판처럼 생겨서 바닷속을 이동하는 데 도움이 됩니다.

성게의 뼈도 여러 가지

성게 껍데기가 해변으로 밀려올 때가 있습니다. 성게의 생명이 다해 몸에서 가시가 빠진 것이 성게 껍데기랍니다. 껍데기에는 관족과 가시가 달려 있던 흔적이 5개의 선으로 남아 있어요. 이 껍데기를 관찰해 보면 의외로 관족과 가시가 규칙적으로 붙어 있음을 알 수 있답니다. 게다가 껍데기에는 커다란 구멍이 위아래로 하나씩 뚫려 있어요. 위에 있는 구멍은 항문이었던 부분, 아래에 있는 구멍은 입이었던 부분입니다.

껍데기는 성게의 뼈라고 할 수 있습니다. 뼈는 튼튼한 몸을 만드는 데 빼놓을 수 없지요. 현미경으로 관족을 관찰하면 '골편'이라는 작은 뼛조각을 발견할 수 있어요. 골편의 모양은 무척 아름다운데, 일반적으로 관족 끝부분에 꽃잎처럼 생긴 골편이 있습니다. 골편은 성게 종류마다 모양이 다르기 때문에 성게를 구분하는 데 활용될 정도입니다.

나도 과학자

구멍연잎성게의 항문은 어디에 있을까요?

성게에는 모양이 둥근 말똥성게, 모양이 납작한 구멍연잎성게 등이 있습니다. 구멍연잎성게의 입은 몸의 아래에 있는데, 항문은 몸의 위가 아니라 옆에 있답니다.

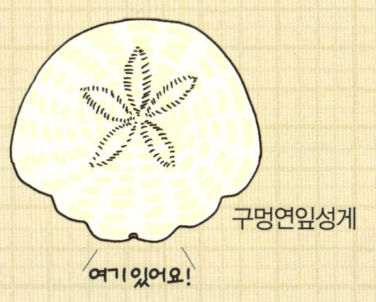

 성게의 표본을 깨끗하게 만들려면 부엌용 세제에 담가 오염된 부분을 지우는 것이 좋습니다. 그릇의 때를 벗길 때와 마찬가지로 성게 껍데기를 뽀득뽀득 씻어 보세요. 씻고 나면 아름다운 빛깔을 볼 수 있답니다.

늦여름에 해파리가 출몰하는 이유는?

8월 31일

교과서 3학년 2학기 2단원 동물의 생활

도쿄해양대학대학원 해양과학기술연구과 | 나가이 히로시

해파리는 바다에 계속 있었어요

온가족이 모여 피서 계획을 세운 적이 있나요? 어디로 갈까 의논하다가 이런 말을 들어 보았을 거예요. "여름이 끝나갈 때 바다에 가면 해파리가 많이 있단다." 이 말을 들으면, 늦여름에만 해파리가 멀리서 오는 것 같지요? 그런데 해파리는 사계절 내내 바다에 계속 있었답니다.

늦여름에 몸이 커져요

해파리는 대체로 성장하는 데 1년이 걸립니다. 크면서 모양도 달라져요. 사람을 쏘는 해파리로 유명한 '작은상자해파리'가 다음 세대를 만들려고 몸집을 키우는 시기가 바로 늦여름입니다. 때마침 해수욕을 즐기러 온 사람들과 만나는 것이지요. 해파리의 집인 바다에 사람이 여름 방학이라면서 놀러 온 셈입니다.

해파리에게 쏘이면 아프니 여름에 바다에 들어가는 사람은 조심하세요. 하늘하늘 움직이는 해파리의 촉수에서 빠른 속도로 독침이 튀어나옵니다.

해파리는 원하는 먹잇감을 잡으러 다닐 수 없어요. 스스로 헤엄쳐 움직이는 것이 아니라 물에 휩쓸려 이동하기 때문입니다. 그래서 촉수에 닿은 먹잇감에 반사적으로 독침을 쏘는 방법으로 먹이를 잡는답니다.

 해파리가 죽어도 독침이 들어 있는 주머니인 '자포'는 살아 있어요. 모래사장에 죽어 있는 해파리를 만져도 쏘일 수 있으니 조심해야 해요.

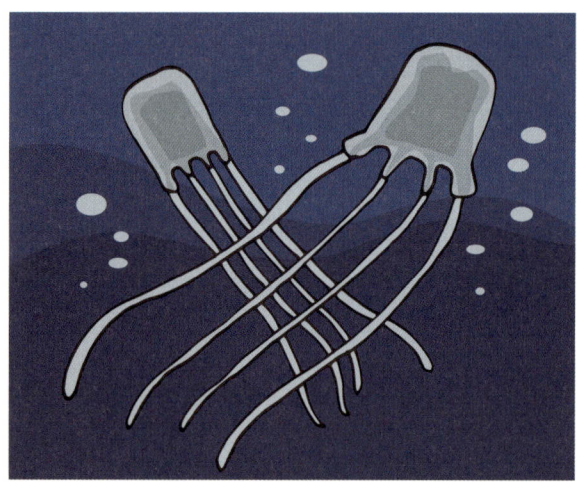

물놀이를 하다가 만나기 쉬운 작은상자해파리

나도 과학자

해파리는 먹을 수 있어요

해파리 중에는 먹을 수 있는 것도 있지요. 특히 중화요리점에서 재료로 흔히 쓴답니다. 기회가 되면 음식점이나 마트에서 사 먹어 보세요.

9월

우리를 겉모습만 보고 무서워하지는 말아 줘.

나는 가오리야. 아가미 구멍이 배쪽에 있지.

사람과 가장 비슷한 동물은?

9월 1일

교과서 3학년 2학기 2단원 동물의 생활

교토대학 영장류연구소 | 후루이치 다케시

침팬지

보노보

사람과 가장 비슷한 동물은?

침팬지는 사람과 가장 비슷한 동물로 알려져 있습니다. 그런데 사실 침팬지 말고도 사람에 가까운 동물이 하나 더 있답니다. 바로 '보노보'입니다.

보노보가 사는 곳은 아프리카 콩고민주주의공화국에 있는 깊은 밀림입니다. 그래서 오랜 세월 사람들의 눈에 띄지 않고 살아왔습니다. 침팬지 역시 아프리카에 살지만 두 동물의 서식지 사이에는 커다란 강이 흐르고 있기 때문에 숲에서 맞닥뜨릴 일이 없습니다.

보노보는 사람의 선조를 쏙 빼닮았어요

침팬지와 보노보는 생김새가 무척 비슷합니다. 다만 침팬지 새끼는 사람처럼 얼굴과 피부색이 같은데 비해 보노보 새끼는 얼굴이 까맣기 때문에 얼굴색으로 구별할 수 있어요.

보노보는 손에 물건을 들 때 자연스레 두 발로 걸어 다닙니다. 이것을 '이족보행'이라고 부릅니다. 이족보행은 침팬지보다 보노보가 더 잘합니다. 보노보가 이족보행으로 서 있는 모습은 머나먼 옛날 사람의 선조를 쏙 빼닮았다고 해요. 한편 침팬지는 도구를 잘 쓴답니다. 먹이를 구하거나 물을 마실 때 도구를 사용해요.

보노보의 사회는 암컷 중심이어서 평화롭답니다. 한편 침팬지는 수컷 중심 사회로 싸움이 잦아요.

 침팬지와 보노보, 고릴라 그리고 사람의 유전자를 비교했을 때 사람과 가장 다른 것은 고릴라입니다. 침팬지와 보노보의 유전자는 사람과 98.8%나 일치합니다.

나도 과학자

침팬지처럼 걸어 보세요

침팬지와 보노보는 기어갈 때, 가볍게 주먹을 쥐고 손가락 바깥쪽을 땅에 대며 걸어요. 한편 일본원숭이는 손바닥을 땅에 짚고 걷습니다. 어느 쪽이 더 걷기 쉬운지 직접 체험해보세요.

침팬지   일본원숭이

꽃가루는 시대를 알 수 있는 타임캡슐

9월 2일

교과서 4학년 1학기 2단원 지층과 화석

/ / /

지바경제대학 경제학부 | 우치야마 다카시

꽃가루로 옛 식물과 기후를 알아내요

꽃을 피우는 식물은 꽃가루를 많이 만듭니다. 대부분은 암술에 닿기도 전에 땅에 떨어집니다. 그 꽃가루가 화석이 되어 지층에 남기도 해요.

화석에 남은 꽃가루의 형태와 무늬를 조사하면 그것이 어떤 식물이었는지 짐작할 수 있어요. 같은 시대에 자랐던 나무 종류부터 당시의 기온까지도 예측할 수 있습니다.

예를 들어 유럽에서는 약 1만 년 전에 살았던 '담자리꽃나무'라는 고산식물의 꽃가루를 땅속에서 엄청나게 많이 발견했어요. 담자리꽃나무는 추운 곳에 사는 식물입니다. 담자리꽃나무가 넓은 지역에 걸쳐 발견된다면 그 시대가 어느 정도 추웠는지 알 수 있어요.

지금부터 1만 년 전의 지구 환경

먼 옛날 지구의 환경도 꽃가루 화석으로 알 수 있어요. 서울 청계천과 경기 파주 등에 있는 습지 땅바닥에서 나온 꽃가루 화석을 분석하니 약 8,000년 전 겨울에 잎이 떨어지는 활엽수와 겨울에도 늘 푸른 침엽수의 꽃가루였어요. 당시가 지금보다 기온이 더 낮았다는 사실을 밝혀냈지요. 이처럼 작은 꽃가루 하나로 여러 사실을 알 수 있어요.

화석이 발견된 당시 기온을 알 수 있어요.

나도 과학자

흙 속에 있는 꽃가루를 어떻게 조사하는지 알아볼까요?

과학자들은 지층의 꽃가루를 조사하기 위해 우선 흙을 산과 알칼리로 녹입니다. 돌과 꽃가루만 녹지 않고 남겠지요. 이것을 특별한 물에 넣으면 가벼운 꽃가루는 물 위에 뜨고 돌처럼 무거운 광물은 가라앉아서 꽃가루와 광물을 분리할 수 있어요.

🔍 꽃가루는 어떻게 강한 햇빛과 건조한 날씨를 견뎌 내고 화석으로 남을 수 있을까요? 바로 스포로폴레닌, 큐틴, 리그닌이라는 물질 때문이에요. 이 물질이 이루는 튼튼한 막 덕분에 오랜 시간 변하지 않을 수 있답니다.

제일 멋쟁이 생물은?

9월 3일

교과서 3학년 2학기 2단원 동물의 생활

일본국립과학박물관 인류연구부 | 가이후 요스케

멋을 부리는 것은 사람뿐이에요

지구에는 여러 가지 모습의 생물이 있습니다. 그중에서 어떤 생물이 제일 멋쟁이라고 생각하나요?

멋진 흑백 줄무늬가 교차된 얼룩말? 화려한 점박이가 근사한 표범? 아니면 예쁜 깃털을 자랑하는 새나 아름다운 꽃일까요? 곰곰이 생각해 보세요. 그런 생물들의 털가죽, 깃털, 꽃잎은 전부 태어날 때부터 가지고 있는 것입니다. 기분에 따라 털가죽을 갈아입거나, 깃털과 꽃잎을 액세서리처럼 뗐다 붙였다 할 수가 없지요.

멋을 부리는 생물은 사람뿐입니다. 사람은 여러 가지 옷 중 마음에 드는 것을 골라 입고 리본, 반지, 귀걸이 등으로 한껏 멋을 내지요.

시작은 조개 목걸이

사람은 언제부터 멋을 부리기 시작했을까요? 지금까지 발견한 증거를 보면 약 10만 년 전으로 보여요. 당시 사람들은 조개껍데기에 구멍을 뚫어 실로 연결해서 목걸이를 했답니다.

또 3만 5,000년 전 무덤에서는 3,000~3,500개 정도의 작은 구슬을 발견한 적도 있어요. 구슬의 재료는 매머드와 북극여우의 어금니였습니다. 구슬은 무덤에 매장된 이의 옷에 달려 있었어요.

 3만 5,000년 전의 지구는 지금보다 훨씬 추웠대요. 매머드는 이 시기에 번성했던 동물인데, 결국 멸종하고 말았습니다. 한편 북극여우는 그때부터 지금까지 쭉 살고 있답니다.

나도 과학자

공작 암컷은 촌스럽다고요?

암컷과 수컷의 생김새가 다른 동물도 있어요. 바로 공작입니다. 빛깔이 선명하고 화려한 깃털을 가진 것은 수컷이고, 암컷은 꽤 촌스럽답니다. 동물원에 가면 관찰해 보세요. (34쪽 참조)

샘물과 연못 물은 어디에서 왔을까요?

9 / 4 일

교과서 3학년 2학기 3단원 지표의 변화

교토대학 | 오쿠니시 가즈오

땅에서 솟는 물은 신의 작품일까요?

땅에서 물이 솟는 곳을 샘이라고 부릅니다. 샘물은 어디에서 오는 것일까요? 강이 전혀 없는 땅 한복판에 연못이나 호수가 있기도 하지요. 이러한 연못과 호수의 물은 어디에서 오는 것일까요?

옛날 사람들은 물이 솟거나, 강도 없는데 연못과 호수가 떡하니 있는 이유를 알지 못했습니다. 그래서 신이 만든 작품이라고 여기거나 바닷물이 땅속으로 흘러 들어온 것이라고 생각하기도 했어요.

땅에서 샘이 생기는 과정

땅속에 강이 있어요

지금은 샘, 연못, 호수의 물이 원래 '비'였다는 사실을 알고 있습니다. 비가 내리면 빗물이 땅속으로 스며들지요. 빗물은 땅의 표면을 통과해서 그 아래에 있는 딱딱한 토양까지 닿습니다. 이 딱딱한 토양은 물이 통과하기 힘듭니다. 그래서 땅속으로 스며들었던 빗물이 이 딱딱한 토양 위를 흘러가는 것입니다. 그 모습은 마치 땅속에 흐르는 강 같답니다.

땅속의 강은 계속 흐르다가 어느 지점에서 다시 지표면 위로 모습을 드러냅니다. 이것이 샘이에요. 물이 고이기 쉬운 땅에서는 연못이나 호수로 나타나요.

땅속의 강은 무척 천천히 흐릅니다. 연못이나 호수를 채운 물의 양도 아주 천천히 변해요.

 물이 솟는다고 해도 넘칠 정도로 물이 늘어나지는 않습니다. 물줄기가 되어 흘러가거나 수증기로 변해 공기 중으로 흩어지기도 하기 때문입니다.

나도 과학자

물이 솟는 부분을 관찰해 보세요

깨끗한 연못이나 호수 바닥을 자세히 관찰해 보세요. 물이 솟아 나오는 부분에만 다른 풀이 자라고 있을 거예요. 물방울이 보이기도 합니다. 이렇게 하천에도 물이 솟아나는 곳이 있어요.

상어와 가오리는 어떤 점이 다를까요?

교과서 3학년 2학기 2단원 동물의 생활

도카이대학 해양학부 | 다나카 쇼

뼈가 말랑말랑한 상어와 가오리

도미, 참치 등은 대부분 뼈가 딱딱한 경골어류입니다. 반대로 상어, 가오리는 뼈가 말랑말랑한 연골어류랍니다.

사람의 몸은 딱딱한 뼈와 뼈 사이에 있는 부드러운 연골이 쿠션 역할을 해 주지요. 이 때문에 딱딱한 뼈끼리 충돌해 깨질 일이 없답니다. 상어와 가오리의 몸에 있는 모든 뼈가 바로 이 연골로 이루어져 있다고 생각하면 이해하기 쉬울 거예요.

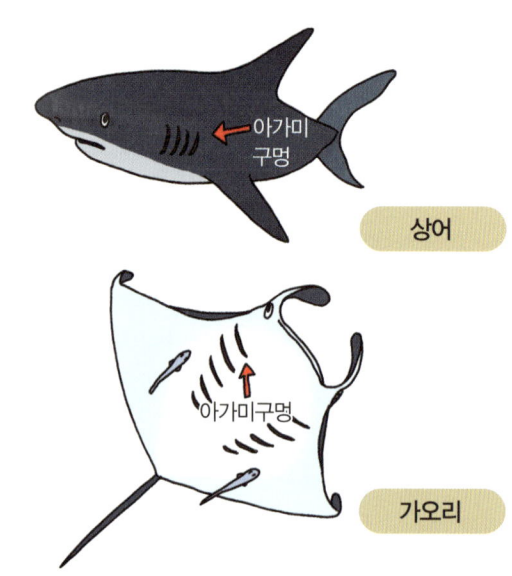

납작한 상어도 있어요

같은 연골어류인 상어와 가오리는 어떤 점이 다를까요? 보통 상어는 몸통이 얇고 긴 데 반해 가오리는 납작하다고 생각하는 사람이 많지요? 하지만 '전자리상어'처럼 납작한 상어도 있고, 흔히 '톱가오리'(프리스티대)처럼 몸이 길쭉한 가오리도 있으므로 체형으로 나눌 수는 없답니다.

상어와 가오리는 아가미구멍이 있는 위치로 확실히 구분합니다. 둘 다 판 모양의 격판에 아가미구멍이 있어요. 아가미구멍은 뚜껑 없이 열려 있는데, 상어는 몸의 옆쪽에 있는 반면 가오리는 배 쪽에 있답니다. 그래서 전자리상어는 아가미구멍이 몸 옆에 있어서 상어로 분류하고, 톱가오리는 아가미구멍이 배에 있어서 가오리로 분류하는 것입니다.

도미나 참치 등 경골어류는 몸의 좌우에 4쌍의 아가미를 가지고 있어요. 그 아가미를 아가미뚜껑이 덮어서 보호하며, 아가미구멍은 1쌍밖에 없습니다.

나도 과학자

상어과 가오리를 비교해 보세요

아가미구멍의 위치는 상어가 몸의 옆쪽, 가오리가 배쪽입니다. 상어와 가오리를 같이 사육하는 수족관에 가면 상어와 가오리의 아가미구멍이 어디에 있는지 비교해 보세요.

개미와 함께 살거나, 개미를 잡아먹는 나비

교과서 3학년 2학기 | 2단원 동물의 생활

도쿄대학 종합연구박물관 | 야고 마사야

개미에게 단물을 주고 보호받아요

개미와 함께 사는 생물은 진딧물이 유명하지요. 진딧물은 개미가 좋아하는 단물을 주는 대신 적으로부터 보호받습니다. 그런데 진딧물과 비슷하게 개미와 함께 사는 나비도 있습니다. 부전나비 애벌레는 대부분 엉덩이와 가까운 등쪽에서 단물이 나옵니다. 단물이 나오는 구멍 근처에 두 개의 돌기가 나왔다가 들어가기를 반복하면서, '여기서 꿀이 나와요.' 하고 개미에게 알려준답니다. 개미에게 단물을 주고 천적으로부터 보호받아요.

부전나비 애벌레의 천적은 기생벌과 기생파리입니다. 그들은 부전나비 애벌레의 몸에 알을 낳으려고 호시탐탐 기회를 엿본답니다. 몸에 알이 생긴 부전나비 애벌레는 훗날 벌과 파리 유충에게 잡아먹히면서 죽어요. 실제로 개미를 없앤 다음 부전나비 애벌레를 자연환경에 놔두면 전멸해 버린대요.

개미집으로 옮겨지는 '고운점박이푸른부전나비'의 애벌레

개미를 속이는 나비도 있어요

부전나비는 개미와 서로 돕는 공생 관계입니다. 그런데 모든 부전나비 종류가 개미와 사이좋게 지내지는 않아요. '고운점박이푸른부전나비'의 애벌레는 개미 유충인 척해서 개미집으로 옮겨집니다. 크면 개미 유충을 잡아먹으며 자란답니다.

담흑부전나비의 애벌레도 개미가 개미집까지 옮기는데, 그 후에도 개미에게서 먹이를 받아먹으며 자라요. 이렇게 개미와 사이좋은 담흑부전나비는 몸의 표면에서 수개미와 비슷한 성분이 나온다는 사실이 밝혀졌습니다.

나도 과학자

부전나비와 개미의 관계를 관찰해 보세요

부전나비의 애벌레는 5~10월경 괭이밥, 콩, 돌나물 등의 식물을 먹고 자랍니다. 발견하면 애벌레의 생김새와 꿀을 받으러 오는 개미의 움직임을 관찰해 보세요.

괭이밥

태풍은 왜 올까요?

교과서 5학년 2학기 3단원 날씨와 우리 생활

쓰쿠바대학 계산과학연구센터 준교수 | 구사카 히로유키

태풍과 고기압의 관계

한반도로 몰려오는 태풍은 적도 부근의 남쪽 바다에서 형성됩니다. 한여름에는 동쪽에서 커다란 고기압이 형성되어 무척 무덥습니다. 이러한 나날이 계속되면 이 고기압에 막혀 태풍이 가까이 올라오지 못합니다. 그러다가 고기압의 힘이 차츰 약해지면 마치 고기압이 약해진 사실을 알리듯 태풍이 올라옵니다.

한편 높은 하늘에는 항상 지구를 에워싸듯 강한 바람이 붑니다. 태풍이 형성되는 부근에서는 동쪽에서 서쪽으로, 한반도 근처에서는 서쪽에서 동쪽으로 불어요. 태풍이 접근해 오는 것은 바람의 영향도 있습니다.

태풍이 오는 시기와 방향은 늘 달라요

한반도로 북상하는 태풍은 주로 여름에서 가을 사이에 많이 오지만, 남쪽 바다에서는 다른 계절에도 태풍이 불어요. 또 고기압이 늘 같은 자리에 머무르는 것도 아니고, 지구를 에워싼 강한 바람도 해마다 지나는 길이 조금씩 달라지기도 합니다. 여러 가지 조건이 맞으면 꼭 늦여름이 아니더라도 태풍이 올 수 있어요.

태풍은 따뜻한 바다에서는 규모가 커지지만 추위에 약해요. 그래서 태풍은 일본을 통과하고 나면 세력이 점점 약해져서 차디찬 북쪽 바다에 도착할 즈음이면 일반적인 저기압으로 변해 버린답니다.

태풍은 전 세계의 따뜻한 바다에서 생깁니다. 한반도 쪽으로 북상하는 태풍은 극히 일부분이지요. 북반구의 태풍은 시계 반대 방향, 남반구의 태풍은 시계 방향으로 소용돌이칩니다.

 **나도 과학자**

태풍이 지나간 후 별을 관찰해 보세요

태풍의 소용돌이는 공기 중의 먼지도 엄청난 기세로 날려 버립니다. 그래서 태풍이 지나간 후에 공기는 무척 맑고 깨끗해요. 그런 날 밤은 평소보다 별이 훨씬 잘 보일 거예요.

세계에서 가장 작은 식물 분개구리밥

교과서 4학년 2학기 1단원 식물의 생활

9월 8일

후쿠시마대학 공생시스템 이공학류 | 구로사와 다카히데

몸도 꽃도 작은 분개구리밥

꽃을 피우는 식물 중 세계에서 가장 작은 것은 '분개구리밥'입니다. '월피아'로도 불러요. 작은 알갱이 같은 분개구리밥의 옆모습을 보면 큰 타원 하나와 작은 타원이 붙어 있어요. '분개구리밥'은 잎과 줄기, 뿌리가 구별되지 않고 몸 전체가 평평한 잎의 모양을 한 **엽상체**랍니다. 크기가 0.4×0.3mm 정도 되고, 무게는 약 150μg입니다. 여기서 1μg(1마이크로그램)은 1mg의 100분의 1을 뜻하니, 아주 작고 가볍다는 것을 알 수 있지요.

분개구리밥은 몸뿐 아니라 꽃도 작은 식물입니다. 꽃을 10개 모은 크기가 핀의 머리만 해요. 수꽃에 수술 하나, 암꽃에 암술 하나만 있고, 꽃잎과 꽃받침은 없습니다. 돋보기로도 보이지 않을 만큼 아주 작은 꽃이랍니다. 꽃이 피는 계절은 여름이에요. 그런데 꽃은 자주 피지 않아요.

분개구리밥이 사는 곳

분개구리밥은 물 위에 떠서 살아가지요. 또 엽상체는 2개로 분리되듯이 늘어납니다. 때로는 수면을 뒤덮을 정도로 많이 퍼진답니다. 주로 저수지, 수로, 논 등에서 볼 수 있어요.

🔍 개구리밥과는 물 위 생활에 적응하기 위해 작고 단순한 생김새로 진화했다고 합니다. 놀랍게도 원래는 토란과에서 진화했다고 하네요.

 **나도 과학자**

뿌리는 어떻게 생겼을까요?

개구리밥과는 뿌리의 수로 구분할 수 있어요. 개구리밥은 3~21개, 좀개구리밥은 1개입니다. 그런데 분개구리밥은 뿌리가 없습니다. 논 등지에 나가 한번 찾아보세요. 단, 크기가 너무 작아서 관찰하려면 현미경이 필요해요.

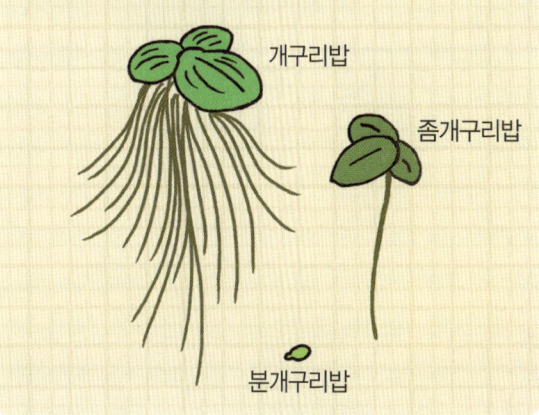

바다의 빨간 도깨비와 파란 도깨비

9월 9일

교과서 5학년 1학기 5단원 다양한 생물과 우리 생활

/ / /

도쿄대학대학원 농학생명과학연구과 | 후루야 겐

플랑크톤이 비정상적으로 늘어나요

빨간 도깨비, 파란 도깨비 하면 옛날 전래 동화가 생각나지 않나요? 바닷속에는 정말로 빨간 도깨비와 파란 도깨비가 있답니다. 빨간 도깨비의 정체는 바로 적조예요. **적조**란 바닷속의 붉은 식물성 플랑크톤(조류)이 비정상적으로 늘어나서 바다가 붉게 보이는 현상입니다.

적조가 발생하면 다른 플랑크톤들이 살지 못해 사라지고, 비정상으로 늘어난 플랑크톤이 바닷속 산소를 빼앗아 산소가 부족해집니다. 게다가 플랑크톤은 물고기의 아가미를 손상시켜서, 적조가 발생하면 물고기 양식에 큰 피해가 생겨요.

바다 밑바닥에 유기물질이 쌓여요

한편 파란 도깨비의 정체는 바로 녹조입니다. **녹조**는 비정상으로 늘어난 녹색 식물성 플랑크톤(녹조류) 때문에 바다나 호수가 녹색으로 보이는 현상이에요. 플랑크톤 사체를 균류가 분해할 때 산소가 많이 쓰이기 때문에 바닷속은 산소가 부족해져요. 그 영향으로 유독 물질이 생기고, 물고기들이 떼죽음을 맞는 것입니다.

이처럼 적조와 녹조 모두 플랑크톤의 비정상적인 증가와 관련 있습니다. 플랑크톤이 증가하려면 양분이 되는 인, 질소, 유기물(생명체에서 나온 물질)이 필요한데, 이것은 우리가 배출하는 생활 하수에 포함되어 있어요. 우리가 바다의 빨간 도깨비, 파란 도깨비를 만들고 있는 셈이지요.

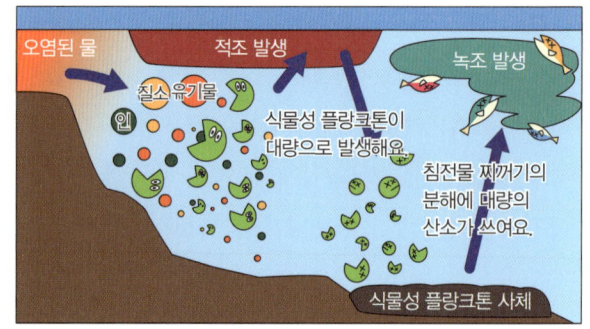

🔍 해조류의 표면에 적조의 원인인 플랑크톤의 증가를 억제하는 세균이 있대요. 해조류가 밀집해서 자라는 '해조장'을 활용해 적조를 예방하는 연구가 진행 중이에요.

 나도 과학자

적조와 녹조를 어떻게 예방해야 할까요?

여러분이 쓰고 버리는 더러운 물도 적조와 녹조가 발생하는 원인일지 몰라요. 어떤 것을 하수구에 흘려보내는지 잘 생각해 보세요.

벌의 독은 왜 강할까요?

교과서 3학년 2학기 2단원 동물의 생활

슈토대학도쿄 도시교양학부 | 시미즈 아키라

먹잇감을 마비시켜요

벌은 왜 독이 있을까요? 첫 번째 이유는 먹잇감을 마비시키기 위해서입니다. 벌 중에는 말벌, 쌍살벌처럼 다른 곤충을 사냥하는 사냥벌이 있어요. 사냥벌은 잡은 먹잇감의 몸에 알을 낳습니다. 알에서 태어난 새끼는 그 먹잇감을 먹으며 자란답니다. 그런데 알을 낳을 때 먹잇감이 움직이면 알 낳기가 힘들겠지요. 그래서 독침으로 먹잇감을 마비시켜 움직이지 못하게 해요.

독침으로 커다란 동물을 쫓아내는 벌

적으로부터 새끼를 보호해요

더 강한 독을 가진 벌 종류도 있어요. 말벌과 꿀벌처럼 커다란 벌집을 만드는 벌들입니다. 커다란 벌집에는 유충이 많이 있어요. 보통 벌집 하나에 수만 마리의 유충이 있답니다.

벌집은 동물들에게 영양분이 듬뿍 담긴 아주 매력적인 먹이입니다. 곰, 멧돼지, 너구리 등이 벌집을 먹으려고 기회를 엿본답니다. 벌은 강한 독으로 동물들을 쫓아내요.

커다란 벌집을 만드는 종류의 벌은 대부분 독이 강하고 공격적이에요. 게다가 독에는 경고 기능이 있어서, 한 마리가 독침을 사용하면 주변에 있던 벌들도 일제히 공격을 시작한답니다.

 동남아시아에 있는 자이언트 꿀벌(아피스 도르사타)은 공격성이 무척 강한 종으로 유명합니다. 거대한 벌집에 수만 마리나 되는 벌이 있는데, 적을 발견하면 무려 2km나 쫓아온다고 합니다.

나도 과학자

벌집과 독을 조사해 봅시다

도감이나 사전 등으로 벌을 찾아보세요. 벌집에도 다양한 모양이 있습니다. 나무 위, 흙 속 등 만드는 장소도 각양각색이에요. 벌집의 모양과 벌의 먹이 등을 알아봅시다.

우리나라에서도 공룡 화석을 찾았어요

교과서 4학년 1학기 2단원 지층과 화석

홋카이도대학 종합박물관 | 고바야시 요시쓰구

한반도는 공룡의 낙원이었어요

우리나라에서는 1972년 경남 하동에서 최초로 공룡 알 화석을 발견한 이후로 공룡 화석을 많이 찾아냈습니다. 1973년 경북 의성에서 초식 공룡의 앞다리뼈를, 1982년 경남 고성에서 공룡 발자국 화석 등을 처음 발견했지요. 남해안 지역에서만 공룡 발자국을 1만 개 이상 발견했어요. 1990년대에는 경상도와 전라남도에서 공룡 화석을 많이 발굴해 우리나라의 공룡 화석에 관심이 높아졌어요. 1996년 전남 해남군 우항리에서 국내 최초로 익룡 발자국 화석을 찾았거든요. 최근에는 다양한 크기의 공룡 알 화석을 전남 보성, 경기 화성 시화호 등 여러 곳에서 발굴했어요. 2000년대부터는 공룡 연구가 더욱 활발하게 이루어지고 있습니다.

어떤 곳에서 찾을 수 있을까요?

공룡은 지금부터 약 2억 5,000만 년 전부터 6,500만 년 전까지 살았습니다. 이 시대를 **중생대**라고 부릅니다. 중생대에 형성된 지층을 조사하면 공룡 화석을 발견할 가능성이 있어요.

우리나라에는 중생대 지층이 넓게 자리해요. 공룡은 육지에서 살았던 동물이므로 육지에 형성된 지층에서 공룡 화석을 발견할 가능성이 높아요.

하지만 일본 홋카이도에서 발견된 '하드로사우루스'의 뼈는 바다에서 생긴 지층에 있었어요. 바다까지 떠내려간 사체가 화석이 된 듯합니다. 이처럼 바다에 생긴 지층에서도 공룡 화석을 발견할 수 있답니다.

 화석 채집을 하려면 땅 주인의 허가가 필요하고, 안전모와 망치 등 장비도 필요합니다. 박물관에 문의한 다음, 보호자와 함께 조사에 나서도록 하세요.

나도 과학자

여러분의 집 근처에서도 화석이 나올까요?

근처 박물관에 가서 자신이 사는 지역의 지층을 알아봅시다. 어느 시대의 지층이 있고, 거기서 어떤 화석이 발견되었는지 말이지요. 어쩌면 화석도 발굴할 수 있을지 몰라요.

이빨이 있는 나방이 있다고요?

교과서 3학년 2학기 2단원 동물의 생활

일본국립과학박물관 동물연구부 | 진보 우쓰기

곤충은 입 모양이 서로 달라요

곤충이 먹이를 먹는 모습을 본 적 있나요? 개미는 턱으로 우적우적 씹어 먹어요. 나비와 나방은 어떨까요? 빨대 모양의 입으로 꿀 등을 빨아 먹는답니다.

곤충마다 먹는 모습과 입 모양이 다른 것처럼, 곤충의 입은 사람과 아주 다르게 생겼습니다. 곤충은 이빨 대신 '턱'을 가지고 있어요. 개미가 우적우적 먹이를 씹을 때 움직이는 부분이 바로 턱입니다. 나비와 나방의 빨대 모양 입도 턱이 진화한 것이랍니다.

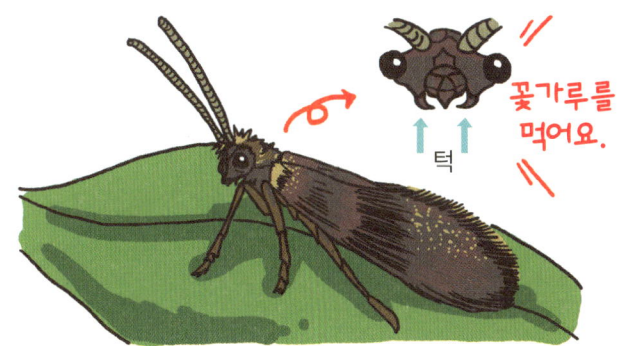

턱으로 먹이를 씹어 먹는 원시나방과

먹이에 맞추어 턱 모양이 바뀌었어요

곤충들은 먹이에 맞추어 턱 모양을 바꾸어 왔습니다. 나비와 나방은 꽃의 꿀이나 열매즙을 빨기 위해 입이 빨대 모양으로 변했어요. 입의 길이도 즐겨 먹는 꽃의 종류에 따라 다릅니다. '육산토판 모르가니 프라이딕타'(학)라는 나방은 어느 난꽃에 꿀이 들어 있는 깊이에 맞추어 입이 30cm나 되는 빨대 모양으로 진화했어요.

한편 빨대 모양의 입이 없는 희귀한 나방도 있습니다. 일본에 서식하고 주로 꽃가루 등을 먹는 원시나방과입니다. 짧은 이빨 같은 턱으로 꽃가루를 우적우적 씹어 먹지요. 원래 나비와 나방의 선조는 원시나방과처럼 턱으로 먹이를 먹었다고 합니다. 그러다가 먹이에 맞추어 빨대 모양으로 진화했어요.

 동물의 피와 눈물을 먹는 나방도 있어요. 나방의 먹이도 참 여러 종류지요?

나도 과학자

곤충이 먹이 먹는 모습을 관찰해 보세요

나비와 나방은 빨대 모양의 입을 뻗어 꽃의 꿀을 빨아 먹습니다. 개미 등의 곤충은 턱으로 먹이를 씹어 먹으니, 비교해서 관찰해 보세요.

호랑나비

꽁치가 가을에 맛있는 이유는?

9월 13일

교과서 3학년 2학기 2단원 동물의 생활

도쿄해양대학대학원 해양과학기술연구과 | 아리모토 다카후미

북쪽 바다에서 살이 올라요

매년 가을이 되면 생선가게 진열대마다 제철을 맞이한 꽁치가 모습을 드러내지요. 꽁치는 왜 가을에 더 맛있을까요? 그 이유는 꽁치가 1년에 걸쳐 한국의 연안을 어떻게 이동하는가와 관련 있습니다.

꽁치는 남쪽 바다에서 겨울을 보냅니다. 봄이 되어 바닷물이 따뜻해지면 쿠로시오해류를 타고 먹이를 찾아 북쪽으로 계속 이동해서 동해안 근처에서 알을 낳아요. 여름에는 러시아 쪽의 쿠릴열도와 오호츠크해까지 올라갑니다.

그보다 더 북쪽에 있는 바다는 너무 추워요. 그래서 꽁치는 여름에서 가을에 걸쳐, 해류를 타고 남쪽으로 돌아옵니다. 북쪽 바다에서 먹이를 듬뿍 먹어 살진 꽁치는 가을철 동해와 남해 바다에서 잡힙니다. 가을에 잡은 꽁치가 살이 올라 통통하고 맛있는 이유지요.

살이 통통하게 올라 맛있는 꽁치를 잡을 수 있어요!

먹이를 듬뿍 먹어서 살쪄요.

맏물 가다랑어? 회귀 가다랑어?

꽁치와 비슷한 경로로 헤엄치는 가다랑어도 봄에서 여름까지 북쪽으로 향하는 시기보다, 여름에서 가을까지 남쪽으로 내려오는 시기의 가다랑어가 훨씬 살이 오른 상태입니다. 남하하면서 살이 오른 가다랑어는 '회귀 가다랑어'라고 부르며 사람들이 좋아하고, 북상하는 가다랑어는 '맏물 가다랑어'라고 부르며 즐깁니다.

 꽁치는 불빛에 모여드는 습성이 있습니다. 그래서 빛을 내는 집어등을 사용해 꽁치를 잡아요.

나도 과학자

맏물 가다랑어, 회귀 가다랑어는 맛이 어떻게 다를까요?

봄철의 가다랑어가 담백한 맛인 데 비해 여름에서 가을까지 회귀하는 가다랑어는 살이 올라 기름집니다. 이러한 맛의 차이는 가다랑어가 긴 거리를 이동하는 데서 나와요. 기회가 되면 여러분도 차이를 느껴 보세요.

맏물 가다랑어?   회귀 가다랑어?

동물과 열매의 깊은 관계

교과서 3학년 2학기 2단원 동물의 생활

아자부대학 수의학부 | 다카쓰키 세이키

동물 취향에 따라 열매를 먹어요

신선한 열매는 동물들에게 소중한 먹이입니다. 마가목과 가막살나무는 크기가 조금 작고 붉은 열매를 맺어요. 무척 화려한 빛깔이지만 그리 향기롭지는 않습니다. 그런데 이 열매가 새 먹이로 안성맞춤이라고 해요. 새는 빨간색에 반응하지만 냄새는 모르기 때문입니다. 크기도 새의 부리에 딱 들어갈 정도입니다.

한편 헛개나무처럼 달콤한 향을 풍기는 열매를 맺는 나무는 너구리, 곰, 원숭이 등 포유동물이 무척 좋아해요. 이 열매들은 별로 튀지 않는 색깔이지만, 익으면 땅에 떨어져 달달한 향을 풍깁니다. 너구리와 곰 등 포유동물은 빨간색을 구별하지 못해도 냄새를 잘 맡습니다. 게다가 땅에 떨어진 열매라면 먹기도 쉽지요.

동물을 이용해 번식하려는 열매의 작전

식물이 열매를 맺는 것은 단순히 동물에게 주기 위해서가 아닙니다. 그럼 무슨 이유 때문일까요?

그 대답은 열매의 자식, 즉 '씨앗'에 있습니다. 새나 포유동물은 어떤 장소에서 맛있는 열매를 먹은 다음 다른 장소로 이동합니다. 먹었으니 변을 보겠지요. 그 변에는 씨앗이 들어 있으니, 말하자면 씨앗을 옮긴 셈입니다. 스스로 움직일 수 없는 식물은 동물을 이용해 씨앗을 퍼트려요.

 머루나무는 보라색 열매를 맺습니다. 크지도 작지도 않은 크기여서 새와 포유동물이 모두 잘 먹어요.

나도 과학자

열매의 씨앗은 어떻게 생겼을까요?

열매에는 씨앗이 있지요. 씨앗의 특징을 관찰해 보세요. 예를 들어 감과 마취목의 열매 속 씨앗, 토마토의 씨앗은 어떻게 생겼을까요? 씨앗 주변에 젤리처럼 미끌미끌한 것이 있나요?

제일 장수하는 동물이 조개라고요?

9/15일

교과서 4학년 1학기 2단원 지층과 화석

도쿄대학 종합연구박물관 | 다나베 가즈시게

500년이나 사는 조개

한국인의 평균 수명은 80세가 조금 넘습니다. 그런데 한국인 평균 수명의 6배가 넘는 나이의 조개가 영국 북쪽 바다에서 발견되었습니다. 이름은 '대양백합조개'입니다.

대양백합조개는 길게는 507년까지 살았다는 사실이 밝혀졌습니다. 507세라면 태어난 때가 무려 1500년대! 대양백합조개는 셰익스피어, 갈릴레이, 이순신 장군이 태어난 시기부터 살아왔던 것입니다.

조개에도 나이테가 있어요

대양백합조개가 507년이나 살았다는 것을 어떻게 알 수 있을까요? 조개에도 나무와 마찬가지로 나이테가 있습니다. 나무는 일 년 내내 똑같은 속도로 성장하는 것이 아니라 겨울이 되면 성장이 더뎌집니다. 이때 나이테가 만들어진다는 사실이 밝혀졌습니다. 그와 같은 원리로 조개에도 나이테가 만들어지는 것입니다. 조개껍데기에 생긴 선의 수를 세면 조개 나이를 알 수 있습니다.

500년 넘게 살았으니 바닷속의 여러 가지 성분이 조개껍데기에 흡수되었겠지요. 그 성분을 조사하면 바다의 500년 역사를 알 수 있습니다. 대양백합조개는 단순히 수명이 길 뿐만 아니라 지구 역사의 증인이기도 한 셈입니다.

나도 과학자

두껍질조개의 나이를 알아봅시다

대양백합조개는 된장찌개에 들어가는 바지락 등과 같은 두껍질조개입니다. 겉껍데기(패각)가 두 개라서 이렇게 분류합니다. 여러분이 쉽게 구할 수 있는 두껍질조개의 나이를 알아보세요. 된장찌개에 들어간 바지락은 여러분보다 나이가 더 많나요? 아니면 어린가요?

조개의 나이테

 대양백합조개가 왜 오래 사는지 그 이유는 밝혀지지 않았습니다. 차가운 바다 밑바닥에서 별로 움직이지 않고 사는 생활 방식과 관련 있다는 주장도 있어요.

무당거미가 노란색 줄무늬를 가진 이유

9월 16일

교과서 3학년 2학기 2단원 동물의 생활

일본국립과학박물관 동물연구부 | 오노 히로쓰구

말벌과 비슷한 무늬로 새를 피해요

거미에게도 천적이 있습니다. 새, 벌 등입니다. 거미 중에서 무당거미의 노란색 줄무늬는 말벌과 비슷하게 생겼어요. 말벌은 새도 방심할 수 없는 상대랍니다. 거미가 말벌과 비슷한 무늬를 띠는 것은 새의 공격을 피하기 위해서라고 추측할 수 있어요.

또한 노란색 줄무늬는 자외선을 잘 반사합니다. 자외선을 잘 느끼는 새가 무당거미를 보면 찾아내기 어렵다는 설도 있어요.

무당거미

눈에 띄는 것은 암컷

무당거미는 우리나라 전역에서 발견됩니다. 약 1m나 되는 커다란 거미줄을 쳐서 암컷 한 마리와 여러 마리의 수컷이 함께 살기도 합니다. 암컷은 큰 것이 3cm 정도이고, 색깔이 무척 눈에 잘 띕니다. 반면 수컷은 다 커도 그 반밖에 되지 않는 크기이고, 색깔도 별로 눈에 띄지 않아요.

암컷은 가을이 되면 실을 뽑아 근처 나무 기둥이나 나뭇가지에 침대를 만듭니다. 그곳에 많은 알을 낳은 다음 실로 만든 이불을 덮어 줍니다. 그 후 겨울이 되면 어미는 죽고, 침대에서 겨울을 보낸 알은 이듬해 봄에 새끼 무당거미가 된답니다.

나도 과학자

무당거미의 암컷과 수컷을 관찰해 보세요

8월 막바지 무렵부터 무당거미의 거미줄에는 암컷과 짝짓기를 하기 위해 수컷 몇 마리가 함께 살기 시작합니다. 그중에서 과연 어떤 수컷이 이길지 관찰해 보세요. 수컷끼리의 다툼은 아주 치열해서 다리가 찢기거나 죽는 수컷도 쉽게 볼 수 있답니다.

🔍 호랑거미는 무당거미와 무척 비슷하게 생겼습니다. 차이점은 몸이 둥글고 다리가 두껍다는 것입니다. 또 호랑거미의 거미줄은 둥그스름하게 생겼는데, 무당거미의 거미줄은 말굽 모양입니다.

도미의 몸속에 또 도미가 있다고요?

9월 17일

교과서 3학년 2학기 2단원 동물의 생활

도쿄대학 대기해양연구소 | 사루와타리 도시로

예부터 전해져 온 길조의 상징

붉은 빛깔이 아름다운 '참돔'은 옛날부터 행운과 복을 불러오는 물고기로 알려졌어요. 한국과 일본에서는 잔칫날이면 빼놓지 않고 즐겨 먹었다고 해요. 참돔은 참도미라고도 하며, 도미과에 속해요.

그런데 '도미 속의 도미'라는 이야기를 들어 보았나요? 참돔을 먹으면 가슴 부위에서 물고기 모양의 뼈를 발견할 수 있어요. 일본에서는 경사스러운 도미의 몸에서 또 경사스러운 도미가 나왔다고 생각해 이 뼈를 '도미 속의 도미'라고 부른대요. 이 뼈는 길조의 상징으로 귀하게 여겨 왔습니다.

이 물고기 모양 뼈는 도미의 어깨뼈와 가슴 쪽의 뼈가 이어진 것으로, 가슴지느러미를 받치는 역할을 합니다. 뼈에 꼭 눈처럼 보이는 커다란 구멍이 있는데, 이것은 신경이 통과하는 구멍이랍니다.

전갱이의 몸속에도 도미가 있다고요?

가슴지느러미를 받치는 '물고기 모양의 뼈'는 참돔과 마찬가지로 뼈가 딱딱한 경골어류인 전갱이와 꽁치 등에도 있습니다. 그러나 참돔의 뼈와는 생김새가 달라요.

헤엄칠 때 가슴지느러미를 거의 사용하지 않는 물고기는 가슴지느러미도 '물고기 모양의 뼈'도 전부 크기가 작습니다. 그래서 발견하기 어려울지도 몰라요. 반대로 '물고기 모양의 뼈'가 큰 것은 가슴지느러미가 잘 발달한 물고기입니다. 헤엄칠 때 가슴지느러미를 자주 사용하지요. 생선을 먹다가 이 뼈를 발견하면 어떻게 헤엄쳤을지 상상해 보세요.

'주걱치'라는 물고기는 몸길이가 수 센티미터 정도로 작지만 '도미 속의 도미'라 불리는 물고기 모양 뼈가 크답니다. 거의 가슴지느러미만으로 헤엄치기 때문이에요.

나도 과학자

물고기 모양 뼈를 찾아요

가슴지느러미를 받쳐주는 뼈이므로 가슴지느러미가 달린 부분을 찾아보면 발견할 수 있습니다. 생선에 열을 가하면 뼈와 살을 분리하기 쉬워요. 다만 생선을 구우면 뼈와 살이 달라붙을 수도 있으므로 조린 도미에서 찾아보기를 추천합니다.

곤충의 더듬이에는 감지기가 달려 있어요

9월 18일

교과서 3학년 2학기 2단원 동물의 생활

/ / /

슈토대학도쿄 도시교양학부 | 시미즈 아키라

다양한 감지기가 달린 더듬이

우리는 코로 냄새를 맡거나 혀로 맛을 보고, 손으로 만지면서 주위의 사물을 확인하지요. 그런데 곤충은 더듬이 하나로 모든 것을 느낀답니다.

곤충의 더듬이에는 '느끼기 위한' 다양한 감지기가 달려 있어요. 예를 들면 만져서 맛을 느끼는 '미각' 감지기, 냄새를 느끼는 '후각' 감지기 등입니다. 물론 만져서 모양을 느끼는 '촉각' 감지기도 있어요. 각각의 감지기는 모양이 다양한데, 전부 털이 진화한 것으로 안에는 신경이 들어 있습니다.

곤충 중에서도 특히 벌이 감지기의 종류가 많아요. 사냥하거나 집을 만드는 등 복잡한 행동을 할 때 필요하기 때문이에요.

감지기가 있는 부분

감지기로 다른 벌집을 빼앗는 도둑벌

감지기의 수는 곤충의 종류에 따라 크게 차이가 납니다. 이를테면 벌 '포이칠라게니아 스쿨프투라타'(학)의 암컷은 9가지의 감지기를 가지고 있어요.

이 벌은 다른 종류의 벌집을 빼앗는 도둑입니다. 다른 벌이 흙으로 만든 단지 모양 벌집과 그 안에 든 먹이를 빼앗아 점령한답니다. 더듬이에는 맛을 느낄 수 있는 감지기가 있어요. 아마도 다른 벌이 아무도 모르는 곳에 만든 벌집을 찾아내기 위해 감지기가 발달한 것으로 보입니다.

 벌의 감지기 중 약 10종류가 알려졌는데, 무엇을 어떻게 감지하는지 아직 밝혀지지 않은 것도 많아요.

나도 과학자

개미의 더듬이를 살펴보아요

설탕물, 벌꿀로 개미를 꾀어 개미가 더듬이를 어떻게 쓰는지 자세히 관찰해 볼까요? 더듬이의 아래 부분으로 주위를 더듬으면서 확인하는 모습을 볼 수 있답니다.

물이 돌과 지층을 깎을 수 있는 이유는?

9월 19일

교과서 3학년 2학기 3단원 지표의 변화

대학강사 | 야지마 미치코

돌을 굴려서 지형을 바꿔요

땅의 생김새는 울퉁불퉁, 구불구불 여러 가지입니다. 이렇게 지형이 다양한 이유 중 하나로 물을 꼽을 수 있어요. 물이 돌을 옮기거나 지층을 깎으면서 지형을 바꾸는 것이지요.

보통 강은 유유히 흘러갑니다. 그런데 태풍이나 호우로 물의 양이 불어나면 아주 많은 물이 굉장히 빠르고 세차게 흘러요. 강바닥의 돌이 휩쓸려 갈 정도로 아주 거세답니다.

돌은 거친 물살을 따라 내려가면서 강바닥과 강기슭을 조금씩 깎습니다. 이렇게 골짜기가 깊어지고 강물의 흐름이 바뀌면서 강물이 흐르던 자리에 '하적호'라는 호수가 생기기도 해요.

강이 돌을 깎으면서 강가가 넓어졌어.

강바닥이 돌 때문에 깎여서 깊어졌어.

물이 돌을 녹여요!

물이 지형을 바꾸는 이유는 하나 더 있습니다. 바로 물이 물질을 녹이기 때문입니다. 소금이나 설탕을 물에 녹여 본 적 있나요? 물에 녹는 것이 당연하다고 여길지도 모르지만, 사실 물만큼 여러 가지 물질을 녹이는 액체는 또 없답니다. 돌도 물에 녹아요.

특히 물에 잘 녹는 돌은 석회암입니다. 석회암이 지하수 같은 물에 녹으면 지하에 커다란 동굴이 생겨요. 이것이 바로 **석회 동굴**입니다. 그 밖에 원형으로 움푹 파인 땅을 가리키는 '돌리네'도 석회암이 물에 녹으면서 생긴 지형입니다.

 물은 여러 가지 물질을 녹일 수 있다고 했지요. 바닷물에는 지구 상에 있는 거의 모든 원소가 녹아 있답니다. 반대로 아무것도 녹아 있지 않은 물은 '순수'라고 해요.

나도 과학자

물로 돌을 깎아 보세요

캔이나 페트병에 돌과 물을 넣고 뚜껑을 닫습니다. 그것을 계속 흔들어 보세요. 돌 모서리가 점점 둥그스름해질 거예요. 언젠가는 계속 부서져서 모래가 될지도 모른답니다.

흔들흔들

흔들흔들

모서리가 깎여서 둥그스름해졌어!

이빨이 없는 새는 어떻게 먹이를 소화할까요?

9월 20일

교과서 3학년 2학기 2단원 동물의 생활

야마시나조류연구소 | 이와미 야스코

먹이를 삼키는 새

새는 부리로 먹이를 쪼아요. 그 상태로 꿀꺽 삼킵니다. 부리에 이빨이 없기 때문에 먹이를 잘근잘근 씹어 먹을 수 없답니다. 그렇다면 새는 도대체 어떻게 먹이를 쪼개 소화할까요?

새는 위에서 음식물을 잘게 쪼갠답니다. 새의 위는 근육으로 덮여서 두껍습니다. 이 특별한 위를 **모래주머니**라고 부릅니다. 모래주머니에는 작은 돌과 모래알이 들어 있어요. 이 돌과 모래가 위 안에서 음식물과 뒤섞이며 음식물을 잘게 부순답니다.

모든 것은 날기 위하여

커다란 새일수록 모래주머니도 큽니다. 커다란 새라고 하면 타조가 제일 먼저 떠오르지요? 타조의 모래주머니는 지름이 25cm나 됩니다. 이렇게나 큰 만큼 돌멩이가 가득 들어 있어요. 딱딱한 먹이를 먹는 새일수록 모래주머니도 두껍습니다. 흔히 '핀치새'로 불리며 딱딱한 씨앗을 즐겨 먹는 갈라파고스섬의 '멧새'가 그렇습니다. 한편 부드러운 먹이를 먹는 '직박구리'는 모래주머니가 작아요.

이빨이 있으면 음식물을 잘게 쪼개기 편하겠지요. 그런데 왜 새는 부리에 이빨이 없을까요?

부리에 이빨이 있는 모습을 한번 상상해 보세요. 부리에 이빨이 있으려면 턱 근육도 있어야겠지요.

부리에 이빨과 근육이 있으면 그만큼 머리가 무거워질 것입니다. 그러면 하늘을 날 때나 걸을 때 몸의 균형을 잡기가 힘들겠지요? 다시 말해서 새의 몸은 잘 날 수 있도록 만들어진 셈입니다.

 올빼미는 모래주머니가 없어요. 그래서 고기만 먹고 딱딱한 뼈와 깃털은 도로 토해 냅니다. 이렇게 토한 것을 '펠릿'이라고 부릅니다.

나도 과학자

돌로 부수면 어떻게 될까요?

식품을 얼릴 때 쓰는 튼튼한 비닐봉지를 준비합니다. 그 속에 작은 돌과 풀을 넣고 마구 비비며 섞어 보세요. 여기서 비닐봉지와 손이 모래주머니 역할을 한답니다.

공벌레는 바다에서 왔어요

9월 21일

교과서 5학년 2학기 2단원 생물과 환경

주식회사 스이도샤 | 사이토 노부히로

육지로 올라온 갑각류

툭 건드리면 공처럼 몸을 말아 버리는 생물이 있어요. 집 앞, 놀이터, 운동장의 구석에도 있어서 본 적이 있을 거예요. 네, 바로 공벌레입니다. 공벌레는 새우, 게와 마찬가지로 **갑각류**에 속합니다. 갑각류는 보통 물속에 살며 몸이 단단한 껍질로 싸인 생물을 말해요. 따개비, 물벼룩 등 물속에 사는 생물도 갑각류에 속해요. 그러한 무리에 왜 공벌레도 들어가는 것일까요? 사실 공벌레는 육지로 진출하는 데 성공한 갑각류랍니다. 공벌레 외에 쥐며느리, 갯강구도 마찬가지로 육지로 올라온 갑각류예요.

태어나는 모습이 육상 진출의 열쇠

새우와 게는 알에서 나올 때 부모와 전혀 다른 모습이에요. 플랑크톤으로 바닷속을 표류하며 자라는 동안 수차례 모습을 바꿉니다. 마침내 부모와 똑같은 모습이 되면 바다 밑바닥에서 생활한답니다. 그런데 처음부터 부모와 비슷한 모습으로 태어나는 갑각류도 있어요.

갯강구는 어린 시절에 굳이 바닷속을 표류할 필요가 없었기 때문에 육상으로 진출한 것으로 보입니다. 그래도 물기가 있는 바닷가 근처에서만 살 수 있지요. 반면 공벌레는 더 건조한 곳에서도 살 수 있어요. 육상 생활에 얼마나 적응했는지에 따라 다양한 종류의 갑각류가 있답니다.

모두 같은 종류야!

나도 과학자

공벌레와 남방공벌레

흔히 보이는 공벌레는 건조한 공기에 강한 종류입니다. 한편 숲 속에는 습기를 좋아하는 남방공벌레가 있어요. 이 두 종류의 공벌레는 엉덩이 모양으로 구분할 수 있답니다.

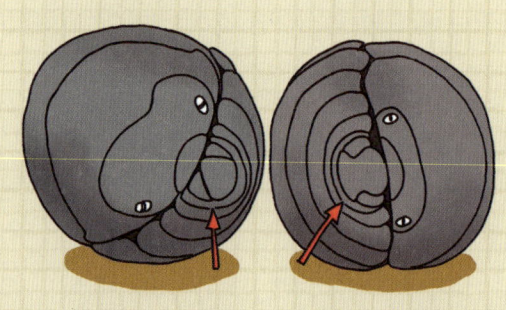

건조한 공기를 좋아하는 공벌레 / 습기를 좋아하는 남방공벌레

 공벌레는 갑각류 중에서도 등각류라는 무리에 속합니다. 여기에 속하는 동물 중에는 심해에 사는 거대 쥐며느리 '바티노무스 기간테우스'(학)도 있어요. 큰 것은 50cm가 넘을 정도라고 하네요.

우리와 가까운 생물 중 가장 위험한 말벌

교과서 3학년 2학기 2단원 동물의 생활

9월 22일

일본국립과학박물관 | 도모쿠니 마사아키

고기 경단을 만드는 말벌

여름이 되면 말벌의 활동이 활발해집니다. 그에 따라 벌집의 크기도 커져요. 다만 말벌의 공격성은 어느 계절이든 변화가 없습니다. 말벌은 몸이 부드러운 곤충, 나비나 나방의 애벌레 등을 잡아먹습니다. 잡은 먹이는 다리로 억누른 상태에서 물어 찢어요. 잘 찢은 다음에는 동글동글 고기 경단으로 만들어 벌집까지 가지고 돌아와 유충에게 먹여요.

말벌 성충은 잘 자란 유충이 내뱉는 영양분 가득한 액을 먹습니다. 이것이 부족할 때는 나무 수액도 빨아 먹는답니다.

위험! 이렇게 생긴 벌집에는 말벌이 살아요.

말벌을 보면 어떻게 해야 할까요?

말벌은 벌집 가까이 오는 생물을 공격합니다. 그러니 말벌의 벌집에 가까이 가지 않도록 조심하세요. 만약 말벌이 다가온다면 가만히 있으세요. 조용히 엎드려 있는 것도 좋아요. 당황해서 도망가면 오히려 말벌에게 쏘일 위험이 높아집니다. 만약 쏘이고 말았다면 얼마간 상태를 지켜보세요. 심장이 빨리 뛰거나 숨이 가빠지면 서둘러 병원에 가야 합니다.

말벌에 쏘였을 때 독성분 자체 때문에 죽음에 이르는 경우는 거의 없어요. 다만 여러 번 쏘이면 독 때문에 온몸에 알레르기 반응(과민성 쇼크)이 일어나 죽을 수도 있습니다.

말벌 때문에 매년 20명 정도가 목숨을 잃는데, 대부분 알레르기 반응 때문이에요. 피해 규모로 봤을 때 야생 생물 중 말벌이 가장 위험하지요.

나도 과학자

무서운 벌에 쏘이지 않으려면 알아 두세요

벌에 쏘이지 않으려면 무엇보다도 벌집 가까이 가지 않아야 합니다. 쌍살벌은 풀숲에, 장수말벌과 땅벌은 땅속에 집을 짓습니다. 벌을 발견하면 근처에 벌집이 있을지도 모르니 조심하세요.

석탄의 기원은 먼 옛날의 거대 삼림?

9월 23일

교과서 4학년 1학기 2단원 지층과 화석

지바현립중앙박물관 | 사이키 겐이치

3억 년 이상 전의 양치식물

석탄은 석유와 마찬가지로 불을 붙이면 아주 잘 타는 연료입니다. 석탄과 석유를 **화석 연료**라고 불러요. 이름에서 알 수 있듯 석탄과 석유는 생물 화석입니다. 특히 석탄은 식물의 화석이에요.

석탄은 다양한 시대의 다양한 식물로 만들어졌습니다. 그중에서도 세계적으로 가장 많은 석탄의 기원은 '석탄기' 시대의 양치식물입니다. **석탄기**는 약 3억 6,000만 년 전부터 3억 년 전의 시대입니다. 공룡이 살았던 시대보다도 훨씬 옛날이지요. 당시에는 세계적으로 높이 수십 미터가 넘는 거대 양치식물 삼림이 펼쳐져 있었습니다.

이것이 석탄의 기원!

칼라미테스

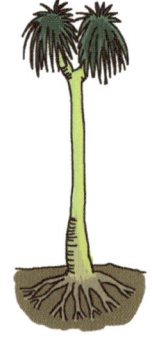
봉인목
(시길라리아)

인목
(레피도덴드론)

석탄기가 끝날 때쯤 사라졌어요

석탄기는 습도가 무척 높은 시대였습니다. 양치식물은 습기를 가장 좋아해요. 그야말로 양치식물에 적합한 환경이었던 셈입니다. 적도를 중심으로 거대 양치식물 삼림이 생길 정도였어요.

석탄기의 끝이 다가오자 지구의 기후는 건조해지기 시작했습니다. 그 결과 양치식물이 살기 힘든 환경이 되었어요. 양치식물 거대 삼림은 점점 시들어갔습니다. 그 후로 지구 역사에 거대 삼림이 많이 등장했지만, 석탄기에 있었던 양치식물로 된 거대 삼림은 찾아볼 수 없답니다.

나도 과학자

석탄기의 풍경을 상상해 보세요

땅에 카메라를 설치해 양치식물인 '쇠뜨기'가 무성한 곳을 촬영해 보세요. 이것이 석탄기 시대 삼림의 풍경에 가까울지 몰라요.

석탄기의 삼림!

 우리나라에서도 많은 석탄이 나옵니다. 한국의 석탄은 석탄기 다음 시대인 페름기에 생긴 것입니다.

심해에는 거대한 단세포생물이 있어요

9/24일

교과서 3학년 2학기 2단원 동물의 생활

해양연구개발기구 해양생물다양성연구분야 | 쓰치야 마사시

세포 하나인데 무려 10cm

사람의 몸은 약 60조 개나 되는 세포가 모여 형태를 이루고 있어요. 세포 하나하나는 1mm의 수십 분의 1 정도로 무척 작지요. 그런데 수심 4,000m의 심해에는 하나의 세포로 이루어진 생물인데도 10cm가 넘는 커다란 생물이 있습니다. 유공충의 일종인 '그세노피오포레'(학)입니다.

유공충이란 바다 밑바닥의 모래알과 석탄과 같은 성분인 껍데기로 몸을 감싼 생물입니다. 일반적인 유공충도 사람의 세포보다 큰 편이긴 하지만, 아무리 커도 1mm 정도밖에 되지 않아요.

먹이를 잘 받아 먹을 수 있어요

그세노피오포레의 세포가 이렇게 큰 이유는 커다란 동물이 그 위를 밟고 지나가도 부서지지 않기 위해서입니다. 독특하고 복잡한 생김새로 먹이도 잘 잡을 수 있어요.

햇빛이 닿지 않아 식물이 영양분을 만들어 낼 수 없는 심해에서는 해수면에 가까운 부분에서 아래로 가라앉는 생물의 사체가 소중한 먹이입니다. 작은 생물이라면 가라앉는 먹이를 받아먹을 확률이 적지만, 몸집이 크면 먹이를 받을 확률도 높아지겠지요. 먹이를 잡기 위해 그세노피오포레는 몸집이 클 뿐만 아니라 리본이나 부채처럼 복잡한 형태를 띤답니다.

커다란 물고기와 파도가 거의 없는 심해의 환경도 그세노피오포레가 커지는 데 좋은 환경입니다.

그세노피오포레

오키나와나 하와이 같은 섬에서 기념품으로 파는 '별모래'의 정체는 바로 유공충 껍데기입니다. 유공충이 죽고 남은 껍데기만 해안에 떠밀려 온 것이지요.

나도 과학자

가까이에 있는 유공충을 관찰해 보세요

껍데기로 뒤덮인 유공충은 화석이 되기 쉽다고 합니다. 건물 재료로 쓰이는 돌에서 이미 멸종한 '방추충'이라는 유공충 화석을 발견할 수 있어요.

나비와 나방은 잎의 맛을 다리로 느껴요

9월 25일

교과서 3학년 2학기 2단원 동물의 생활

/ / /

일본국립과학박물관 동물연구부 | 진보 우쓰기

정강이에 감지기가 있어요

우리는 음식 맛을 확인할 때 혀로 핥아 보지요. 나비와 나방은 입이 아닌 다리로 맛을 본답니다. 사람 시각에서는 조금 버릇없어 보일지도 모르겠네요. 하지만 나비와 나방은 앞다리의 '정강이'에 해당하는 부분에 맛을 느끼는 감지기가 있답니다. 다리로 잎을 긁으며 감지기로 맛을 보지요.

이 잎은 맛있으려나?

감지기

박박~

새끼가 먹을 수 있는지 확인해요

그런데 왜 맛을 볼까요? 그 이유는 새끼가 먹을 수 있는지 없는지 확인하기 위해서라고 여겨져요. 나비와 나방은 대부분 자신의 새끼가 가장 좋아할 잎을 골라서 그 잎에 알을 낳습니다. 알에서 나온 유충은 바로 날아서 이동할 수 없어서 알이 있었던 잎을 먹으며 성장한답니다. 알을 낳는 장소는 새끼가 살아가는 데 무척 중요한 셈이지요. 그래서 나비와 나방은 새끼가 맛있는 잎을 먹을 수 있도록 다리의 감지기로 미리 맛을 보고 골라요.

파리도 비슷하게 다리로 맛을 봅니다. 파리가 다리를 마구 비비는 모습을 본 적 있지요? 바로 다리 감지기를 깨끗하게 하기 위해서랍니다.

나도 과학자

나비가 간을 보는 모습을 보세요

호랑나비가 잎에 살포시 내려앉으면 그 모습을 가만히 관찰해 보세요. 특히 호랑나비가 알을 잘 낳는 레몬·귤·유자 나무 등이 좋아요. 잎을 긁는 듯한 움직임이 보일 거예요.

박박

 연구 결과에 따르면 호랑나비는 잎의 맛을 봐서 맛있으면 알을 낳고 싶어 한대요.

지구 상에서 가장 큰 생물은?

9월 26일

교과서 4학년 2학기 1단원 식물의 생활

일본국립과학박물관 식물연구부 | 호사카 겐타로

버섯의 본체는 땅속에 숨어 있어요!

세계에서 제일 큰 동물은 고래지요. 그중에서도 흔히 '대왕고래'로 불리는 '흰긴수염고래'가 가장 큰데, 몸길이가 33m, 몸무게가 180톤이 넘는답니다. 그런데 고래보다도 더 크고 무거운 버섯이 있다고 하는데, 정말일까요?

시장에서 파는 버섯은 식물로 말하면 '열매' 같은 거예요. 버섯의 본체는 대부분 땅속에 숨어 있어요.

가장 큰 동물 고래보다 크다고요?

버섯의 본체는 **균사**라고 합니다. 균사는 무척 가느다란 실 같은 모양이에요. 두께가 우리 머리카락의 10분의 1 정도밖에 되지 않아요. 가느다랄 뿐 아니라 균사는 대부분 반투명해서 맨눈으로 확인할 수 없답니다.

버섯의 종류에 따라 균사가 아주 멀리까지 퍼져 나가는 것도 있습니다. 예를 들어 뽕나무버섯은 균사가 2km 넘게 뻗기도 한대요. 이것을 토대로 계산해 보면 버섯 하나의 무게가 수천 톤, 넓이는 수 제곱킬로미터나 됩니다. 정말 흰긴수염고래보다 크네요.

나도 과학자

버섯을 찾아보세요

근처 공원이나 앞마당 등 적게나마 흙과 식물이 자라는 장소라면 반드시 버섯이 자라요. 버섯이 보이지 않으면 낙엽을 뒤집어 보세요. 가느다랗고 흰 실 같은 것이 보인다면 그것은 균사가 모여 뭉쳐진 것이랍니다. 우리가 먹는 버섯도 균사가 모여서 생긴 것입니다.

 우리가 흔히 아는 표고버섯과 팽이버섯 등은 수많은 버섯 종류 중 일부분에 불과해요.

알이 아니라 새끼를 낳는 물고기가 있어요

9월 27일

교과서 3학년 2학기 2단원 동물의 생활

도쿄대학 대기해양연구소 | 사루와타리 도시로

알 속의 영양분만으로 자라요

사람을 포함한 포유동물의 새끼는 엄마 뱃속에서 어느 정도 크기까지 자란 후 세상 밖에 나오지요. 한편 대부분의 물고기는 아기가 아니라 알을 낳습니다. 보통 엄마의 몸 밖에서 새끼가 알을 깨고 나와요. 그런데 물고기 중에도 예외적으로 새끼를 낳는 것이 있습니다.

우리나라 동해와 남해에서 흔히 볼 수 있는 망상어는 새끼를 낳는다고 합니다. 다만 포유동물이 탯줄로 이어 태아를 키우는 것과는 방식이 조금 다릅니다. 망상어 새끼는 알 상태로 엄마 뱃속에 있으면서 알 속 영양분만 먹고 어느 정도 자란 다음 부화한 상태로 태어나는 것입니다. 망상어 이외에 쏨뱅이, 구피, 환도상어도 같은 방식으로 새끼를 낳습니다.

새끼를 낳는 물고기

물고기한테도 배꼽이 있다고요?

물고기 중에도 새끼가 태어나는 기관이 포유동물과 같은 구조인 것이 있습니다. 흉상어, 귀상어 등입니다. 이 물고기들은 포유동물 어미처럼 탯줄을 통해 새끼에게 영양분을 준답니다. 그 흔적으로 갓 태어난 흉상어, 귀상어의 배에는 배꼽이 있어요. 이것은 성장하면서 점차 사라진답니다.

 초밥집 메뉴 중 밥 위에 올라가는 투명하고 빨간 알은 바로 연어 알이랍니다. 연어과의 알은 다른 물고기의 알보다 무척 크고, 알을 낳는 것치고 그 수도 그리 많지 않답니다.

나도 과학자

새끼를 많이 낳을까요, 적게 낳을까요?

새끼를 낳는 물고기는 알을 낳는 물고기보다 한 번 출산할 때 낳는 새끼의 수가 적습니다. 그 이유가 무엇일까요? 태어났을 때 헤엄칠 힘이 있는 것은 어느 쪽일까요?

음악은 언제부터 생겼을까요?

9월 28일

교과서 3학년 2학기 2단원 동물의 생활

/ / /

일본국립과학박물관 인류연구부 | 가이후 요스케

음악을 즐기는 것은 사람뿐?

사람은 음악을 즐길 줄 압니다. 노래, 악기 연주 또는 음악 감상은 사람에게 무척 소중한 시간이에요. 곡을 만들고 노래를 부를 뿐 아니라 악기를 사용해 음악을 연주하기도 합니다. 다른 동물과 달리 사람은 음악을 즐길 수 있답니다.

물론 새도 아름다운 목소리로 노래합니다. 하지만 이때 부르는 노래는 구애를 위한 행동으로 알려져 있어요. 아무래도 노래를 즐겨서 하는 것은 아닌 듯해요. 오히려 짝을 지어 자손을 남기기 위한 심각하고 중요한 시험이랍니다. 사람이 즐기는 노래와는 조금 달라요.

가장 오래된 악기는 피리

약 4만 년 전에도 사람은 음악을 즐겼다고 합니다. 독일 유적에서, 새 뼈에 구멍을 몇 개 뚫어 만든 세로피리를 발견했습니다. 리코더 같은 악기이지요. 또 매머드의 상아로 만든 피리도 발견되었고요. 먼 옛날 우리의 선조는 피리를 불었던 거예요. 물론 그보다 더 전부터 음악을 즐겼을지도 모릅니다. 하지만 소리는 화석으로 남길 수 없어요. 사람이 언제부터 음악을 즐기기 시작했는지, 언제부터 곡을 썼는지 파악하기란 무척 어렵답니다.

나도 과학자

새의 뼈 구조를 살펴보세요

새의 뼈가 왜 피리 만들기에 적합한지 한번 생각해 보세요. 치킨의 뼈(가능하면 정강이 뼈)를 관찰하면, 왜 새의 뼈가 악기로 사용되었는지 알 수 있을지도 몰라요.

 뼈로 만든 피리보다 더 오래된 악기도 있었을 것입니다. 그러나 나무나 가죽으로 만든 악기라면 긴 세월 동안 썩어 버렸겠지요. 그러니 발견되지 않는거랍니다.

미국의 숲을 구한 늑대

9/29일

교과서 5학년 2학기 2단원 생물과 환경

홋카이도대학대학원 문학연구과 | 다치자와 시로

늑대와 사슴의 관계

미국 중서부에 있는 옐로스톤 국립공원에는 옛날부터 늑대가 많았습니다. 사슴 같은 동물을 먹이로 삼으며 살았어요. 그런데 늑대가 국립공원 주변 목장의 소를 습격하는 일이 벌어지자 사람들은 늑대를 방해꾼으로 여기게 되었습니다. 그 탓에 많은 늑대가 죽임을 당했고, 20세기 초반에는 늑대를 거의 찾을 수 없게 되었어요.

캐나다에서 늑대를 데려왔어요

늑대가 사라지고 나니 사슴이 지나치게 늘어나기 시작했어요. 사슴들은 숲의 어린 나무와 나무껍질까지 먹어 치웠고, 그 결과 많은 나무가 죽었습니다.

사람들은 이대로라면 수십 년 후 숲이 사라질지도 모른다고 걱정했습니다. 멸종한 늑대를 부활시키자고 생각했지요. 목장 주인들은 반대했지만, 계속 사람들을 설득하고 피해 보상 제도도 만들었습니다. 드디어 1995년 캐나다 앨버타 주에서 늑대를 데려와 숲에 풀어놓았어요.

20년 정도 지나니 늑대를 싫어하는 사슴이 흩어지면서 국립공원 안 사슴의 수가 줄어들었습니다. 파괴를 걱정했던 숲은 돌아온 늑대 덕분에 원래 모습을 되찾고 있답니다.

 옐로스톤 국립공원에 풀어놓은 것은 땅이 연결된 캐나다에서 데려온 늑대입니다. 사는 곳도, 종도 다른 중국의 늑대를 데려갔다면 늑대가 숲을 구하기는커녕 숲의 생태계를 무너뜨릴 수도 있을 거예요. 다른 곳에 사는 동물을 데려오는 것은 무척 신중해야 할 일입니다.

나도 과학자

생태계에서 생물은 서로 어떤 관련이 있을까요?

늑대가 죽자 사슴이 늘어나고, 사슴이 늘어나자 나무가 죽는 것은 '생태 피라미드'와 관련이 있습니다. '먹이 사슬'과 '먹이 그물'의 개념을 함께 찾아보세요.

꽃가루는 범죄 사건 해결의 중요한 단서!

9월 30일

교과서 6학년 1학기 4단원 식물의 구조와 기능

지바경제대학 경제학부 | 우치야마 다카시

몰래 들여온 마약은 어디서 났을까?

꽃가루는 사건의 증거가 되기도 합니다. 우선 마약 사건을 하나 소개할게요. 뉴질랜드에서 대량의 마약을 발견한 적이 있었어요. 이 마약이 외국에서 들여온 것인지 아니면 뉴질랜드에서 재배된 것인지를 조사했습니다. 그때 이용한 것이 바로 마약에 붙어 있던 꽃가루랍니다. 알아보니 뉴질랜드에 없는 식물의 꽃가루였어요. 뉴질랜드에 많이 서식하는 너도밤나무의 꽃가루는 하나도 발견되지 않았고요. 이렇게 꽃가루로 마약을 외국에서 들여왔다는 사실을 밝혀낸 것입니다.

특정된 범행 현장

꽃가루는 살인 사건을 해결하는 데 도움이 되기도 합니다. 호주에서 어떤 남자가 범인으로 의심을 받고 있었는데, 본인은 계속 모른다고 주장했습니다. 남자의 구두에 묻어 있던 흙과 범행 현장의 흙을 비교해 보았더니, 두 흙에서 오리나무 꽃가루, 소나무 꽃가루와 함께 어느 양치식물의 홀씨가 발견되었습니다. 그것은 무려 260만 년이 넘는 아주 오래된 지층에서만 볼 수 있는 희귀한 홀씨였어요. 그 홀씨와 오리나무 꽃가루, 소나무 꽃가루가 동시에 발견되는 장소는 호주에서도 아주 드물었어요. 즉, 꽃가루가 살인 사건 해결의 계기가 되었답니다.

🔍 소나무 꽃가루에는 2개의 커다란 날개 모양의 **기낭**이 달려 있어요. 이것이 공기주머니 같은 역할을 하기 때문에 소나무 꽃가루가 바람에 잘 날아간답니다.

나도 과학자

쌀겨에도 꽃가루가 붙어 있어요

우리도 모르게 섞여 있는 꽃가루를 한번 찾아봅시다. 쌀겨와 메밀껍질 등 곡물 껍질이나 사프란, 커민 등의 향신료에도 꽃가루가 붙어 있어요. 물에 휘저어 섞은 후 가라앉은 꽃가루를 현미경으로 관찰해 봅시다.

여러 가지 모양의 구름을 관찰해 볼까요?

태풍 전의 구름 전람회

ⓒ 자료 : 다케다 야스오

여름부터 가을까지는 태풍이 잦은 계절이지요. 태풍이 다가오면 하늘에 신기하게 생긴 구름이 연이어 나타나는데, 여러분도 본 적 있나요?

위 사진의 가운데에 있는 구름은 '렌즈구름'이라고 해서 볼록렌즈를 옆에서 본 것 같은 모양입니다. 상공에 거센 바람이 불 때 생기는 구름이지요.

그 위에는 '비늘구름'이 보입니다. 이 구름이 많아지면 날씨가 흐려질 때가 많아요.

사진 아래쪽에는 '뭉게구름'이 펼쳐져 있네요. 보통 뭉게구름은 별로 움직이지 않지만, 태풍이 다가오면 모양이 흐트러지면서 둥둥 흘러갑니다.

맑은 날에는 좀처럼 볼 수 없는 구름이 보이니, 그야말로 '구름 전람회'예요. 무척 볼 만하지요. 하지만 곧 강한 비와 바람이 찾아오니, 너무 느긋하게 구경하지 말고 사진이나 일지로 기록을 남긴 후에는 얼른 집으로 돌아가세요.

고놈 참 맛있겠군!

10월

냠냠. 감칠맛이 뭔지는 모르지만 맛있네.

밤바구미는 입이 아주 길어요

10월 1일

교과서 5학년 2학기 2단원 생물과 환경

교토대학 인간·환경학연구과 | 도주 히로카즈

입이 아주 긴 밤바구미

'바구미'라는 곤충 무리에 밤바구미가 있어요. 밤바구미는 도요새처럼 입이 무척 길고 가느다랗답니다. 밤바구미 중에서도 특히 입이 긴 것이 '동백밤바구미'입니다. 암컷은 입의 길이가 몸길이의 2배나 돼요.

동백밤바구미는 이 입을 사용해서 동백나무 열매에 구멍을 뚫습니다. 그렇게 열매를 먹거나 구멍에 관을 넣어 씨앗에 알을 낳기도 합니다. 알에서 깨어난 유충은 씨앗을 먹으며 자란답니다.

동백밤바구미와 동백나무의 경쟁

동백밤바구미와 동백나무를 관찰했더니 동백나무 열매껍질이 두꺼운 지역일수록 동백밤바구미의 입이 길었어요. 그 이유는 무엇일까요? 껍질을 뚫고 씨앗을 차지하기 위해서예요.

하지만 동백나무 열매껍질이 두꺼우면 바구미의 입이 씨앗까지 닿지 못해요. 씨앗이 무사하니 동백나무는 문제없이 자손을 늘릴 수 있어요. 열매껍질이 두꺼운 동백나무일수록 번식이 잘되는 거지요.

그런데 그보다 입이 더욱 긴 바구미가 생기면 입이 씨앗까지 닿기 때문에 알을 낳을 수 있어요. 그러면 이번에는 입이 더 긴 바구미의 자손이 늘어납니다. 이러한 경쟁이 계속되면서 열매껍질이 두꺼운 동백나무와 입이 무척 긴 바구미로 진화해요.

 암컷 동백밤바구미는 몸길이가 9~11mm인데 입 길이는 무려 약 22mm나 돼요.

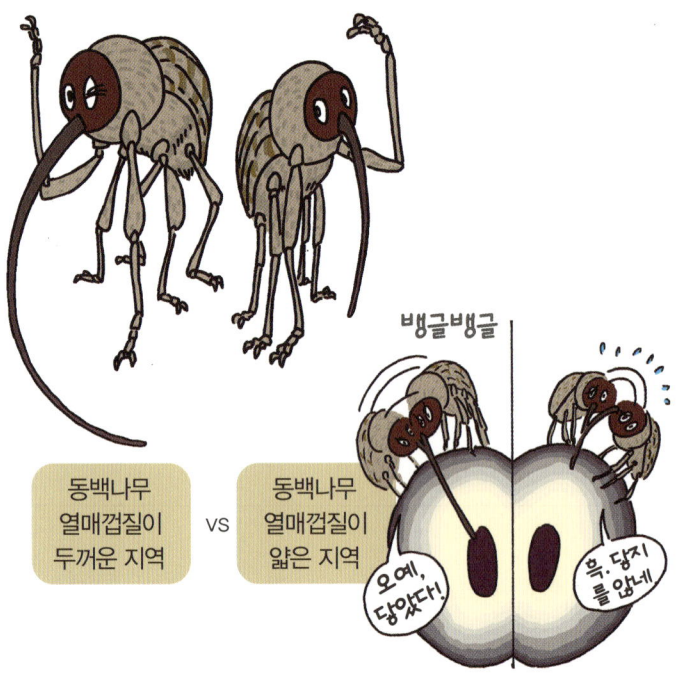

동백나무 열매껍질이 두꺼운 지역 vs 동백나무 열매껍질이 얇은 지역

나도 과학자

밤바구미를 채집해 보세요

도토리가 열리는 나무(졸참나무, 물참나무, 상수리나무)에 최대한 가까이 다가가, 나뭇가지 아래에 우산을 거꾸로 두세요. 그리고 나뭇가지를 치면 밤바구미가 우산 안으로 쏙 떨어진답니다. 밤바구미를 도토리와 함께 두면 구멍을 뚫는 모습을 관찰할 수 있어요. 단, 도토리나무에 말벌이 없는지 먼저 확인하세요!

꽃가루 예보는 어떻게 하는 것일까요?

10 2 일

교과서 6학년 1학기 4단원 식물의 구조와 기능

의료법인사단 창조회 평화대병원 | 이마이 도오루

꽃눈의 개수로 꽃가루가 날리는 양을 예상해요

꽃가루가 날리는 양은 해마다 달라요. 하지만 전문가는 이듬해 꽃가루 양의 변화를 예상할 수 있답니다. 어떤 방법으로 예상하는지 알아볼까요?

삼나무로 예를 들어 볼게요. 7~8월 동안 기온이 높고 맑은 날이 많으면 삼나무는 꽃눈을 많이 달아요. 9~11월에 꽃눈의 개수를 세어 봅시다. 꽃눈이 많으면 이듬해 봄에 더 많은 꽃가루가 생기겠지요. 반대로 꽃눈이 적으면 다음 봄에 생기는 꽃가루가 적어질 테고요. 이렇게 여름부터 가을까지 살펴보면, 이듬해 봄의 꽃가루 양을 예상할 수 있답니다. 재미있게도 삼나무는 꽃가루가 많이 생기면 그 다음 해에는 꽃눈이 적게 생기는 경향이 있어요. 또 장마가 길어지면 꽃눈이 많이 달리지 않습니다.

꽃눈으로 겨울을 나는 나무

봄에 꽃을 피우는 나무는 보통 여름부터 가을까지 꽃눈이 생깁니다. 예를 들어 매실나무, 벚나무 등은 가을에 낙엽이 떨어질 때 나뭇가지 끝을 보면 꽃눈이 생겨 있어요. 추운 겨울을 꽃눈으로 보내고, 이듬해 봄에 제일 빨리 꽃을 피우는 것입니다.

삼나무도 꽃눈을 단 채 겨울을 납니다. 봄이 되면 남쪽 삼나무부터 꽃가루를 날리기 시작합니다. 꽃가루는 추운 날이 이어지다가 갑자기 기온이 올라갔을 때 날리기 시작합니다.

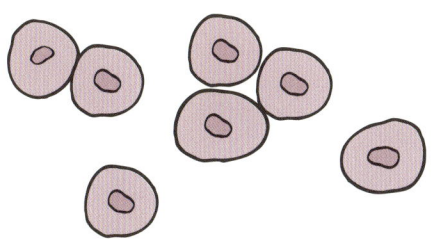

삼나무 꽃가루

봄이 되면 하루하루 꽃가루의 양을 예보합니다. 이러한 예보에는 자동으로 꽃가루 양을 측정하는 장치가 큰 역할을 하고 있습니다. 최근에는 레이저로 꽃가루의 종류를 구분하는 장치도 나왔답니다.

나도 과학자

꽃눈이 달려 있을까요?

삼나무 꽃눈을 보기 쉬운 것은 9~11월입니다. 삼나무 가지 끝에 꽃눈이 달려 있답니다. 관찰할 때 쌍안경을 이용하면 편해요. 초록색이었던 꽃눈은 9~11월에 갈색이 되고, 점차 붉어집니다.

해류에 휩쓸리는 사멸회유어

10월 3일

교과서 3학년 2학기 2단원 동물의 생활

/ / /

가나가와현립 생명의 별·지구박물관 | 세노 히로시

해류에 휩쓸리는 물고기

물고기는 알을 낳아 자손을 퍼트립니다. 알과 갓 태어난 새끼는 헤엄칠 힘이 없어서 해류에 휩쓸린답니다.

남쪽에서 북쪽으로 흐르는 쿠로시오해류는 남쪽 바다의 알과 치어를 북쪽으로 옮깁니다. 남쪽 바다에서 생활하는 물고기에게 북쪽의 겨울은 너무 춥겠지요. 해류에 휩쓸려 온 물고기들은 겨울을 견디지 못해 죽고 맙니다. 이러한 물고기를 '사멸회유어'라고 부릅니다.

살아남을 수 없는 곳으로 휩쓸리다니 너무 가엾지요? 미래에 환경이 바뀌어 바다의 수온이 올라가면 살아남을 수도 있겠지요.

진화할 기회가 오기를 기다려요

긴 역사를 되돌아보면 지구는 지금까지 따뜻해졌다가 추워지기를 반복했습니다. 그때마다 물고기의 서식지도 북쪽으로 올라갔다가 남쪽으로 내려오기도 했어요. 그러한 변화를 거듭하면서 진화가 일어나 새로운 종류가 탄생했습니다.

지금은 사멸회유어가 불쌍하다는 생각이 들지요. 하지만 생각을 달리하면, 진화할 기회를 기다리는 중이라고 할 수 있답니다.

물고기는 4~6월이 산란의 절정기입니다. 그 알들이 흘러와 성장하므로 사멸회유어의 관찰은 10~11월이 적합해요. 더 추워지면 찾아보기 힘들답니다.

나도 과학자

사멸회유어에는 어떤 물고기가 있을까요?

가까운 바다에는 어떤 사멸회유어가 찾아올까요? 바닷물이 고인 곳이나 항구의 물고기를 관찰하고, 사진으로 기록을 남겨 보세요. 종류를 모를 때는 사진을 전문가에게 보내 보세요. 무슨 물고기인지 알려줄 거예요.

식물이기를 포기한 식물의 수수께끼

10 / 4 일

교과서 4학년 2학기 1단원 식물의 생활

일본국립과학박물관 식물연구부 | 호사카 겐타로

빛으로 영양분을 만들 수 없는 식물

식물은 빛을 쐬어 당분 등의 영양분을 만들며 살아갑니다. 그런데 빛을 쐬어도 영양분을 만들지 못하는 식물이 있어요. 빛으로 영양분을 만드는 데 필요한 초록색 성분이 없기 때문입니다. 그러한 식물은 초록색이 아니라 하얀색이 대부분입니다.

빛으로 영양분을 만들 수 없으면 어떻게 영양분을 얻을까요? 옛날에는 썩은 낙엽 따위를 분해한다고 생각했던 적도 있어요. 사실은 버섯에서 영양분을 빼앗는다고 합니다.

버섯의 균사를 유인하는 하얀 '나도수정초'

버섯의 영양분을 가로채요

버섯은 땅속에 길고 가느다란 실 모양 '균사'를 뻗어 나갑니다. 균사를 통해 땅속 영양분과 수분을 얻는 것이지요. 균사를 식물의 뿌리 쪽으로 뻗어 식물에서 당분 등을 얻기도 해요.(139쪽 참조)

반대로 '나도수정초'처럼 새하얘서 영양분을 직접 만들지 못하는 식물은 버섯의 균사를 자신의 뿌리 쪽으로 유인합니다. 균사에서 땅속 영양분과 다른 식물이 만든 당분을 가로채요. 균사에게는 썩 좋은 일이 아니지요.

나도 과학자

하얀 야생화 '나도수정초'를 찾아보세요

남쪽 지방의 산에 가면 야생화 '나도수정초'를 찾아보세요. 졸참나무, 너도밤나무 등이 있는 숲에 주로 서식하는 식물이랍니다. 키는 10~20cm 정도 돼요. 나도수정초를 파내서 뿌리 끝을 보면 균사로 뒤덮여 둥글게 부푼 형태인 것을 눈으로 확인할 수 있어요.

🔍 난 중에도 빛으로 영양분을 만들지 못하는 종류가 있어요. 이러한 난은 균류의 균사에서 영양분을 얻는다는 사실이 밝혀졌답니다.

곤충을 먹어 본 적 있나요?

10 / 5 일

교과서 5학년 2학기 2단원 생물과 환경

일본국립과학박물관 | 도모쿠니 마사아키

곤충도 음식이에요

옛날부터 다양한 곤충이 우리의 식재료로 이용되어 왔습니다. 튀기거나 볶아서 소금과 설탕, 향신료 등을 뿌려 먹기도 합니다. 우리나라에서 번데기는 별미 간식으로 알려져 있고, 시골에서는 메뚜기도 즐겨 먹어요. 메뚜기를 먹는 다른 나라에서는 메뚜기 통조림도 팔아요. 땅벌 유충은 설탕과 간장 등에 조려 먹기도 합니다. 외국에서는 강도래와 날도래, 뱀잠자리 등의 유충도 먹어요.

미래 식량 자원으로 주목받는 곤충

세계는 장차 올지도 모를 식량 부족 사태를 걱정하고 있습니다. 예를 들어 소고기 1kg을 만들려면 10kg의 먹이가 필요하다고 합니다. 우리 몸에는 단백질이 반드시 필요한데, 소고기로 단백질을 얻는 것은 효율성이 무척 나쁜 셈입니다.

대신 식량으로 먹을 수 있는 **식용 곤충**이 주목받고 있답니다. 곤충은 종류도 많고 개체수도 많아서 '아직 쓰지 않은 자원'이라고 표현하기도 해요. 하지만 도저히 곤충을 못 먹겠다는 사람도 많지요. 가루를 내거나 가공하는 등 어떤 방법으로 먹어야 좋을지 고민이 필요하답니다. 우리나라에서는 '갈색 거저리 애벌레'로 개발한 식용 곤충에 '고소애'라는 이름을 붙여 친숙하게 만들었어요.

나도 과학자

옛날에는 왜 메뚜기를 잘 먹었을까요?

메뚜기에는 단백질이 풍부하게 들어 있습니다. 단백질은 사람의 몸을 만드는 중요한 영양분입니다. 고기가 풍족하지 않았던 시절, 메뚜기가 사람들의 영양 보충을 도왔던 셈입니다.

 농경을 시작하면서 사람의 주식은 과일과 고기에서 곡식으로 바뀌었어요.

먹는 것을 잊어버린 새가 숲을 넓혀요

교과서 3학년 2학기 | 2단원 동물의 생활

도호대학 인정NPO법인 버드리서치 | 후지타 가오루

도토리 먹는 법

숲에 사는 곤줄박이는 배 주위에 주황빛이 감도는 작은 새입니다. 암수 한 쌍이 함께 살고, 봄이 되면 알을 낳습니다. 봄부터 여름까지는 나비 애벌레와 거미 등을 먹어요. 먹이를 찾아 나무와 나무 사이를 활발하게 날아다닌답니다. 가을에는 주로 구실잣밤나무와 때죽나무의 열매를 먹이로 삼습니다. 구실잣밤나무 열매는 흔히 말하는 도토리예요. 곤줄박이가 껍질이 단단한 도토리를 어떻게 먹을지 궁금하지요? 우선 나뭇가지에 앉아 두 다리로 도토리를 단단히 붙잡습니다. 부리로 도토리를 콕콕 찍어 깬 다음 속에 든 내용물을 먹는답니다.

땅속에 묻어 두고 잊어버린 도토리

곤줄박이는 도토리를 파묻습니다. 도토리가 아주 많이 생기는 시기가 되면 나중에 먹으려고 땅속에 저장해 두는 거예요. 도토리를 물고 숲 속을 날아다니다가 숲이나 주위에 있는 벼랑에 도토리를 하나씩 하나씩 묻습니다. 겨울과 봄 사이 먹이가 부족할 때 도토리를 하나씩 파먹습니다.

그런데 묻어 놓고 잊어버린 도토리도 있어요. 도토리에서 싹이 나와, 때로는 나무로 성장하기도 합니다. 말하자면 곤줄박이는 도토리를 심어 구실잣밤나무 숲을 넓혀 주는 셈입니다.

곤줄박이가 도토리를 땅에 파묻는 행동을 '저장 습성'이라고 부릅니다. 큰부리까마귀, 까마귀, 어치, 박새, 진박새 등도 저장 습성이 있어요. 또 다람쥐와 쥐도 먹이를 땅에 묻는 것으로 유명하답니다.

나도 과학자

곤줄박이가 먹는 소리일까요?

숲의 구실잣밤나무나 때죽나무에 열매가 달려 있으면 곤줄박이가 찾아와요. 낮에 마치 책상을 두드리듯 통통 하는 소리가 들려온다면 곤줄박이가 나무 열매를 먹고 있는 것인지도 몰라요.

우산이끼의 앞면과 뒷면 이야기

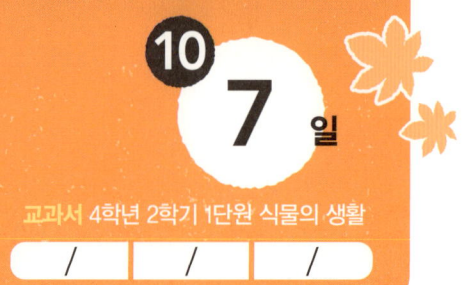

교과서 4학년 2학기 1단원 식물의 생활

이화학연구소 | 이토 가미사오

우산이 자라는 앞면

우산이끼는 잎처럼 생긴 엽상체의 앞면과 뒷면의 기능이 달라요. 앞면은 에너지와 영양분이 되는 당을 만드는 곳이에요. 햇빛을 받아 공기 중의 이산화 탄소를 흡수합니다. 게다가 앞면에는 우산처럼 생긴 것이 자라요. 이 우산은 자손을 남기는 데 필요하답니다. 우산이끼에는 암그루와 수그루가 있는데, 우산 모양이 각각 달라요.

서식에 중요한 역할을 하는 뒷면

우산이끼 엽상체의 뒷면은 물을 저장하는 곳입니다. 수염 같은 것도 나 있어서 물을 빨아들이지요. 두 종류의 수염 중 하나는 땅속에 있는 물을 빨아들이고, 다른 하나는 몸을 만드는 데 필요한 질소와 인 등의 성분을 빨아들여요.

우산이끼는 40종류 정도가 알려져 있습니다. 우산이끼 중에는 건조한 환경에 강한 종류와 약한 종류가 있어요. 이러한 차이는 왜 생길까요? 관찰해 보니 건조한 환경에 강한 우산이끼는 몸에 물을 별로 저장하지 않았는데, 건조한 환경에 약한 우산이끼는 몸속에 물을 저장하고 있었습니다. 우산이끼의 뒷면은 건조한 환경에 약한 우산이끼의 서식에 아주 중요한 역할을 하는 셈입니다.

우산이끼

포자낭 속의 포자

암그루 (찢어진 우산 모양)

수그루 (뒤집힌 우산 모양)

나도 과학자

우산이끼의 앞과 뒤를 관찰해 보세요

우산이끼를 살짝 들어 올려 뒷면을 살펴보세요. 거기에는 수염 같은 것이 자라 있답니다. 또 암그루와 수그루의 우산 모양에 어떤 차이가 있는지, 물이 고였을 때 어떤 변화가 일어나는지 등을 관찰해 보세요.

 우산이끼의 두 수염을 **헛뿌리**라고 부릅니다. 두 종류 중 물을 빨아올리는 헛뿌리의 관을 살펴보면 안쪽이 매끄럽습니다. 반면 땅속의 질소와 인 등을 빨아들이는 헛뿌리는 관의 안쪽이 울퉁불퉁하답니다.

붉은 깃털은 좋은 수컷이라는 증거

교과서 3학년 2학기 2단원 동물의 생활

야마시나조류연구소 | 모리모토 겐

붉은 새 멕시코양진이

깃털이 붉은 새가 있습니다. 붉은색은 '카로티노이드'라는 색소가 내는 거예요. 카로티노이드는 당근, 파프리카 등의 채소에도 포함되어 있으니 어쩌면 들어 본 적 있을지도 모르겠군요. 새는 스스로 카로티노이드를 만들 수가 없어요. 그래서 먹이에 포함된 카로티노이드를 몸속에 저장한답니다.

'멕시코양진이'로 불리는 '카르포다쿠스 메그시카누스'(학)라는 새가 있습니다. 이 새의 수컷은 깃털이 붉어요. 다만 붉기는 새마다 차이가 있습니다. 사육하는 새로 실험을 했더니 먹이에 카로티노이드가 많으면 선명한 빨간색이 되고, 적으면 노란빛이 감돈다는 사실을 알 수 있었어요.

건강하고 힘이 세면 깃털이 붉어요

깃털이 화려한 수컷이 암컷에게 더 인기 있다는 것은 많은 새를 통해 드러난 사실입니다. 몇 종류의 새를 관찰해 보니 깃털이 더 붉은 수컷이 암컷의 호감을 샀다고 합니다. 그런데 왜 붉은빛 깃털이 진할수록 인기 있을까요? 깃털이 선명하고 화려할수록 수컷이 건강하고 힘이 세다는 것을 알기 때문입니다. 화려한 깃털을 가지려면 먹이가 풍부한 구역을 차지해 먹이를 실컷 먹어야 하니까요. 또, 다른 수컷으로부터 구역을 잘 지켜야 색깔이 화려한 깃털을 가질 수 있습니다.

 새의 깃털 색은 주로 카로티노이드, 멜라닌, 구조색에 의해 결정됩니다.

나도 과학자

홍학의 붉기는 먹이와 상관있을까요?

동물원에서 홍학을 관찰해 보세요. 야생 홍학은 먹이로부터 카로티노이드를 얻습니다. 그런데 사육하는 새는 먹이만으로는 충분한 색소를 얻지 못하기 때문에, 카로티노이드가 섞인 특별한 사료를 준답니다.

카로티노이드가 들어간 사료

헛수술로 곤충을 유혹하는 닭의장풀

교과서 6학년 1학기 4단원 식물의 구조와 기능

10월 9일

아이치교육대학 | 쓰네키 시즈카

닭의장풀의 암술과 수술

꽃에는 곤충을 유혹하는 장치가 있어요. 길가에서 흔히 볼 수 있는 야생화인 '닭의장풀'로 알아볼까요? 닭의장풀에는 꽃잎이 6개 달려 있는데, 그중 커다란 파란 꽃잎 2개가 눈에 잘 띕니다. 이 꽃잎 앞에는 노란색 수술이 있어요. 노란 수술에서 조금 떨어진 곳에는 수수한 빛깔의 수술이 2개 더 있고, 이 수술 옆에는 수술과 같은 길이의 암술이 있답니다. 왜 이런 모양을 하고 있을까요?

닭의장풀

꽃가루받이에 무척 중요한 헛수술

노란색 수술은 가짜로, 이름도 **헛수술**입니다. 헛수술의 꽃가루는 곤충의 먹이로 쓰여요. 닭의장풀에는 꽃등에와 꿀벌 등이 모여듭니다. 모여든 곤충은 우선 노란 수술로 가서 먹이를 먹습니다. 그때 곤충의 엉덩이에 수수한 색깔의 수술이 닿습니다. 사실은 수수한 색의 수술에서 진짜 꽃가루가 나오지요. 즉, 헛수술은 곤충의 엉덩이에 꽃가루를 묻히는 교묘한 장치예요. 곤충은 엉덩이에 꽃가루를 묻힌 채 다른 닭의장풀로 날아갑니다. 거기서도 노란 수술에 가서 먹이를 먹어요. 이때 엉덩이가 암술에 닿으면서 꽃가루를 받은 암술에 씨앗이 생겨요.

헛수술을 제거하고 실험을 해 보았더니 곤충이 진짜 꽃가루를 먹어 버렸다고 합니다. 헛수술의 역할이 얼마나 중요한지 알겠지요?

 **나도 과학자**

꽃 모양은 어떻게 생겼을까요?

보통 꽃은 암술, 수술, 꽃잎, 꽃받침으로 이루어져 있습니다. 그 모양은 식물마다 천차만별이에요. 예를 들어 송엽국은 수술이 꽃잎처럼 생겼습니다. 여러 가지 꽃 모양을 조사해 보세요.

 닭의장풀은 닭장 근처에서 흔히 볼 수 있어서 붙여진 이름이에요. '달개비'라고도 합니다.

인류는 물고기를 언제부터 먹었을까요?

10월 10일

교과서 3학년 2학기 2단원 동물의 생활

일본국립과학박물관 인류연구부 | 가이후 요스케

물고기를 먹는 희귀한 영장류

사람은 영장류에 속합니다. 그런데 영장류 중에서 물고기를 먹는 것은 사람뿐이랍니다. 영장류는 나무 위에서 진화했기 때문에 원래 수중 생물을 잘 모릅니다. 원숭이가 물고기를 먹지 않는 것은 이상한 일이 아니지요.

사람은 물고기처럼 손에 닿지 않는 곳에 있는 동물까지 생각할 수 있는 아주 희귀한 영장류인 셈입니다. 물고기를 잡으려면 우선 물고기의 습성을 잘 이해한 다음 잡는 도구를 만들어야 합니다.

작살과 낚싯바늘은 위대한 발명

인류가 물고기를 먹기 시작한 것은 수십만 년 전부터였다고 합니다. 다만 스스로 물고기를 잡았는지, 물가로 떠밀려 올라온 물고기를 잡아먹었는지는 분명하지 않아요.

유럽에서는 1만 8,000년 전 무렵부터 작살 낚시를 많이 했습니다. 물고기를 찌르는 데 쓰는 작살을 발명한 것입니다. 아시아의 티모르섬에서는 약 4만 2,000년 전부터 바다에 나가 소형 참치를 잡았대요. 2만 년 전 무렵에는 낚싯바늘을 발명했어요. 보이지 않는 곳에 있는 물고기를 낚을 수 있게 된 것입니다. 지금은 물고기뿐 아니라 다양한 것을 먹습니다. 이는 선조들이 식량을 얻기 위해 지혜를 짜내고 기술을 발명한 덕분이랍니다.

 옛날에는 조개껍데기로 낚싯바늘을 만들었고, 사슴 뿔 따위로 작살을 만들었어요.

 **나도 과학자**

낚시를 체험해 보세요

낚시하러 가면 낚싯바늘에 미끼를 꽂아 물에 던지지요. 물고기가 미끼를 물었을 때 낚싯바늘은 어떤 도움이 될까요? 한번 관찰해 보세요.

※주의! 강이나 바다에 낚시하러 갈 때는 반드시 보호자와 함께 가야 합니다.

미국 대륙을 최초로 발견한 사람은 누구?

10/11일

교과서 4학년 2학기 2단원 물의 상태 변화

/ / /

일본국립과학박물관 인류연구부 | 가이후 요스케

인류의 대이동이 시작되었어요

사람의 선조는 아프리카에서 전 세계로 뻗어 나갔습니다. 그러한 대이동은 5만 년 전 무렵부터 시작되었대요. 지금은 사람이 전 세계에 흩어져 살지요.

지구본을 돌리면서 아프리카에서 미국으로 가는 길을 살펴보세요. 일찍이 넓은 바다를 건널 수 없었던 선조들은 시베리아를 거쳐 북쪽에서 미국으로 갔습니다. 추운 지역을 지나가야만 했지요. 그 과정에서 선조들은 따뜻한 집과 옷을 만들거나 음식물의 보존 방법을 고민하면서 겨울을 견뎠습니다. 이렇게 이동한 끝에 3만 3,000년 전 무렵에는 북극해 근처까지 진출했습니다.

바다를 건너 미국으로 가요

그 후 지구 전체가 추워지기 시작해 더는 앞으로 나아갈 수 없었습니다. 지금으로부터 1만 5,000년 전경, 추위가 점차 누그러들자 인류는 다시 이동을 시작했습니다. 때마침 시베리아와 알래스카 사이의 바닷물이 줄어들어 있어서 걸어서 이동할 수 있었답니다. 이렇게 인류의 선조는 드디어 미국에 도착했어요. 원주민이 정착한 것입니다.

유럽인들이 미국 대륙의 존재를 안 것은 콜럼버스가 카리브 해의 섬에 상륙한 후예요. 그때 미국에는 이미 사람이 살고 있었으니, 미국을 최초로 발견한 사람은 콜럼버스가 아니랍니다.

 빙하기에 해수면이 낮아지면서 생긴 시베리아와 알래스카 사이의 육지를 '베링 육교'라고 부릅니다. 매머드와 순록 등의 동물도 베링 육교로 두 지역을 오갔어요.

나도 과학자

시베리아와 알래스카 사이의 바닷물이 왜 줄어들었을까요?

인류가 북극해 근처까지 도달했을 때, 지구는 추운 빙하기였습니다. 대륙 곳곳에 물이 얼어 빙하가 되면서 물이 바다로 돌아가지 못해 바닷물이 줄어든 것입니다.

동물은 맛을 어떻게 느낄까요?

10/12일

교과서 3학년 2학기 2단원 동물의 생활

후쿠시마대학 생명공학부 | 사토 준

각각의 맛을 느끼는 세포가 따로 있어요

사람이 맛있는 식사를 즐길 수 있는 것은 혀로 맛을 느끼기 때문입니다. 혀에는 **미뢰**라는 부분이 있는데, 그 속에 맛을 느끼는 세포가 들어 있어요. 음식물에 포함된 화학물질이 그 세포에 닿으면 전기 신호로 바뀌어 신경에 전달돼요. 뇌까지 전해지면 비로소 맛으로 인식한답니다.

다만 맛을 느끼는 세포는 각각 담당하는 맛이 따로 있어요. 단맛, 짠맛, 신맛, 쓴맛 그리고 다시마에 포함된 글루탐산과 가다랑어포에 함유된 이노신산 등의 감칠맛을 느끼는 세포가 정해져 있답니다. 세포에 따라 각기 다른 맛의 화학 물질을 느낍니다.

판다는 감칠맛을 못 느껴요

세포마다 느끼는 맛이 정해져 있는 것은 세포에서 작용하는 맛을 느끼는 단백질이 정해져 있기 때문입니다. 사람은 다섯 가지 맛을 느끼는 단백질이 전부 작용하지만, 동물의 종류에 따라서는 작용하지 않는 단백질도 있어서 맛을 느끼는 방식이 달라요.

예를 들어 중국에 있는 '자이언트 판다'는 감칠맛을 느끼는 단백질이 작용하지 않는다고 합니다. 감칠맛을 못 느끼면 식사가 맛없을 거라고 느낄지도 모르겠네요. 하지만 자이언트 판다가 주로 먹는 것은 대나무와 조릿대입니다. 원래 감칠맛 성분이 거의 포함되어 있지 않기 때문에 감칠맛을 못 느껴도 전혀 문제되지 않는답니다.

 바다표범과 바다사자는 감칠맛 성분을 함유한 어패류를 먹는데도 감칠맛을 느끼지 못해요. 그 이유는 먹이를 통째로 삼켜서 맛을 느낄 시간이 없기 때문이래요.

나도 과학자

가족은 같은 맛을 느낄까요?

미뢰는 나이를 먹을수록 기능이 줄어든다고 합니다. 가족끼리 같은 요리를 먹어도 할아버지 할머니와는 느끼는 맛이 다를지도 몰라요.

나비와 나방이 숨을 쉬는 방법

교과서 3학년 2학기 2단원 동물의 생활

일본국립과학박물관 동물연구부 | 진보 우쓰기

무수히 난 구멍으로 공기를 마셔요

우리는 입으로 공기를 마셔서 가슴에 있는 폐를 통해 온몸 구석구석으로 공기를 보내지요. 그런데 나비와 나방은 어디로 숨을 쉴까요? 실은 입이 아니라 몸에 난 '구멍'으로 공기를 빨아들인답니다. 이 숨구멍을 **기문**이라고 불러요. 나비 애벌레의 몸통 옆에 점점이 나 있는 구멍이 바로 기문이랍니다.

폐 대신 기문으로 공기를 보내요

나비와 나방의 가슴에는 폐가 없어요. 기문으로 빨아들인 공기는 **기관**이라는 관을 통해 그대로 몸속으로 보냅니다. 나비와 나방뿐 아니라 곤충은 대부분 기문으로 숨을 쉬어요. 참고로 물속에서 생활하는 잠자리 애벌레는 특수한 아가미로 물에 녹은 공기를 빨아들일 수 있습니다.

기문으로 빨아들인 공기는 몸에 스며들 듯이 퍼져 나갑니다. 이 방법으로 숨을 쉬면 자라면서 점점 몸 구석구석까지 공기가 닿기 어려워져요. 그래서 이 구조로는 우리 사람처럼 성장하기가 쉽지 않습니다. 먼 옛날에는 날개를 펼쳤을 때 70cm나 되는 거대 잠자리가 있었대요. 지금까지 알려진 것 중 제일 큰 곤충인데, 이것이 곤충이 자랄 수 있는 크기의 한계일지도 몰라요.

기문

바퀴벌레를 세제로 퇴치하거나 진딧물을 우유로 죽일 수 있는 원리는 기문을 막아 숨을 못 쉬게 하는 것입니다.

나도 과학자

기문은 어떻게 생겼을까요?

나비와 나방 애벌레는 보통 기문이 잘 보여요. 장수풍뎅이와 사슴벌레의 애벌레는 기문이 갈색과 붉은색이어서, 역시 눈에 잘 띈답니다.

기문

가을볕을 좋아하는 꽃무릇

10 / 14일

교과서 6학년 1학기 4단원 식물의 구조와 기능

/ / /

홋카이도대학대학원 지구환경과학연구원 | 오하라 마사시

여름의 끝에서 한 해를 시작하는 꽃무릇

햇빛을 싫어하는 것도 아닌데 여름철에는 땅 위로 모습을 드러내지 않는 식물이 있어요. 대표적인 것이 바로 '석산'입니다. 흔히 '꽃무릇'이라고 불러요.

꽃무릇의 한 해는 여름의 끝에서 시작합니다. 줄기가 갑자기 자라나 9월 중순 무렵에 꽃이 몇 송이 핍니다. 이때는 아직 잎이 나오지 않아요. 이윽고 꽃이 시들면 땅에서 가느다란 잎이 나와요. 그 후에는 줄기가 자라는 것이 아니라 잎인 채로 다음 해를 맞이합니다. 5월 초순 무렵, 그 잎마저도 시들어요.

가을철 꽃무릇   겨울철 꽃무릇

여름에는 영양분을 저장해요

많은 식물은 봄에 싹을 틔우고 자라기 시작합니다. 어느 정도 자라면 잎이 무성해져요. 식물은 햇빛을 제일 좋아합니다. 마치 햇빛을 원하는 식물들이 서로 경쟁하는 것처럼요. 봄부터 여름까지 쏟아지는 햇빛을 받으며 만든 영양분으로 몸을 키우고, 씨앗을 만들어 자손을 늘립니다.

그런데 꽃무릇은 여름 동안 펼쳐지는 식물들의 햇빛 받기 경쟁에 참가하지 않아요. 힘이 약해서가 아닙니다. 그저 경쟁하지 않는 대신 땅속에 뿌리를 단단히 내리고 영양분을 저장하는 길을 택한 것이랍니다. 꽃무릇은 경쟁 상대가 적은 가을에 햇빛을 듬뿍 받아요.

 꽃무릇은 돌 틈에서 나오는 마늘종을 닮아서 '석산'이라는 이름이 붙었어요. 따뜻한 남쪽 지방에서 찾아볼 수 있답니다.

나도 과학자

식물이 겨울을 나는 법

식물에는 나팔꽃과 해바라기처럼 가을이 되면 시드는 것과 민들레처럼 시들지 않고 겨울을 나는 것이 있어요. 겨울 동안에도 초록색 잎사귀를 여전히 달고 있는 화초에는 어떤 것들이 있는지 한번 알아보세요.

민들레   냉이   질경이

거미는 어떻게 거미줄을 칠까요?

10월 15일

교과서 3학년 2학기 2단원 동물의 생활

일본국립과학박물관 동물연구부 | 오노 히로쓰구

거미줄을 칠 때도 순서가 있어요

주위에서 흔히 볼 수 있는 산왕거미는 어떤 식으로 거미줄을 칠까요? 산왕거미는 먼저 엉덩이 끝에서 실 몇 가닥을 뽑아 바람에 날립니다. 이 실이 바람에 날리며 근처의 다른 나뭇가지 등에 닿으면 그곳에 거미줄을 치기 시작해요. 그다음 제일 처음 친 실에 거꾸로 매달려, 밑에 있는 나뭇가지에 실을 걸칩니다. 이렇게 친 실을 발판으로 삼아 왕복하면서 전체 테두리와 우산살 같은 세로 방향의 날실을 칩니다. 날실을 다 치면 그 위를 이동하면서 나선형으로 뱅글뱅글 돌며 가로 방향의 씨실을 친답니다.

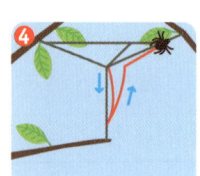
❶ 엉덩이 끝에서 실 몇 가닥을 뽑아 바람에 날려요.

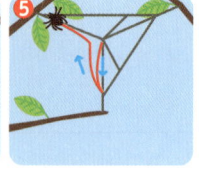
❷ 제일 처음 친 실에 거꾸로 매달려 내려오면서 아래에 있는 나뭇가지에 실을 걸쳐요.

❸ 실을 뽑아내면서 앞에서 친 실 위를 움직여요.

❹ 친 실을 발판 삼아 왔다 갔다를 반복해요.

❺ 전체 테두리와 우산살 같은 날실을 쳐요.

❻ 나선 모양으로 뱅글뱅글 돌면서 씨실을 쳐요.

용도에 따라 여러 가지 실을 써요

거미줄은 누에의 실처럼 단백질로 이루어져 있습니다. 거미는 '실젖'이라고 부르는 배의 작은 돌출부에서 실을 내뿜습니다. 산왕거미의 실젖은 두 개가 한 조로 3쌍, 즉 모두 6개가 있습니다. 두꺼운 실, 얇은 실, 끈끈한 실, 끈끈하지 않은 실 등 종류가 7개나 되는 실을 자유자재로 만들 수 있답니다. 엉덩이에서 뽑는 실은 하나로 보이지만, 실제로는 몇 가닥이 합쳐진 것이랍니다.

우리나라에는 거미가 700여 종이 있는데, 모든 거미가 거미줄을 치지는 않아요. 거미줄을 치지 않는 거미도 많답니다.

 물거미는 물속에 집을 짓습니다. 물속에서는 숨을 쉴 수 없지만, 수초 사이에 실로 돔을 만들어서 그곳으로 공기를 옮긴답니다.

나도 과학자

거미가 거미줄을 치는 모습을 찾아보세요

산왕거미, 집왕거미는 야행성으로 저녁 무렵에 거미줄을 칩니다. 먹잇감을 잡았을 때 거미줄이 망가지면 다시 고친답니다. 걸리는 시간은 몇십 분 정도예요. 낡은 거미줄은 먹어 버리기도 한답니다. 다시 말해서 재활용하는 것이지요.

버섯은 몇 종류가 있는지 알 수 없어요

10월 16일

교과서 4학년 2학기 1단원 식물의 생활

일본국립과학박물관 식물연구부 | 호사카 겐타로

버섯과 곰팡이 모두 균류

시장에서 파는 버섯을 살펴보세요. 그것은 버섯의 일부분에 불과합니다. 그 부분을 **자실체**라고 부릅니다. **버섯**이란 균류 중에서 자실체의 크기가 우리 눈에 보여 확인할 수 있는 것을 말해요. 자실체의 크기가 수 밀리미터 이상인 것은 전부 버섯이에요.

그럼 자실체의 크기가 그보다 작은 것은 무엇일까요? 바로 **곰팡이**랍니다. 전혀 비슷하지 않다고 여길지도 모르지만, 둘 다 같은 균류입니다.

버섯   곰팡이

신종을 발견할 수 있을지도 몰라요

지금까지 발견한 버섯은 2만여 종입니다. 하지만 지구 상에는 아직 발견하지 못한 균류가 많이 존재할 것으로 보여요. 식물 한 종류당 주위에 적어도 5종의 균류가 있다는 연구 결과도 있습니다. 전 세계에는 30만여 종의 식물이 있으니 균류는 150만여 종이 있다고 생각할 수 있겠지요. 연구자들은 그 중 10만 종 이상이 버섯이라고 추측하고 있어요. 우리 가까이에도 이름 없는 신종 버섯이 많이 있을 거예요. 지구 상에서 제일 종류가 많은 것은 어쩌면 균류인지도 몰라요.

나도 과학자

버섯을 찾아 이름을 붙여 주세요

집 앞 화단이나 공원에서 몇 종류의 버섯을 찾을 수 있는지 확인해 보세요. 찾은 버섯은 버섯 도감을 보면서 이름을 조사해 보세요. 이름을 알 수 없는 버섯은 아직 아무도 발표하지 않은 신종일지도 몰라요.

세계적으로 균류의 신종은 연간 1,000종류 정도 발견되고 있어요. 만약 미지의 균류가 500만 종 있다면, 전부 발견하는 데 5,000년이나 걸릴 거예요.

바다에 사는 큰턱벌레

교과서 3학년 2학기 2단원 동물의 생활

도카이대학 해양학부 | 다나카 가쓰히코

사는 곳은 전 세계의 바다

'큰턱벌레'의 수컷은 커다란 턱이 있습니다. 하지만 암컷에게는 없어요. 모습뿐만이 아니라 그런 부분까지도 숲에 사는 사슴벌레와 흡사한데, 그렇다고 둘이 같은 과는 아닙니다. 주변 곤충 중에서 고르자면 공벌레와 가까워요. 새우, 게와 같은 종류랍니다. 크기는 큰 것도 1cm 정도밖에 되지 않고, 보통은 기껏 해야 5mm 정도입니다.

큰턱벌레가 사는 곳은 바닷속입니다. 따뜻한 곳이든 남극과 북극의 차가운 곳이든 잘 살아요. 바위밭, 갯벌 등 바닷물이 얕은 곳부터 깊이 3,000m에 이르는 심해까지 다양한 곳에서 발견돼요.

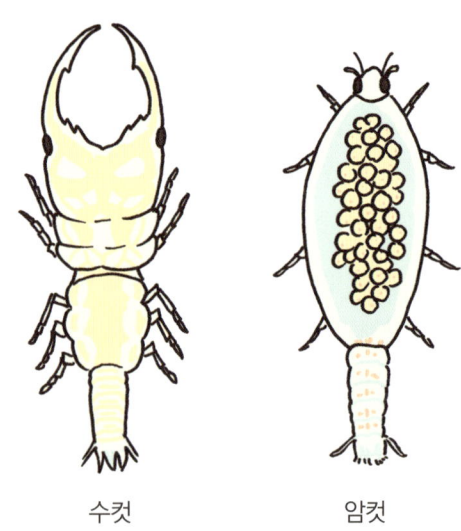

수컷 　　　 암컷

큰턱벌레의 식사

암컷은 알을 낳으면 배에 있는 주머니에 넣고 키웁니다. 새끼는 알에서 깨어난 후 주머니에서 튀어나와 가까이에 있는 물고기에게 달라붙습니다. 뾰족 튀어나온 입을 찔러 피를 빨아 먹는답니다. 배불리 먹으면 떨어져 나와 바다 밑바닥을 파고 들어가 가만히 있습니다. 이러한 행동을 3번 정도 반복하는데, 그때마다 허물을 벗는답니다. 성장이 빠르면 한 달 반에서 두 달 정도 만에 성충이 된대요.

어릴 때는 헤엄칠 수 있지만 다 크면 죽을 때까지 먹지도 않고 별로 움직이지도 않아요. 그래서 쉽게 찾아볼 수 없답니다.

🔍 큰턱벌레는 성충이 되면 진흙과 모래 바닥을 파고 들어가거나 갯지렁이의 집에 같이 들어가기도 합니다. 바위 틈새나 해면 속에도 숨어 있어요.

나도 과학자

바닷물이 고인 웅덩이에서 바다 생물을 찾아보세요

비교적 따뜻한 지역의 바다라면 물가에 사는 해면에서 큰턱벌레를 찾을 수 있을지도 몰라요.

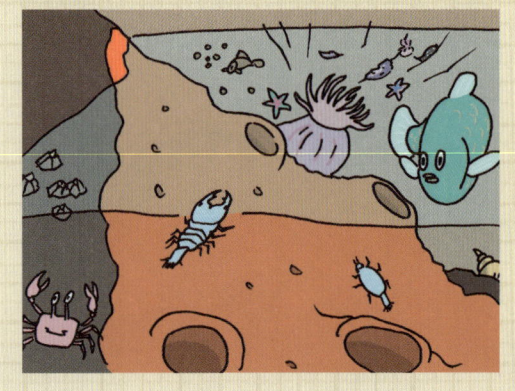

시체에 모여드는 구더기의 활약

10 / 18일

교과서 5학년 2학기 2단원 생물과 환경

일본국립과학박물관 | 도모쿠니 마사아키

구더기를 치료에 활용해요

구더기는 파리의 유충입니다. 동물의 사체에 모여들어 썩은 살을 먹기 때문에 사람들이 꺼리는 곤충이기도 하지요. 그런 구더기가 우리의 몸을 지켜 주기도 한답니다.

우리가 다치면 상처에 세균이 늘어납니다. 우리 몸은 세균과 싸우도록 설계되어 있지만, 몸이 약하면 세균이 심하게 늘어나 목숨을 위협하는 일도 생깁니다. 그런데 상처가 나서 썩기 시작하는 살에 구더기가 발생할 때가 있어요. 구더기는 썩은 살을 먹으므로 먹이를 빼앗긴 세균이 더 증가하지 못하고, 결과적으로 상처 치료가 빨라진답니다. 그래서 구더기를 치료에 이용하는 연구가 진행 중이라고 해요.

시체에 모여드는 곤충

시체의 살과 뼈를 먹이로 하는 곤충은 많이 있어요. 시체는 시간이 지나면서 점점 건조해집니다. 이러한 과정에서 모여드는 곤충이 달라져요. 우선 '파리'가 모여듭니다. 파리는 시체에 알을 낳기 때문에 구더기가 끓지요. 이어서 '송장벌레'와 '반날개'가 모여들어 아직 부드러운 살점을 먹습니다. 그 후에는 '수시렁이'가 등장해요. 수시렁이는 마른 살점을 먹어요. 마지막으로 뼈를 갉아 먹는 '갈색거저리'가 찾아옵니다. 시체에 발생하는 곤충을 자세히 조사하면 그 사람이 언제 죽었는지 추정할 수 있습니다.

 숲에는 많은 동물이 살고 있어요. 그렇지만 동물 사체가 여기저기 굴러다니는 것은 아닙니다. 사체에 모여들어 먹어 치우는 곤충이 있기 때문이랍니다.

나도 과학자

질병을 옮기는 곤충에는 어떤 종류가 있을까요?

도감이나 인터넷으로 조사해 보세요. 예를 들면 '흰줄숲모기'는 뎅기열, '작은빨간집모기'는 일본뇌염의 원인인 바이러스를 옮겨요.

새로 생긴 섬에는 어떻게 식물이 생길까요?

교과서 4학년 1학기 3단원 식물의 한살이

요코하마국립대학 교육인간과학부 | 요시다 게이이치로

새로 생긴 섬에는 바위뿐이에요

바다에는 많은 섬이 있어요. 예를 들어 태평양에는 대륙에서 멀리 떨어진 섬들이 있습니다. 이 섬들은 대부분 해저 화산 폭발로 탄생한 것으로 보입니다. 바다 밑바닥이 솟아올라 섬이 생긴 것입니다.

새로 생긴 섬을 한번 상상해 볼까요? 섬은 바위만 있어서 울퉁불퉁 거칩니다. 근처에 육지나 섬은 없어요. 그런데도 새로운 섬에는 이윽고 식물이 생깁니다. 제일 처음 생기는 것은 어떤 식물일까요?

섬으로 여행을 떠나는 씨앗

가장 먼저 뿌리를 내리는 식물은 의외로 우리가 잘 아는 '갯메꽃'입니다. 바닷가에 많은 갯메꽃은 태평양 한복판의 섬에서도 볼 수 있어요. 주로 모래사장에 서식한답니다. 갯메꽃의 씨앗은 바닷물에 잘 뜨고, 바닷물에 잠겨도 싹이 나옵니다. 이러한 성질이 있어서 씨앗이 해류를 타고 섬으로 옮겨 가는 것입니다. 바다를 건널 수 있는 구조를 가진 셈이지요.

바람에 날리기 쉬운 씨앗도 바다를 건너옵니다. 새의 몸에 잘 달라붙는 씨앗이 새와 함께 섬으로 오기도 합니다. 식물의 종류에 따라 해류, 바람, 새 등을 잘 이용해서 다양한 방법으로 섬을 향해 여행을 떠난답니다.

나도 과학자

어떤 씨앗이 멀리 날아갈까요?

여러 가지 씨앗을 부채를 사용해 날려 봅시다. 잘 날리는 씨앗에는 특징이 있어요. 예를 들어 솜털이 달려 있거나 작은 날개 같은 것이 붙어 있기도 하고, 가루처럼 작은 씨앗도 있어요.

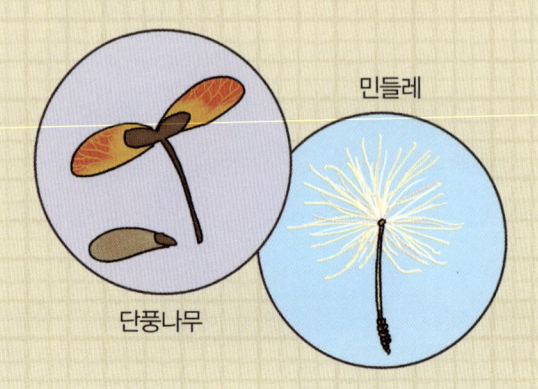

🔍 갯메꽃은 이름이 참 특이하지요? '갯'은 갯메꽃처럼 해안가에서 자라거나 계곡, 갯벌 등 물가에 자라는 식물 이름 앞에 붙어요.

지상에서 가장 강력한 미생물의 독

교과서 5학년 1학기 5단원 다양한 생물과 우리 생활

도쿄대학 이학계연구과 | 다치바나 가즈오

1g으로 100만 명을 죽일 수 있어요

뱀, 해파리, 버섯 등 지구 상에는 독을 가진 생물이 아주 많아요. 그중에서도 강력한 것은 바로 인간의 눈에 보이지 않을 만큼 작은 미생물의 독입니다. 콜레라, 파상풍 등 역사적으로 대유행을 일으킨 질병은 미생물의 독이 원인이었습니다.

식중독을 일으키는 보틀리누스균은 단 1g만으로 100만 명이 넘는 사람을 죽일 수 있다고 하니 지구 상에서 가장 무시무시한 독을 품은 세균이라고 할 수 있겠지요.

독은 약이 되기도 해요

과학자들은 미생물의 독을 질병 치료에 활용할 수 있으리라고 생각했습니다. 그렇게 항생제인 페니실린이 탄생했지요. 며칠 동안 내버려 둔 귤에 초록색 곰팡이가 피는 모습을 본 적 있나요? 이것이 바로 '푸른곰팡이'입니다. 푸른곰팡이가 만드는 독 '페니실린'은 인간에게 독이 되지 않는답니다. 그런데 사람의 몸에 침입한 세균에는 맹독으로 작용한다는 사실이 밝혀졌습니다. 페니실린 덕분에 불치병이었던 감염증을 치료하기 시작했어요. 최근에는 미국독도마뱀(헬로데르마 수스펙툼)의 침에 포함된 성분을 재료로 당뇨병 약을 개발했습니다. 생물의 독을 조사하는 연구는 현재도 계속되고 있답니다.

나도 과학자

곰팡이는 어떻게 하면 필까요?

귤뿐 아니라 식빵, 떡 등 곰팡이가 핀 식품을 찾아보세요. 곰팡이가 피었다면 어떤 장소, 어떤 조건일 때 곰팡이가 잘 피는지 생각해 봅시다.

 생물의 독은 먹잇감을 사냥할 때나 자신의 몸을 지키기 위해 쓰입니다. 독이 있다는 사실을 알아차린 천적은 두 번 다시 공격하지 않는답니다.

철새처럼 긴 거리를 나는 왕나비

10월 21일

교과서 3학년 2학기 2단원 동물의 생활

도쿄대학 종합연구박물관 | 야고 마사야

최대 약 2,500km나 이동해요

나비라고 하면 짧은 거리를 팔랑거리며 날아다니는 모습이 연상될지도 모르겠네요. 그런데 이동하면서 사는 나비는 나는 거리가 굉장히 깁니다. 그중에서도 '왕나비'는 차원이 달라요. 일본의 와카야마 현에서 홍콩까지 바다를 건너 약 2,500km나 날았다는 기록이 있어요.

왕나비가 홍콩까지 건너갔다는 사실은 추적 조사를 통해 알아냈어요. **추적 조사**는 **이동 경로 조사**라고도 하며, 포획한 나비의 날개에 표시를 한 후 다시 풀어 주는 방식입니다. 자유로워진 나비를 다른 장소에서 다시 포획하면 그 나비가 이동한 거리를 알 수 있습니다.

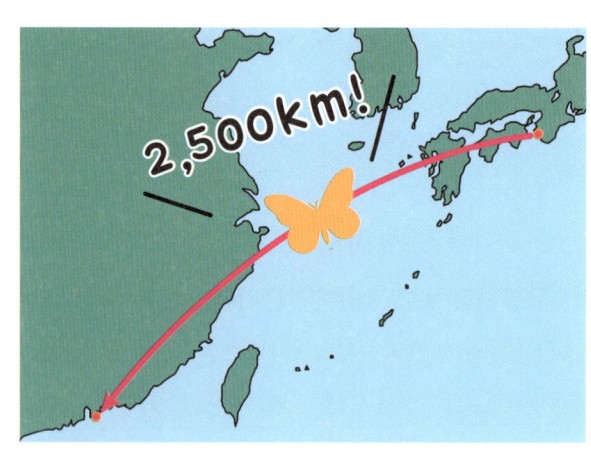

맛있는 잎과 좋아하는 꽃을 찾아 떠나요

왕나비는 왜 그렇게 먼 거리를 이동할까요? 아마도 자신과 유충이 더 좋은 조건에서 지내기 위해서인 듯합니다. 예를 들면 유충이 먹는 잎의 상태는 계절에 따라 바뀝니다. 여름이 되면 지금까지 먹었던 식물의 잎이 단단해지고 건조해져서 시들어 버릴 수도 있지요. 그래서 왕나비는 유충이 먹기 좋은 맛있는 잎을 찾아 이동하는 것입니다. 수컷 나비는 좋아하는 꽃을 찾아 수천 킬로미터나 이동한다는 사실도 알려졌어요. 정말 놀랍지 않나요?

나도 과학자

추적 조사는 어떻게 할까요?

과학자들은 나비를 붙잡아 날개 색이 연한 부분에 매직으로 잡은 장소, 일련번호 등의 정보를 적은 다음 풀어 줍니다. 다른 곳에서 누군가가 붙잡으면 이동 경로와 거리가 밝혀집니다.

 표시된 왕나비를 발견하면 그 정보를 웹사이트나 메일로 알려야 해요. 또는 표시한 왕나비를 가지고 근처 박물관 등에 가는 방법도 있어요.

물고기는 고통을 느낄까요?

10월 22일

교과서 3학년 2학기 2단원 동물의 생활

일본국립과학박물관 동물연구부 | 나카에 마사노리

주사를 놓아 물고기의 반응을 관찰해요

물고기는 과연 고통을 느낄까요? 이 의문은 옛날부터 논의된 수수께끼입니다. 17세기에는 '사람 이외의 동물은 고통을 느끼지 않는다'고 생각했습니다. 하지만 반려동물을 키우는 사람이라면 그렇지 않다는 사실을 잘 알 거예요. 20세기 이후에는 물고기의 고통을 많이 연구해 왔어요.

영국에 있는 어느 대학에서 '무지개송어'로 한 실험을 했습니다. 먼저 무지개송어의 아래턱에 식초, 벌 독 등을 주사해서 반응을 관찰한 것입니다. 그러자 주사하지 않았던 때와 비교했을 때 아가미 호흡의 횟수가 늘어나거나, 다시 먹이를 먹기까지 시간이 오래 걸리는 모습을 보였습니다.

물고기도 고통을 느껴요

반대로 고통을 억제하는 주사를 놓았더니 아가미 호흡의 횟수가 독을 주사하지 않았을 때와 비교해서 그리 큰 변화가 없었습니다. 즉, 약 때문에 고통이 누그러졌다고 생각할 수 있겠지요.

이 결과로 현재는 '물고기도 고통을 느낀다'는 주장이 맞을 가능성이 높아요. 그런데 상어와 가오리 등 연골어류(뼈가 물렁물렁한 어류)가 고통을 느끼는지는 여전히 수수께끼랍니다. 물고기가 고통을 느끼는지를 연구하는 활동은 계속 이어질 거예요.

 17세기 '사람만 고통을 느낀다'고 생각했던 시절에는 물고기뿐만 아니라 개, 고양이조차도 고통을 느끼지 않는다고 여겼대요.

나도 과학자

낚은 물고기는 조심히 놓아 주세요

물고기의 고통에 대한 논의는 계속 이어지고 있지만, 어쨌든 고통을 느낀다는 사실을 나타내는 실험 결과가 있어요. 그러니 낚은 고기를 돌려보낼 때는 최대한 살살 놓아 주세요.

세계에서 가장 큰 나비와 가장 작은 나비

교과서 3학년 2학기 2단원 동물의 생활

일본국립과학박물관 동물연구부 | 진보 우쓰기

날개를 펼치면 무려 30cm

우리가 흔히 보는 나비의 크기는 얼마나 될까요? 예를 들어 배추흰나비는 5cm 정도, 호랑나비는 10cm 정도입니다. 그러면 세계에서 가장 큰 나비는 크기가 얼마나 될까요? 뉴기니에 있는 '알렉산드라비단제비나비'는 날개를 펼치면 28cm나 된답니다.

세계 최대 크기의 나방은 필리핀에 있는 '아틀라스나방'으로 날개를 펼치면 25cm 정도 돼요. 남아메리카에 있는 '여왕흰밤나방'도 날개를 펼쳤을 때 무려 30cm나 되는 것이 있기 때문에 세계에서 가장 큰 나방은 여왕흰밤나방이라고 주장하는 사람도 있답니다.

아틀라스나방의 날개 길이 25cm

1.7cm

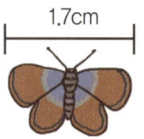

푸른부전나비

고작 3mm밖에 안 돼요!

세계에서 가장 작은 나비는 상상을 초월할 정도로 작답니다. 부전나비과에 속하는 '푸른부전나비', '주홍부전나비' 등은 날개를 다 펼쳐도 1.7cm 정도밖에 되지 않습니다.

세계에서 가장 작은 나방은 '꼬마굴나방'으로 날개를 다 펼쳐도 3~6mm입니다. 날아다녀도 아무도 나방이라고 생각하지 않겠지요. 다만, 작은 종류는 많이 있기 때문에 어느 것이 제일 작은지는 학자마다 주장이 달라요.

 나도 과학자

작은 나방을 찾아보세요

꼬마굴나방처럼 작은 나방은 우리나라에도 많이 있어요. 돋보기를 들고 관찰해 봅시다.

 대형 호랑나비인 비단나비는 영어로 '새 날개'라는 뜻의 'Birdwing butterfly'라고 해요.

멀리 날기 위해 몸이 변하는 철새

10월 24일

교과서 3학년 2학기 2단원 동물의 생활

야마시나조류연구소 | 야마사키 다케시

철따라 이동하는 검은목논병아리

머나먼 곳으로 이동하는 철새는 공들여서 여행 준비를 합니다. '검은목논병아리'라는 철새는 어떻게 이동하는지 알아볼까요? 이 새는 몸 크기가 30cm 정도 됩니다. 캐나다의 겨울이 너무 춥기 때문에 따뜻한 캘리포니아에서 겨울을 난답니다.

이동하기 위해 많이 먹는 시기 → 이동하기 직전부터 비행하는 동안

이동하기 전에 몸이 변해요

여행을 나서기 전에 검은목논병아리의 몸은 짧은 기간 동안 아주 많이 변해요. 장과 위 등이 무려 2배로 커집니다. 260g 정도였던 몸무게가 600g 넘게 불어난답니다. 늘어나는 것은 주로 지방이에요. 장이 커진 만큼 먹은 음식물로 지방을 만들기 쉽지요. 지방은 날기 위한 연료가 되기 때문에 최대한 많이 저장해 둬야 해요. 수영할 때 먹이를 잡기 쉽도록 다리 근육을 키웁니다. 한편 나는 데 필요한 가슴 근육은 절반으로 줄어들어요.

출발하기 거의 직전부터 비행하는 동안에는 먹이를 먹지 않습니다. 장은 다시 작아지고 헤엄치기 위한 다리 근육도 줄어들어요. 몸무게 역시 줄어듭니다. 반대로 날개를 움직이는 가슴 근육은 원래 크기로 돌아오고 심장도 커집니다.

 도요새, 물떼새 등도 긴 거리를 이동하기 때문에 그 전에 지방을 미리 많이 모아 둡니다. 한편 텃새인 들꿩은 한반도 이북 지방, 시베리아, 중국 동북 지방 등 추운 지방에서 살아요. 춥고 혹독한 겨울을 무사히 보내기 위해 몸에 지방을 많이 저장한답니다.

나도 과학자

우리 가까이에도 철새가 있을까요?

겨울이 되면 우리나라에는 도요새, 청둥오리, 기러기, 붉은부리갈매기 등이 찾아옵니다. 한편 참새 등은 일 년 내내 볼 수 있는 텃새랍니다.

붉은부리갈매기, 참새

노린재는 냄새를 구분해서 사용해요

10/25일

교과서 3학년 2학기 2단원 동물의 생활

일본국립과학박물관 | 도모쿠니 마사아키

냄새로 몸을 보호하고, 짝짓기도 해요

노린재는 유달리 냄새를 풍깁니다. 왜 그럴까요? 노린재의 냄새는 여러 가지 역할을 해요. 우선 노린재를 몸집이 작은 천적으로부터 보호합니다. 냄새로 쫓아내지요. 작은 통에 노린재를 넣고 냄새를 풍기게 하면 노린재가 자기 냄새에 스스로 어지러워할 정도예요. 노린재는 짝짓기를 할 때도 냄새를 사용해요.

꽈리허리노린재

냄새의 강도에 따라 의미가 달라져요

주변에서 쉽게 볼 수 있는 '꽈리허리노린재'는 냄새의 진하기에 따라 의미가 달라요. 냄새가 연하면 동료를 불러 모으는 것이고, 냄새가 진하면 동료에게 위험을 알리는 것이랍니다. 꽈리허리노린재 한 마리가 천적의 공격을 받았다고 가정해 볼까요? 그러면 공격을 받은 노린재가 진한 냄새를 풍깁니다. 냄새를 맡은 주위의 노린재는 위험이 닥쳤다는 사실을 알고 재빨리 달아난답니다. 같은 성분의 냄새인데 정반대 작용을 하다니, 정말 흥미롭지요?

냄새는 노린재의 종류에 따라서도 달라집니다. 익숙해지면 냄새를 구분할 수 있어요. 시큼한 냄새를 풍기는 것은 허리노린재입니다. 또 썩덩나무노린재, 갈색날개노린재는 풀 같은 냄새를 풍겨요.

🔍 노린재의 냄새는 '취선'이라는 부위에서 나와요. 취선이 열리는 입구는 유충과 성충의 위치가 다르답니다. 노린재 유충은 취선이 배의 뒷면에 있는데, 성충이 되면 몸과 다리가 이어진 부분 쪽으로 이동해요.

나도 과학자

냄새를 못 풍기게 하는 방법은?

노린재 몸의 양쪽 옆을 살짝 쥐면 냄새를 풍기지 못해요. 집 안에 노린재가 들어왔을 때는 몸을 양쪽으로 눌러 잡은 후 바깥으로 내보내세요. 만약 냄새를 맡아 보고 싶다면 몸통을 위아래로 잡으면 됩니다. 그러면 냄새가 난답니다.

이렇게 잡으면 냄새가 안 나요.

곤충의 오줌이 다른 곤충을 키워요

10월 26일

교과서 5학년 2학기 2단원 생물과 환경

/ / /

슈토대학도쿄 도시교양학부 | 시미즈 아키라

진딧물의 오줌을 먹는 개미, 파리, 벌

진딧물 주위에 수많은 개미가 모여 있는 모습을 본 적 있나요? 개미는 진딧물의 달콤한 오줌을 먹기 위해 모여든답니다. 개미뿐만 아니라 파리와 벌 등도 달콤한 오줌을 마시러 진딧물 주위에 찾아와요.

진딧물은 식물 줄기에 입을 꽂아 식물에서 나오는 물을 마십니다. 식물 속에 흐르는 많은 액체는 진딧물의 몸속으로 들어가 몸을 그대로 통과해 오줌으로 나온답니다. 식물 속 액체가 달콤하므로 진딧물의 오줌도 달콤해요. 그래서 이를 가리켜 **단물**이라고 합니다.

달콤한 오줌에 영양분이 한가득해요

진딧물의 오줌은 그저 달기만 한 것이 아니에요. '아미노산'이라는 영양분이 듬뿍 들어 있답니다. 그래서 곤충들에게 중요한 영양 재료가 돼요.

진딧물은 달콤한 즙을 곤충들에게 제공하는 대신 몸을 보호받아요. 진딧물의 천적은 무당벌레입니다. 칠성무당벌레처럼 우리가 흔히 알고 있는 무당벌레는 겉모습은 귀엽지만 의외로 사나운 육식 곤충이에요. 개미와 벌이 이러한 무당벌레를 쫓아 주면 진딧물이 달콤한 오줌을 계속 안전하게 내보낼 수 있어요.

나도 과학자

달콤한 오줌을 만져 보세요

진딧물은 달콤한 오줌을 아주 많이 내보내요. 그래서 진딧물이 있는 풀은 흘러내린 오줌 때문에 보통 줄기가 끈적끈적합니다. 진딧물을 발견하면 주변 풀을 만져서 확인해 보세요.

 진딧물 주위에 모이는 개미와 달리, 벌은 보통 진딧물의 오줌이 흘러 떨어지는 식물 줄기 밑에 모여요.

꽃을 일제히 피우는 열대 지방의 나무

10월 27일

교과서 6학년 1학기 4단원 식물의 구조와 기능

교토대학 | 사카이 쇼코

계절을 느끼고 피는 꽃

뚜렷한 사계절이 있는 나라는 봄에는 벚꽃, 가을에는 코스모스 등 계절마다 피는 꽃이 달라요. 기온과 낮의 길이 등의 변화를 느끼고 꽃이 피지요. 그런데 사계절이 없으면 꽃은 어떻게 필까요? 열대 지방에는 뚜렷한 계절 변화가 없거든요. 일 년 내내 기온이 변하지 않고 따뜻하답니다. 또 사계절이 뚜렷한 나라는 여름에 낮이 길고 겨울에 밤이 긴 데 비해, 열대 지방은 낮과 밤의 길이가 12시간으로 늘 같아요.

한꺼번에 꽃을 피우고, 씨앗이 생겨요.

비가 안 올 때 꽃눈이 달려요

동남아시아 보르네오 섬의 열대 우림은 쌍떡잎식물인 이엽시과(디프테로카르파체에) 나무로 가득해요. 이 숲은 몇 년에 한 번, 다양한 나무가 일제히 꽃을 피우는 현상이 일어나는 것으로 유명해요.

도대체 어떤 이유 때문에 동시에 꽃을 피울까요? 아무래도 이 비밀을 풀 열쇠는 비에 있는 듯합니다. 계절 변화가 없는 보르네오의 숲에는 비가 거의 내리지 않는 날이 한 달 이상 계속될 때가 있어요. 그러면 숲이 건조해지겠지요. 이것이 신호가 되어 나무마다 꽃눈이 달린답니다.

일제히 꽃을 피운 후에는 수많은 씨앗이 생겨요. 동물에게 먹히지 않고 살아남은 씨앗은 금세 싹을 틔우고 자라기 시작한답니다.

 보르네오의 숲 등지에 서식하는 이엽시과 나무는 나왕, 남양재라는 이름으로 수입되어 가구재나 건축재로 쓰여요.

나도 과학자

꽃은 무엇을 느끼고 필까요?

계절이 변화하면서 꽃이 피는데, 무엇을 어떻게 느끼는지는 꽃마다 다릅니다. 예를 들어 벚나무는 온도 변화를 느껴서 날씨가 따뜻해지면 꽃을 피웁니다. 한편 국화는 해 길이의 변화를 느낍니다. 낮이 짧아지는 가을에 꽃을 피워요.

캄캄한 밤의 사냥꾼 올빼미의 놀라운 비밀

10월 28일

교과서 3학년 2학기 2단원 동물의 생활

일본국립과학박물관 동물연구부 | 히구치 아키

들키지 않고 먹잇감에게 접근하는 비결

올빼미는 쥐, 병아리 등을 무척 좋아합니다. 나무 위에 앉아 땅을 관찰하다가 먹잇감을 발견하는 순간, 재빨리 날아가 날카로운 발톱으로 낚아채지요. 쥐처럼 민첩한 먹잇감을 사냥하려면 다가가고 있다는 사실을 눈치 채지 못하게 해야 합니다. 바스락거리는 소리를 내면 도망가고 말 테니까요.

그럴 때 도움이 되는 것이 바로 올빼미의 날개입니다. 대부분의 새는 날 때 날개를 퍼덕이는 소리가 납니다. 날개가 바람을 가르면 소리가 날 수밖에 없지요. 그런데 올빼미의 날개는 가장자리가 톱니처럼 생긴 덕분에 소리를 내지 않고도 날갯짓을 할 수 있어요. 날갯짓을 할 때도 무척 조용해서 먹잇감에게 들키지 않고 접근할 수 있답니다.

얼굴에 소리를 모아요

먹잇감 사냥에 날개만 편리하게 생긴 것이 아닙니다. 올빼미는 소리에 무척 민감한 새예요. 종류에 따라 다르긴 하지만, 양쪽 귓구멍의 높이가 달라서 먹잇감이 움직이는 소리가 어느 쪽 귀에 먼저 들렸는가에 따라 먹잇감의 위치와 거리를 파악해요. 또 올빼미의 납작한 얼굴도 소리에 민감하다는 특징과 관련 있어요. 마치 안테나처럼 생긴 얼굴 구조 덕에 소리를 모으기 쉬우리라고 추측한답니다.

 올빼미는 먹잇감을 통째로 삼키는데, 전부 소화하지 못해 뼈와 털을 정기적으로 토해 냅니다. 이것을 '펠릿'이라고 불러요. 펠릿을 조사하면 올빼미가 무엇을 먹었는지 알 수 있어요.

나도 과학자

페트병으로 소리를 모아 보세요

페트병을 이용해 소리를 모으는 집음기를 만들어 보세요. 그림과 같이 페트병을 잘라 벌린 후 랩으로 감싸고 가운데에 구멍을 뚫기만 하면 끝인데, 멀리서 들리는 소리를 모아 준다는 사실을 알 수 있답니다.

태양이 아니라 지구를 먹는 생태계도 있어요

10/29일

교과서 3학년 2학기 2단원 동물의 생활

대학강사 | 야지마 미치코

태양이 에너지의 근원

많은 생물이 태양 에너지를 사용해 살아갑니다. 식물은 햇빛으로 광합성을 하고, 초식 동물은 식물을 먹으며 살지요. 초식 동물을 먹는 육식 동물은 간접적으로 태양 에너지를 먹고 있다고 할 수 있습니다.

석유와 석탄도 원래는 동물, 식물이었습니다. 사람이 쓰는 에너지는 기본적으로 태양 에너지라고 할 수 있어요. 그런데 햇빛이 닿지 않는 심해에도 생물이 살지요. 심해에 사는 생물들은 무엇을 에너지로 삼을까요?

심해에서는 지구를 먹어요

심해에 '칼립토게나 소요아이'(학)라는 조개가 있습니다. 바다 밑바닥의 뜨거운 물과 차가운 물이 뿜어져 나오는 장소에 무리 지어 살아요. 뜨거운 물과 차가운 물에는 메탄이 들어 있고, 그 주위에는 메탄으로부터 유화수소를 얻는 세균이 삽니다. '칼립토게나 소요아이'의 아가미에는 유화수소로 에너지를 만드는 세균이 살아요. 이 세균으로부터 에너지를 받아 살아가는 셈이지요.

이처럼 햇빛이 닿지 않는 바다 깊은 곳에는 지구에서 나오는 에너지를 이용하는 생태계가 있답니다. 태양 에너지에 의지해서 살아가는 사람과는 전혀 다르지요.

🔍 심해의 뜨거운 물과 차가운 물이 뿜어져 나오는 장소에서 지구 최초의 생명이 태어난 것으로 보입니다. 어쩌면 이곳에서 태어난 생물이 진화해 햇빛을 이용하는 생물이 생겼는지도 몰라요.

땅 위 — 태양 에너지를 먹어요.

심해 — 지구 에너지를 먹어요.

나도 과학자

지구를 먹는 생물이란?

'칼립토게나 소요아이'는 심해에 있어서 직접 구경하러 갈 수 없어요. 하지만 이 조개의 화석은 여러 곳에서 발견되었답니다. 가까운 박물관으로 심해에 사는 조개의 화석을 관찰하러 가 보세요.

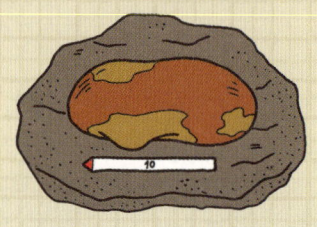

138

버섯과 나무의 떼려야 뗄 수 없는 관계

10/30일

교과서 4학년 2학기 1단원 식물의 생활

일본국립과학박물관 식물연구부 | 호사카 겐타로

나무뿌리에서 자라는 버섯

버섯은 낙엽이나 고목에서 자란다고 생각할지도 모르겠네요. 물론 버섯은 숲에서 낙엽과 고목을 분해해 흙으로 돌려보내는 중요한 역할을 합니다. 그런데 그게 다가 아니에요. 살아 있는 나무에서 자라는 버섯도 많이 있어요. 심지어 살아 있는 나무와 버섯은 서로 돕고 돕는 **공생 관계**랍니다.

서로 돕는 식물과 균류

버섯은 땅속에 가느다란 실 형태의 '균사'를 뻗어서 흙 속 영양분과 수분을 빨아들입니다. 식물 뿌리도 흙 속에서 영양분과 수분을 빨아들일 수는 있지만 버섯의 균사에 비교할 바는 못 돼요. 버섯의 균사가 식물의 뿌리보다 가늘고 아주 많이 갈라져서 멀리까지 뻗어 가기 때문에 식물보다 영양분과 수분을 훨씬 잘 빨아들입니다. 반면 식물은 햇빛을 받아 당분 등을 만들 수 있어요. 버섯은 할 수 없답니다.

식물 뿌리에 버섯이 살면 식물은 버섯으로부터 흙 속 양분과 수분을 나눠 받고, 버섯은 식물로부터 빛을 바탕으로 만든 당분을 나눠 받아요. 버섯은 균류에 속합니다. 거의 모든 식물이 균류와 서로 도와가며 산다고 해요. 만약 서로 돕지 않으면 둘 다 잘 살아갈 수 없답니다.

나도 과학자

나무뿌리에서 자라는 버섯을 찾아보세요

너도밤나무, 졸참나무, 상수리나무 등 도토리가 열리는 참나무과나 소나무, 전나무 등 소나무과 식물에는 반드시 공생하는 버섯이 있어요. 이 나무들이 있는 숲에 가서 버섯을 찾아보세요.

살아 있는 나무뿌리에서 자라는 버섯을 '균근균'이라고 합니다. 낙엽, 고목을 분해하는 버섯은 '부생균'이라고 합니다.

왜 철새는 길을 잃어버리지 않을까요?

10월 31일

교과서 3학년 2학기 2단원 동물의 생활

일본국립과학박물관 동물연구부 | 니시우미 이사오

태양으로 장소를 알아내요

사람은 모르는 곳에 가도 대부분 지도를 보면 길을 잃지 않고 목적지까지 갈 수 있지요. 그런데 철새는 지도도 없이 어떻게 길을 잃어버리지 않고 목적지까지 날아갈 수 있을까요?

방향을 잡기 위해 철새는 여러 가지 방법을 쓰는데, 그중에서도 태양을 제일 많이 이용해요. 태양은 아침에 동쪽에서 떠서 저녁 무렵이 되면 서쪽으로 지기 때문에, 시간을 알면 태양의 위치로 방향을 알아낼 수 있어요. 철새의 몸은 시간을 느낄 수 있어서 시간과 태양의 위치를 통해 방향을 알아낸답니다.

별의 위치도 기억해요!

태양이 떠 있는 높이를 이용하면 철새가 있는 위도도 알 수 있어요. **위도**는 지구 상의 위치를 나타내는 가로 좌표를 뜻합니다. 태양은 정오에 가장 높이 뜨는데, 그 높이는 계절과 위도에 따라 달라져요. 같은 계절이라도 위도가 높은 곳에 있으면 태양이 낮게 보이고, 위도가 낮은 곳에 있으면 태양이 높게 보입니다. 철새는 이렇게 계절과 태양의 위치로 자신이 있는 위도를 알 수 있습니다.

게다가 철새는 별도 이용합니다. 천장에 별이 그려진 천체투영관 안에 철새를 넣는 실험을 했어요. 천장 스크린에 비친 별의 방향을 90도로 바꿨더니 철새도 나는 방향을 90도로 바꿨습니다. 철새가 반짝이는 별의 위치 관계를 기억해 두었다가 난다는 사실을 짐작할 수 있지요.

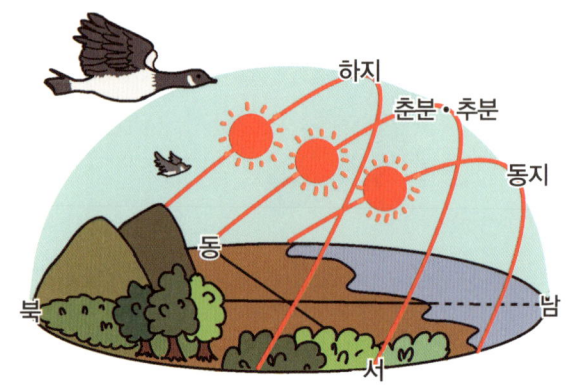

🔍 태양, 별의 위치, 지형뿐만 아니라 철새는 지구가 내뿜는 자기인 지구 자기를 이용한다는 사실도 밝혀졌어요. 어떤 식으로 지구 자기를 느끼는지는 아직 모른답니다.

나도 과학자

겨울의 철새를 관찰해 보세요

매년 겨울이 되면 오리를 비롯한 철새들이 날아옵니다. 여러분의 집 근처 연못에도 오리가 와 있을지 몰라요. 그 밖에도 겨울에 날아오는 철새에 무엇이 있는지 조사해 보세요.

11월

이건 뿔일까, 코일까, 주둥이일까?

나는 사람처럼 도구를 사용할 줄 알아. 영리하지?

긴팔원숭이는 소프라노 가수?

교과서 3학년 2학기 2단원 동물의 생활

교토대학 영장류연구소 | 고다 히로키

암컷과 수컷이 번갈아 노래해요

긴팔원숭이는 동남아시아의 숲에 사는 작은 원숭이입니다. 암컷과 수컷이 짝을 이루어 마치 흐르는 듯한 멜로디로 울어요. 이것을 '긴팔원숭이의 노래'라고 부릅니다.

긴팔원숭이 암컷과 수컷은 아침 일찍부터 "후, 후우." 하면서 아름답고 느긋한 목소리로 노래를 시작합니다. 날이 완전히 밝으면 암컷이 독특한 목소리로 흥분한 듯 독창을 해요. 그동안 수컷은 가만히 듣기만 하고요. 그러다 암컷이 노래를 끝낼 즈음, 노래를 정리하듯 수컷이 짧게 노래합니다. 이 행동을 둘이서 몇 번이고 반복한답니다.

긴팔원숭이의 노래는 자기 구역을 지키거나 부부의 정이 깊어지게 하기 위한 것으로 보여요.

소프라노 가수와의 공통점

긴팔원숭이의 노랫소리는 숲 속에서 약 야구장 10개의 넓이까지 울려 퍼집니다. 한편 긴팔원숭이는 아기 몸무게 정도밖에 되지 않는 작은 원숭이에요. 어떻게 그렇게 목소리를 크게 낼까요?

실험을 통해 긴팔원숭이가 소리를 내는 방식이 소프라노 가수와 비슷하다는 사실을 알아냈습니다. 우선 목으로 높은 소리를 냅니다. 그다음 아래턱을 크게 벌려 소리가 울릴 공간을 만들어요. 그곳에서 목소리를 떨어 소리를 크게 만듭니다.

 긴팔원숭이의 노래는 운이 좋으면 동물원에서도 들을 수 있을지 몰라요. 인터넷에 찾아보면 긴팔원숭이가 노래하는 동영상이 있을 테니, 한번 검색해 보세요.

나도 과학자

주머니긴팔원숭이가 소리 내는 법

긴팔원숭이 중에는 특별한 기관으로 소리를 내는 원숭이도 있어요. '샤망'이라고도 부르는 '주머니긴팔원숭이'(심팔랑구스 신닥틸루스)는 목에 있는 주머니로 큰 소리를 낸답니다. 우유병과 페트병에 대고 소리를 내 보면 주머니긴팔원숭이가 소리 내는 법을 알 수 있어요.

낮은 소리 목 주머니가 부풀어요.

높은 소리 목 주머니가 부풀지 않아요.

병 속에 물이 적어요.

병 속에 물이 많아요.

버섯을 키워서 먹이로 삼는 흰개미가 있어요

11월 2일

교과서 4학년 2학기 1단원 식물의 생활

홋카이도대학대학원 지구환경과학연구원 | 하야시 요시노부

버섯 농장의 주인 흰개미

보통 흰개미라고 하면 집 기둥을 갉아 먹는 성가신 해충이라고 생각하지요. 그런데 모든 흰개미가 목재를 망가뜨리는 것은 아니에요.

아시아, 아프리카의 열대 지방, 아열대 지방에 서식하는 흰개미 중에는 스스로 버섯을 길러 먹이로 삼으며 살아가는 것이 있답니다. 이 흰개미는 과연 어떻게 버섯을 키울까요?

버섯을 키우는 두 가지 이유

흰개미는 우선 집 밖에서 고목과 낙엽을 먹습니다. 먹은 것은 위와 장에서 소화되는데, 소화되지 않은 것은 배설물로 나옵니다. 흰개미는 배설물을 비료로 삼아 버섯을 키우는 '균원'을 만든답니다. 여기에 균류를 뿌려, 균원 위에 나오는 하얀 공 모양의 버섯 싹이나 오래된 균원을 먹습니다.

흰개미가 버섯을 키우는 이유는 크게 두 가지입니다. 하나는 먹이인 고목과 낙엽에 영양소가 적어서, 영양소가 많은 버섯을 따로 키워 영양분을 얻기 위해서입니다. 또 하나는 자신이 소화하지 못해 똥으로 내보낸 것을 균이 분해하게 하기 위해서입니다. 이것은 다시 흰개미들이 먹는 균원이 된답니다.

버섯을 키워요!
똥
균원

나도 과학자

농사와 비교해 보세요

농부도 땅에 농축된 비료를 뿌려 영양분이 풍부한 농작물을 만들지요. 버섯흰개미가 하는 버섯 재배도 이와 비슷하답니다.

쑥쑥 컸네.

🔍 흰개미가 먹는 목재에는 '셀룰로오스'라는 소화하기 힘든 물질이 포함되어 있어요. 흰개미의 소화관에는 셀룰로오스를 분해할 수 있는 미생물이 있어서 소화할 수 있답니다.

포유동물이 공룡을 잡아먹기도 했어요

교과서 4학년 1학기 2단원 지층과 화석

에히메대학대학원 | 구스하시 나오

공룡 시대의 포유류란?

공룡이 살던 시대가 어땠는지 눈으로 본 사람은 아무도 없어요. 화석 연구를 바탕으로 전문가들이 상상한 세계를 도감에 싣는답니다. 새로운 사실이 발견되면 도감에 그려진 세계도 바뀌지요.

공룡 시대에 살았던 포유동물의 모습도 연구가 진행되면서 내용이 크게 바뀌었습니다. 불과 10년 전까지만 해도 우리는 '거대한 공룡이 활개를 치고 포유류는 기를 못 펴고 살았다'고 알고 있었습니다. 그런데 중국에서 발견된 '레페노마무스 로부스투스'라는 포유동물은 키가 1m였다는 사실이 밝혀졌어요. 이 크기는 대형견인 래브라도 레트리버와 같습니다.

레페노마무스 로부스투스

포유류가 공룡을 잡아먹었어요

레페노마무스의 소화 기관에서 무려 어린 공룡의 화석도 발견되었습니다. 공룡을 먹었을지도 모른다는 것이지요. 그 밖에도 지금의 하늘다람쥐 같은 동물, 비버같이 꼬리가 달린 동물, 땅돼지같이 이빨이 있고 구멍을 팔 만큼 단단한 발톱이 있는 동물의 화석도 발견되었습니다. 예전에는 포유동물이 공룡의 그늘에 가려 숨어 살았던 것으로 생각했지만 지금은 공룡 시대에 이미 여러 종류가 있었고, 다양한 모습으로 서식했다고 여기고 있답니다.

 공룡 시대의 포유류가 하늘다람쥐, 비버, 땅돼지와 비슷한 모습이지만, 이 동물들의 선조는 아니에요.

나도 과학자

공룡 시대의 포유동물을 알아보세요

동물 도감에서 요즘 볼 수 있는 포유동물을 찾아보고, 공룡 시대에 살았던 포유동물과 비교해 보세요. 어떤 점이 비슷하고 다른가요?

공룡 시대에 있었던 포유류야!

프루이타포소르 윈드스케펠리(학)

카스트로카우다   볼라티코테리움

수꽃에서 암꽃으로 성을 바꾸는 식물

교과서 4학년 1학기 3단원 식물의 한살이

후쿠이대학 교육지역과학부 | 니시자와 도오루

수꽃에서 암꽃으로 성이 바뀌는 천남성

천남성에는 암꽃와 수꽃이 있어요. 수꽃은 꽃가루를 만들고, 암꽃은 곤충이 옮겨 주는 꽃가루를 받아 씨앗을 만듭니다. 천남성이 많이 피어 있다면 그곳에는 암꽃과 수꽃이 다 있겠지요. 그런데 어느 해에는 수꽃이었던 천남성이 이듬해에는 암꽃이 되기도 합니다. 반대로 암꽃이 수꽃으로 바뀌기도 해요. 놀랍게도 천남성은 성을 바꾼답니다. 어떻게 암꽃과 수꽃이 정해질까요?

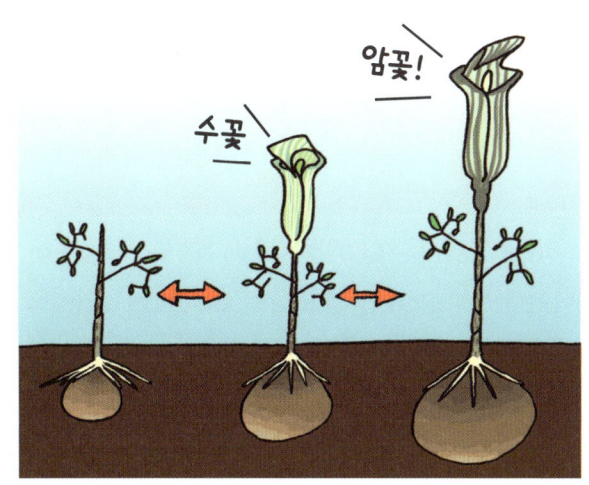

알뿌리의 크기에 달렸어요

천남성은 땅속에 알뿌리를 만들어요. 그대로 겨울을 납니다. 봄이 되면 알뿌리에서 잎과 꽃 등 땅 위로 나오는 부분이 자라기 시작해요. 열매까지 맺고 나면, 10~11월 무렵에는 땅속 알뿌리만 남고 땅 위 부분은 전부 말라 버립니다. 천남성의 수명은 10년 이상이라고 해요.

수꽃이 될지 암꽃이 될지는 규칙이 있습니다. 알뿌리가 작으면 꽃이 피지 않고 잎만 나옵니다. 그러다가 알뿌리가 커지면 그때 꽃이 핀답니다. 처음에는 수꽃이 피고, 알뿌리가 더 커지면 암꽃이 돼요. 다시 말해서 알뿌리가 크면 암꽃, 그보다 작으면 수꽃이 됩니다. 수꽃인지 암꽃인지는 알뿌리의 크기에 달렸어요.

나도 과학자

암꽃과 수꽃은 모양이 어떻게 다를까요?

나팔꽃은 꽃 하나에 암술과 수술이 같이 들어 있습니다. 수세미 꽃은 암꽃과 수꽃으로 나뉘어요. 암꽃과 수꽃, 암술과 수술을 비교해 보세요.

 천남성은 옛날에 죄를 지은 사람에게 벌로 내린 사약의 재료로 쓰였을 만큼 독성이 아주 강해요.

석유는 어디에서 나요?

11월 5일

교과서 4학년 1학기 2단원 지층과 화석

쓰쿠바대학 생명환경계 | 히사다 겐이치로

플랑크톤이 바로 석유랍니다

석유는 휘발유와 등유 등의 연료, 플라스틱과 나일론의 원료 등을 만드는 데 사용해요. 생활에 빼놓을 수 없지요. 그런데 우리나라는 석유가 나지 않아서 수입에 의존하고 있습니다. 주요 수출 국가는 사우디아라비아, 아랍에미리트 등 중동 국가들이에요. 왜 중동에는 석유가 많이 날까요?

석유는 바다에 사는 플랑크톤으로 형성되었다고 추측합니다. 중동 지역은 2~3억 년 전 무렵부터 적도 부근에 있었는데, 그곳의 따뜻한 바다에는 많은 플랑크톤이 살았어요. 이 플랑크톤이 죽어서 바다 밑에 쌓였고, 그 위에 흙과 모래가 쌓이면서 두꺼운 지층이 생겼습니다. 그 지층 아래에서 플랑크톤이 석유로 변한 것입니다.

이렇게 중동의 나라들은 석유가 생기는 조건과 석유가 고이는 조건을 모두 갖췄기 때문에 석유가 많이 나온답니다.

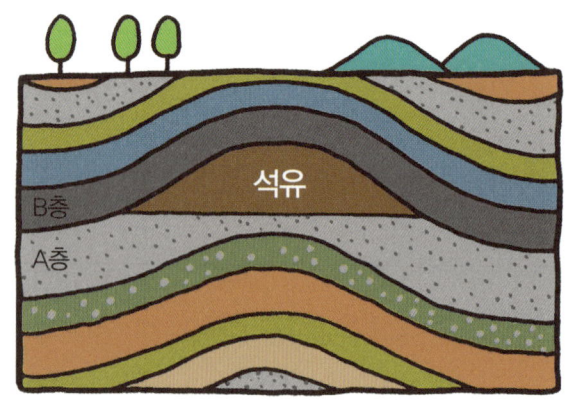

석유가 고일 수 있는 지형도 중요해요

중동 지역의 땅은 석유가 고이기 쉽게 생겼어요. 지하의 지층이 구불구불 휘어 있거든요. 위 그림처럼 땅 아래쪽에는 석유를 만들어 내는 A 암석층이, 위쪽에는 석유가 못 빠져나가게 하는 B 암석층이 있습니다. 양쪽에서부터 땅에 힘이 가해지면, 지층의 가운데가 위로 볼록 휘어집니다. B층이 둥근 아치 모양으로 휘면서 A층과의 사이에 석유가 저장됩니다.

 석유가 만들어지는 방법은 아직 확실히 밝혀지지 않았습니다. 플랑크톤으로 형성되었다는 이야기 말고도 지구 내부에서 자연스레 생겼다는 설, 미생물이 만들었다는 설 등이 있어요.

나도 과학자

지층의 변형을 이불로 재현해 보세요

두꺼운 이불을 양쪽에서 밀어 보세요. 파도처럼 구불구불 휘지 않나요? 중동의 지층은 이처럼 힘이 가해져서 변형된 것으로, 석유가 땅속 탱크처럼 저장되어 있답니다.

땅속으로 숨어드는 버섯의 작전

교과서 4학년 2학기 1단원 식물의 생활

일본국립과학박물관 식물연구부 | 호사카 겐타로

위로 자랄까, 아래로 파고들까

버섯은 보통 땅 위에서 번식합니다. 식물의 씨앗에 해당하는 '포자'를 바람에 실어 멀리 날려 보내지요. 더 높은 곳에서 포자를 날릴수록 더 멀리까지 보낼 수 있겠지요.

반면 땅속으로 숨어 진화한 버섯이 있어요. 흔히 '트러플'로 부르는 '송로버섯'(투베르 멜라노스포룸)입니다. 프랑스 요리의 고급 재료로 유명해요.

땅속 환경이 더 살기 좋아요

포자를 바람에 날려 보내는 방법은 단점도 있어요. 날아간 포자가 어디에 내려앉을지 모르기 때문입니다. 도착한 곳이 물 위일지도 모르고, 자라기 좋은 숲에서 너무 멀리 떨어진 장소일지도 몰라요.

땅속을 파고들면 그런 걱정은 사라집니다. 하지만 땅속에서 자란 송로버섯은 쥐, 다람쥐 등의 동물에게 먹히기 쉽지요. 동물이 먹은 포자는 소화되지 않고 똥이 되어 다시 땅으로 돌아온답니다. 바람을 타고 이동하는 것과 달리 땅속에서는 바다를 건널 정도로 긴 거리는 이동할 수 없어요. 대신 똥과 함께 섞여 나온 포자는 먹혔을 때와 똑같은 환경에서 금세 자랄 수 있습니다.

게다가 날씨의 영향을 그대로 받는 땅 위의 환경보다도 땅속의 환경은 큰 변화가 없기 때문에 더 살기 좋아요. 단점은 별로 눈에 띄지 않는다는 사실일까요? 땅속에서 자라는 송로버섯은 동물의 눈에 잘 띄기 위해 강렬한 냄새를 풍긴답니다.

우리나라에는 송로버섯이 서식하지 않아요. 야생 버섯은 정체를 모르는 것이 많고 독버섯도 있으니 무턱대고 맛을 보지 않도록 주의하세요.

나도 과학자

송로버섯은 어떻게 생겼을까요?

인터넷이나 책으로 송로버섯을 찾아 관찰해 봅시다. 성장 과정을 공부하는 것도 재미있을 거예요. 송로버섯의 모양은 감자와 비슷하다고 해요. 직접 비교하면서 공통점과 차이점을 찾아보면 어떨까요?

고양이의 기분을 몸짓으로 알 수 있어요

교과서 3학년 2학기 2단원 동물의 생활

11월 7일

도쿄대학대학원 종합문화연구과 | 사이토 아쓰코

혼자 사는 습성이 있는 고양이

개는 살랑살랑 꼬리를 흔들거나 짖는 등 다양한 몸짓으로 주인에게 감정을 전달하지요. 그에 비해 고양이는 감정을 그다지 드러내지 않는다고 해요. 개와 고양이의 차이점은 왜 생겼을까요?

개의 선조인 늑대는 무리 지어 생활하면서 동료와 함께 사냥해 왔습니다. 반면 고양이의 선조인 '리비아고양이'(펠리스 실베스트리스 리비카)는 대부분 무리 짓지 않고 혼자 사냥을 하며 살아왔습니다. 개처럼 감정을 전달할 필요가 없었지요.

꼬리에서 드러나는 감정

개만큼은 아니지만 고양이도 잘 관찰해 보면 감정을 동작으로 나타낸다는 사실을 알 수 있어요. 예를 들어 꼬리를 똑바로 세우면 그것은 귀여워해 달라는 뜻입니다.

꼬리를 세웠지만 끝이 U자를 거꾸로 세운 모양이라면 주의해야 해요. 잔뜩 경계하며 위협하는 신호이니 손을 내밀었다가는 할퀼지도 몰라요. 또 몸이 활처럼 위로 휘어 있을 때는 몸을 더욱 크게 보여서 '난 강하다!' 하고 위협하는 것이랍니다. 이럴 때는 다정하게 달래 주세요. 이처럼 고양이도 다양한 감정을 드러낸답니다.

- 같이 놀고 싶어. / 꼬리가 선다!
- 경계 중! / 꼬리 끝이 거꾸로 된 U자 모양
- 무서워! / 꼬리를 세웠지만, 털도 곤두섰다.
- 좌우로 흔든다. / 안절부절

나도 과학자

고양이는 여러분의 목소리를 알아들을까요?

최근 연구로 고양이가 주인의 목소리를 알아듣는다는 사실이 밝혀졌습니다. 집에서 기르는 고양이나 친구 집의 고양이에게 말을 걸어서 어떻게 반응하는지 알아보세요.

 사람이 고양이를 키우기 시작한 것은 약 5,000년 전입니다. 곡물을 먹이로 삼는 쥐를 잡기 위해 키운 것으로 보여요.

양봉꿀벌이 사라지고 있어요

교과서 5학년 2학기 2단원 생물과 환경

11 / 8 일

일본국립과학박물관 | 도모쿠니 마사아키

벌을 이용해 과일을 재배해요

흔히 꿀벌이라고 부르는 '양봉꿀벌'이 세계에서 사라지고 있어요. 원인은 아직 확실히 밝혀지지 않았습니다. 양봉꿀벌이 완전히 사라지면 어떻게 될까요? 일단 벌꿀이 부족해지겠지요. 또한 사과, 앵두, 배 등의 과일을 못 먹게 될지도 몰라요. 양봉꿀벌이 꽃가루를 옮겨 준 덕분에 맛있는 과일이 열리는 것이기 때문입니다. 이렇게 양봉꿀벌은 우리의 생활과 깊은 관계가 있어요.

말벌이 왔다!

양봉꿀벌

양봉꿀벌은 말벌에 약해요

일본의 꿀벌은 미련 없이 벌집을 버리는 특징이 있어서 키우기가 쉽지 않은 벌이랍니다. 그에 비해 양봉꿀벌은 벌통째 관리하기 쉽다고 해요. 그래서 일본에서도 양봉꿀벌을 많이 키운다고 합니다.

말벌은 꿀벌의 천적이지요. 한국과 일본에 서식하는 재래꿀벌은 원래 말벌이 있는 환경에서 살아왔기 때문에 말벌에게 집단으로 맞서 물리치는 작전을 가지고 있어요. 침입한 말벌을 다 같이 둘러싸고 바삐 움직이며 몸에서 뜨거운 열을 내어 말벌을 죽이는 거지요. 반면 양봉꿀벌은 말벌이 없는 곳에서 살던 벌입니다. 그래서 말벌의 공격을 받으면 속수무책으로 당할 뿐 방법이 없어요. 양봉꿀벌은 이렇게 야생에서 살기 어려운 벌이랍니다.

 **나도 과학자**

꽃에 어떤 곤충이 모여들까요?

꽃을 지그시 관찰해 보세요. 만약 꿀벌이 찾아온다면 양봉꿀벌인지 다른 벌인지 구분해 보세요.

재래꿀벌

🔍 꿀벌이 사라지는 현상을 **군집 붕괴 현상**이라고 합니다. 농약의 일종인 네오니코티노이드가 그 원인 중 하나로 추측됩니다.

살아 있는 화석이란 무엇일까요?

교과서 4학년 1학기 2단원 지층과 화석

11월 9일

도쿄대학 종합연구박물관 | 다나베 가즈시게

수족관의 앵무조개

'살아 있는 화석'이란 인류 역사보다 훨씬 오래된 먼 옛날 지구에서 번성한 선조의 모습 그대로 지금까지 살고 있는 자손들을 말합니다. 실러캔스, 투구게가 유명합니다. 살아 있는 화석 중에는 수족관에서 만날 수 있는 종도 있답니다. 바로 '앵무조개'입니다. 앵무조개는 조개처럼 껍데기를 가지고 있지만 문어, 오징어와 같은 과랍니다.

4억 년 넘게 변하지 않았다고요?

지금의 오징어와 문어는 대부분 껍질을 몸속에 가지고 있거나 완전히 없앴어요. 반면 앵무조개는 몸 밖에 껍데기를 가지고 있습니다.

또 오징어와 문어는 눈이 무척 발달해서 사람과 마찬가지로 먹잇감을 입체적으로 볼 수 있습니다. 촉수까지 발달해 훌륭한 사냥꾼이지요. 반면 앵무조개의 눈은 그냥 작은 구멍이 뚫려 있을 뿐이에요. 지금의 오징어, 문어와 같은 능력은 없답니다.

이러한 앵무조개의 선조는 약 5억 1,000만 년 전에 탄생했습니다. 지금의 모습처럼 회오리 모양으로 뱅글뱅글 감긴 껍데기가 생긴 것은 약 4억 년 전입니다. 그 후로 거의 모습을 바꾸지 않은 채 지금에 이르렀다고 합니다.

4억 년 넘게 같은 모습이야.

앵무조개

나도 과학자

앵무조개가 오징어, 문어와 비슷한 점은?

앵무조개가 있는 수족관에 가서 앵무조개, 오징어, 문어가 헤엄치는 모습을 비교해 보세요.

 오징어, 문어, 앵무조개는 전부 '두족류'라는 무리에 속한 동물입니다. **두족류**는 다리가 얼굴에서 바로 자라 있고, 머리 위에 몸통이 달린 동물들이랍니다.

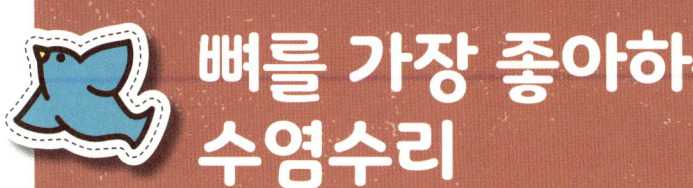

뼈를 가장 좋아하는 수염수리

교과서 3학년 2학기 2단원 동물의 생활

일본국립과학박물관 동물연구부 | 니시우미 이사오

시체가 빨리 흙으로 변하게 해요

동물이 죽으면 언젠가 흙이 됩니다. 그렇지만 순식간에 분해되어 바로 흙이 되는 것은 아니에요. 커다란 동물의 사체는 먼저 '대머리수리' 같은 새가 와서 살점을 뜯어 먹습니다.

'사체를 먹다니 기분 나빠…' 하고 생각할지도 모르겠네요. 하지만 사체를 먹는 동물 없이 동물의 사체가 흙으로 바뀌려면 시간이 무척 많이 걸려요. 넓은 평야와 숲 속이 온통 동물 사체로 가득하겠지요. 사체를 먹는 대머리수리 덕분에 사체가 빨리 흙이 될 수 있답니다.

대머리수리도 뼈까지는 먹어 치우지 못해요. 이때 눈부신 활약을 펼치는 동물이 히말라야와 아프리카 등지의 산에 사는 '수염수리'입니다.

커다란 뼈는 바위에 떨어뜨려 부숴요

수염수리는 대머리수리가 먹고 남긴 고기도 먹지만, 주식은 동물의 뼈입니다. 작은 뼈는 통째 삼켜 강력한 위산으로 녹여 소화해요. 삼키지 못할 만큼 큰 뼈는 하늘에서 바위 같이 단단한 곳에 떨어뜨려 먹기 좋은 크기로 부순 다음 먹습니다.

그렇게 공들여 먹어 봤자 뼈는 영양분이 별로 없을 것 같다고요? 수염수리는 날개를 펼치면 몸길이가 3m나 됩니다. 어떻게 그 큰 몸을 거의 뼈만 먹고 유지할 수 있는지 신기할지도 모르겠네요. 사실 뼈에는 영양분이 가득한 골수가 가득해요. 거의 뼈로만 배를 채워도 수염수리는 얼마든지 살 수 있답니다.

 티베트의 산악 지대에는 사체를 내다 놓아 새가 먹게 하는 '조장' 풍습이 있습니다. 그래서 티베트에서는 시신을 먹는 수염수리를 신성한 새로 귀하게 여겨요.

나도 과학자

대머리수리는 왜 대머리일까요?

대머리수리는 사체 속에 머리를 박고 고기를 뜯어 먹습니다. 이때 머리에 털이 있다면 털에 묻은 피가 굳어서 세균이 늘어나겠지요. 그래서 머리의 청결을 위해 대머리로 진화한 것입니다.

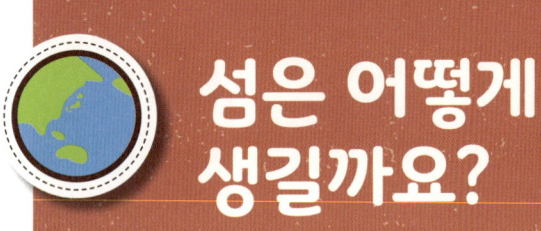

섬은 어떻게 생길까요?

교과서 4학년 2학기 4단원 화산과 지진 심화

가나자와대학 지역창조학류 | 아오키 다쓰토

육도와 양도

주변이 온통 바다로 둘러싸인 작은 육지를 '섬'이라고 부릅니다. 우리나라에는 크고 작은 섬이 아주 많지요. 섬은 어떻게 만들어질까요?

섬의 종류를 위치에 따라 두 개로 나누면 대륙붕 위에 있는 섬, 바다 한복판에 있는 섬이 있어요. **대륙붕**은 육지와 이어진 바닷속 땅으로, 수심 200m까지의 얕은 땅을 말해요. 우리나라 섬은 대부분 대륙붕 위에 있는 섬으로 바다 밑에서 육지와 이어져 있습니다. 이러한 섬을 **육도**라고 해요. 육도는 지구가 빙하기가 되면 해수면이 내려가면서 육지와 이어집니다.

한편 바다 한복판에 있는 하와이, 갈라파고스 제도는 대륙과 상관없이 깊은 바다 밑에서 땅이 위로 올라와 탄생한 섬입니다. 이것을 **양도**라고 불러요. 대부분 화산 때문에 만들어졌어요. 바다 깊은 곳에 있는 양도는 대륙과 이어지지 않습니다.

솟아오른 섬, 떨어져 나온 섬

그린란드, 마다가스카르 등은 원래 거대한 대륙의 일부분이었습니다. 오랜 세월을 거치며 대륙에서 떨어져 나와 섬이 되었답니다.

섬은 어떻게 만들어졌느냐에 따라 땅이 솟아오른 섬과 대륙에서 떨어져 나온 섬으로 나눌 수 있습니다. 땅이 솟아오른 원인에는 지각이 솟아오르는 융기와 화산 활동이 있어요.

 빙하기가 되어 그린란드와 북아메리카, 유럽이 얼음으로 뒤덮이면 해수면이 140m 정도 내려갑니다. 우리나라 주위의 바다는 거의 다 말라 육지와 이어질 거예요.

나도 과학자

제주도의 생물이 독특한 이유는?

제주도에는 그곳에만 사는 희귀 고유종이 아주 많아요. 같은 한국인데 내륙 지역과 다른 독특한 생물이 있는 이유는 무엇일까요? 인터넷이나 도감으로 조사해 보세요.

한란

뱀은 왜 다리가 없을까요?

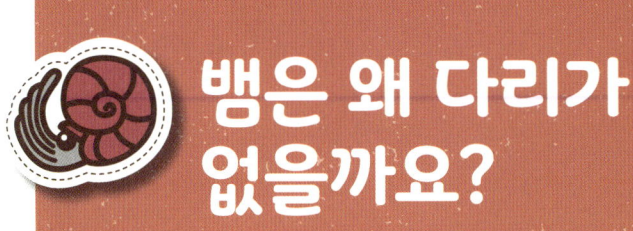

뱀의 선조는 다리가 있었어요

뱀은 조금 독특한 생물입니다. 도마뱀과 같은 파충류지만 다리가 없지요. 걷는 대신 몸을 구불구불 움직여 앞으로 기어갑니다. 현재 지구에는 육지에서 사는 뱀과 바다에서 사는 뱀이 있습니다.

뱀의 선조는 도마뱀과로, 다리가 있었어요. 공룡시대에 다리를 잃고 지금의 모습으로 변했대요. 다리가 없어진 이유는 무엇일까요?

뱀의 다리가 없어진 이유

여기에는 두 가지 가설이 있어요. 첫 번째는 뱀이 바다에서 진화했기 때문이라는 설입니다. 바다뱀 화석 중에 작은 뒷다리가 남아 있는 것이 있어요. 바다에서 헤엄치다 보니 쓰지 않는 다리가 점차 작아져 없어졌다고 추측합니다.

두 번째는 뱀이 육지에서 진화했기 때문이라는 설입니다. 육지 뱀 화석 중에도 작은 뒷다리가 남아 있는 것이 있습니다. 수풀을 헤치거나 땅에 구멍을 파고 나아갈 때는 몸을 구불대며 움직이는 편이 다리를 쓰는 것보다 유리하겠지요. 뱀이 육지에 살면서 진화하다가 결국 다리를 없앴다고 생각해도 이상하지 않습니다. 현재는 뱀이 육지에서 탄생했다는 가설이 더 유력해요. 뱀의 선조에 가까운 특징을 지닌 화석이 육지의 지층에서 발견되었거든요.

 **나도 과학자**

뱀을 관찰해 보세요

동물원에 가거나 텔레비전으로 뱀의 움직임을 관찰해 봅시다. 머리와 몸통, 꼬리를 구별할 수 있나요?

 바다뱀 화석이 육지 뱀 화석보다 더 오래되어서 바다에서 진화했다는 설도 아직 가능성이 있어요.

거미줄은 왜 끈적끈적해요?

교과서 3학년 2학기 2단원 동물의 생활

일본국립과학박물관 동물연구부 | 오노 히로쓰구

실에 끈적한 물질이 묻어 있어요

거미줄이 끈적한 이유는 끈적한 성분이 묻어 있기 때문입니다. 알고 보면 거미집에 회오리 모양으로 쳐진 씨실(가로 방향의 실)만 끈적끈적해요.

거미의 몸속에는 걸쭉한 실의 원료가 들어 있어요. 치약을 짜듯 그 물질이 거미의 엉덩이에서 나와 실이 된답니다. 실 자체는 씨실과 날실이 똑같습니다. 다만 씨실을 내보낼 때는 끈적끈적한 물질을 같이 내보내 바르는 것입니다.

이 원료는 공기 중의 수분을 흡수하면서 눈에 보이지 않을 정도로 작은 구슬이 됩니다. 이 구슬이 묻은 곳은 끈적끈적할 뿐 아니라 늘어났다가 줄어들기도 해요. 그 덕분에 잠자리나 매미같이 큰 곤충도 거미줄에 걸려 잡히고 만답니다.

거미도 달라붙을까요?

거미줄이 끈적끈적하면 거미줄을 만든 거미도 달라붙지 않을까요? 파브르의 《곤충기》를 보면 거미 다리 끝에 기름이 나와서 다리를 달라붙지 않게 한다는 기록이 있어요. 그 밖에 끈적한 물질이 묻지 않은 날실만 밟는다는 설도 있습니다. 하지만 확실하게 밝혀진 사실은 없어요. 실험했을 때 거미가 자기가 친 거미줄에 걸리는 모습도 보였다고 하네요.

 거미가 뽑아내는 실은 무척 튼튼하다고 알려졌어요. 누에만큼 많이 만들지는 못합니다. 거미의 유전자를 이용해서 거미가 뽑아내는 실을 누에가 만들게 하는 연구가 진행 중이에요.

나도 과학자

거미줄을 만져 봅시다

우산살같이 펼쳐진 날실과 그 주위를 에워싼 테두리 실은 만져도 끈적끈적하지 않아요. 그런데 씨실은 끈적끈적하답니다. 게다가 고무줄처럼 늘어나기도 해요. 거미줄을 만져 보았다면 이번에는 기름을 살짝 바른 손으로 다시 만져 보세요. 달라진 점이 있나요?

사람이 볼 수 있는 색과 볼 수 없는 색

교과서 6학년 2학기 4단원 우리 몸의 구조와 기능

11 / 14일

도쿄대학대학원소속 | 가와무라 쇼지

세 가지 감지기로 100만 색을 느껴요

사람이 눈으로 사물을 볼 수 있는 이유는 빛이 있기 때문입니다. 눈의 안쪽에 빛을 느끼는 작은 감지기가 아주 많이 있답니다.

무지개는 일곱 빛깔로 보이는데, 사람의 눈은 무려 100만 종류의 빛깔을 느낄 수 있어요. 하지만 눈의 안쪽에 있는 감지기는 세 종류밖에 없어요. 빨간색을 많이 느끼는 감지기, 파란색을 많이 느끼는 감지기, 초록색을 많이 느끼는 감지기입니다. 이 세 종류가 똑같이 빛을 느끼면 흰색, 셋 다 빛을 느끼지 못하면 검은색으로 보입니다. 세 감지기로 여러 색을 느낄 수 있어요.

사람 눈에 보이지 않는 색깔도 있어요

사람은 많은 색을 구분할 수 있지만, 느끼지 못하는 색도 있습니다. '자외선'과 '적외선'입니다. 자외선과 적외선이 햇빛에 포함되어 있다는 사실은 알지만, 어떤 색인지는 잘 모를 거예요.

무지개는 제일 바깥쪽이 빨간색이고 제일 안쪽이 보라색이지요. 우리 눈에는 보이지 않지만 자외선은 보라색의 옆, 적외선은 빨간색의 옆에 있는 빛이랍니다. 그런데 새 중에는 네 번째 감지기가 있어서 자외선을 느낄 수 있는 종류가 있어요. 새의 눈에는 이 세계가 어떤 빛깔로 보일까요?

 곤충 중에도 배추흰나비처럼 자외선을 볼 수 있는 것이 있어요. 나비 날개에서 반사되는 자외선으로 암컷과 수컷을 구분하고, 자외선을 흡수하는 꽃잎으로 꽃을 찾습니다.

나도 과학자

감지기가 두 개면 어떻게 보일까요?

개, 고양이 등의 동물은 감지기가 두 종류밖에 없습니다. 하지만 색깔을 전혀 구분하지 못하는 것은 아니에요. 검정색과 다른 색 한 가지, 모두 두 가지 색으로만 이루어진 전단지나 책을 한번 찾아보세요. 개와 고양이의 눈에는 그런 식으로 보인답니다.

날지 못하게 변한 딱정벌레

11 15일

교과서 5학년 2학기 2단원 생물과 환경

/ / /

고베대학 인간발달환경학연구과 | 다카미 야스오키

무슨 이유인지 날지 못하게 변했어요

딱정벌레는 장수풍뎅이와 같은 과로 숲이나 초원에 서식합니다. 크기는 약 1cm부터 큰 것은 5cm인 것도 있어요. 딱정벌레는 사나운 육식 곤충으로, 곤봉딱정벌레는 달팽이를 먹으며 살아가요.

딱정벌레도 곤충이니 날개를 가지고 있습니다. 먼 옛날에는 장수풍뎅이와 마찬가지로 날개를 사용해서 하늘을 날았답니다. 어느 시점부터 날개가 작아져 날지 못하게 변했습니다. 그 이유는 정확히 밝혀지지 않았어요. 아마도 날 필요가 없어지면서 몸의 구조가 바뀌었다고 추측해요.

달팽이를 잡아먹는 곤봉딱정벌레

날개가 없는 대신 큰 알을 낳아요

날기 위해 필요한 근육과 기관이 없어지면 몸속에 빈 공간이 생깁니다. 암컷은 이 공간을 활용해서 굉장히 큰 알을 낳을 수 있어요. 딱정벌레 암컷은 한 번에 커다란 알을 하나씩만 낳습니다. 딱정벌레 유충은 태어나자마자 스스로 지렁이 등을 잡아먹어야 살 수 있어요. 최대한 큰 몸으로 태어나는 편이 유리하답니다.

한편 수컷은 몸속의 빈 부분에 다른 수컷과 싸우기 위한 도구를 갖추었어요. 자신의 자손을 남기기 위해, 그 도구로 다른 수컷과 경쟁하는 것입니다.

 **나도 과학자**

딱정벌레는 어떤 빛깔일까요?

딱정벌레는 사는 장소에 따라 다양한 색을 띱니다. 도감이나 인터넷으로 딱정벌레 종류에 어떤 색이 있는지 조사해 보세요.

 딱정벌레 수컷이 배 속에 가진 도구는 생식기의 일부입니다.

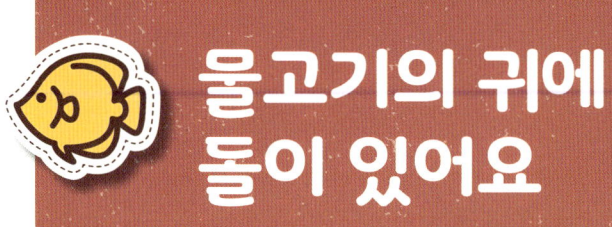

물고기의 귀에 돌이 있어요

11월 16일

교과서 3학년 2학기 2단원 동물의 생활

도쿄대학대학원 농학생명과학연구과 | 구로키 마리

물고기의 기록은 귀에 있어요

사람의 귓속에는 **이석**이라는 아주 작은 돌이 들어 있습니다. 이 기관은 몸이 균형을 잡도록 도와줍니다. 그런데 물고기 귀에도 이석이 있어요. 더 신기한 것은 물고기의 이석으로 물고기 나이를 알 수 있다는 사실입니다.

어떻게 이석으로 물고기의 나이를 알 수 있을까요? 이석은 해가 지날수록 크기가 커지는데, 그러면서 이석 주변에 이석의 성분이 점점 쌓입니다. 이석을 빛에 비추거나 살짝 긁어 보면 꼭 나무 나이테 같은 선이 보여요. 이 선을 세면 물고기의 나이를 알 수 있답니다. 이석의 가느다란 무늬는 현미경으로 확대해서 볼 수 있습니다. 그러면 이석의 '나이테' 사이에 300개가 넘는 선이 보입니다. 이 선은 하루에 하나씩 생겨요. 이 선의 수를 세면 태어난 지 1년이 채 안 되는 어린 물고기도 언제 태어났는지 알 수 있답니다.

이석으로 살던 환경도 알 수 있어요

물고기의 몸속에 들어온 다양한 성분이 이석에도 들어가기 때문에 이석에 포함된 성분을 조사하면 물고기가 어떤 환경에서 살았는지 알 수 있어요. 물고기가 자란 환경은 물론, 바다와 강에 있던 시기까지 알 수 있습니다.

🔍 물고기 나이는 '비늘'로도 알 수 있어요. 비늘은 물고기 종류에 따라 다른데, 보통 비늘의 중심에서 밖으로 나무 나이테 같은 선이 있답니다. 선의 간격을 보고 나이를 짐작할 수 있어요.

물고기는 모두 이석을 가지고 있어요.
전갱이
고등어

나도 과학자

이석을 찾아보세요

생선을 다 먹고 나면 이석을 찾아보세요. 커다란 물고기는 이석도 큰 것이 많습니다. 조기, 도미, 농어, 쏨뱅이, 잉어 등의 이석을 찾아보세요.

① 머리를 잘라요.
② 아가미를 제거해요.
이 부분을 떼어내요.
③ 뼈를 떼어 내고 조심해서 이석을 꺼내요.
생선 배 쪽에서 본 그림
이석

하늘을 나는 거미

교과서 3학년 2학기 2단원 동물의 생활

일본국립과학박물관 동물연구부 | 오노 히로쓰구

산들바람을 타고 날아요

거미는 엉덩이에서 길게 뽑아낸 실을 바람에 날려 하늘을 날 수 있습니다. 이렇게 나는 거미는 아주 많아요. 새끼 거미가 홀로서기를 할 때 나는 것은 흔한 일이고, 소형 거미의 종류는 성충이 된 후에도 날 수 있답니다.

난다고 해도 거센 바람을 타고 나는 것은 아닙니다. 따뜻하게 데워져 하늘로 올라가는 공기의 흐름을 타고 두둥실 날아요.

거미가 하늘을 나는 모습은 세계 각지에서 관찰할 수 있어요. 영국에서는 '가서머'(gossamer), 중국에서는 '유사비행'(遊絲飛行)이라는 이름으로 옛날부터 거미의 비행이 알려졌다고 합니다.

먼 곳까지 날아가요

일본의 동북 지방에서는 '유키무카에'(雪迎え)라는 말이 지역 사람들에게 알려져 있습니다. 유키무카에는 늦가을의 따뜻한 날에 거미가 실과 함께 바람을 타고 날아가는 현상을 가리킵니다. 사람들은 이 모습이 겨울을 예고한다고 생각했습니다. 같은 장소에서 수많은 거미가 일제히 날아올라요. 햇살을 받아 반짝반짝 빛을 내며 날아가는 무수한 거미줄이 무척 아름답다고 합니다.

제비 같은 철새는 바다를 건너 수천 킬로미터나 되는 거리를 날지요. 그런데 자기 힘으로 나는 것이 아니라 공기의 흐름을 타고 멀리까지 날아가는 생물도 많답니다. 거미도 그렇습니다. 때로는 바다를 건너 외국까지 날아가기도 해요.

 프랑스의 곤충학자 파브르가 쓴 《곤충기》에도 엉덩이에서 실을 뽑아 하늘을 나는 거미 이야기가 실려 있답니다.

나도 과학자

고향에서 떠나는 여행을 관찰해 보세요

새끼 무당거미는 봄, 새끼 호랑거미는 가을이 되면 엉덩이에서 실을 뽑아 바람을 타고 고향을 떠나는 여행을 시작합니다. 인터넷에서 하늘을 나는 거미를 검색해 구경해 보세요.

인구가 너무 많아지면 산소가 부족할까요?

11 18일

교과서 6학년 1학기 4단원 식물의 구조와 기능

교토대학 필드과학교육연구센터 | 이세 다케시

먼 옛날 지구에는 산소가 없었어요

지구에 생물이 처음 탄생한 것은 38억 년 전입니다. 그 후 여러 생물이 등장했지요. 약 20억 년 전에 '남세균'이라는 식물의 선조가 탄생해서 산소를 만들기 시작했습니다. 그때까지 지구에 없던 산소가 늘어나면서 산소가 없는 환경에서 살았던 생물은 대부분 죽어 버렸습니다. 지구 상의 생물은 20여 억 년 전에 한 번 죽고, 그때 살아남은 것들이 지금 생물의 선조가 되었어요.

사람이 마시는 산소는 굉장히 적은 양

식물은 이산화탄소를 빨아들이고, 햇빛의 힘을 빌려서 산소와 에너지를 만듭니다. 이것을 **광합성**이라고 해요. 한편 광합성을 하지 않는 생물은 다른 식물이 만든 산소를 마시고 이산화탄소를 뱉어 냅니다. 지구 역사를 돌아볼 때 식물이 빨아들이는 이산화탄소의 양과 광합성을 하지 않는 생물이 내뱉는 이산화탄소의 양은 수억 년 동안 균형을 이루어 왔습니다. 마찬가지로 식물이 만드는 산소의 양과 동물이 마시는 산소의 양도 균형을 이루어 왔어요.

흙이나 물속에 있는 미생물이 지구 상에 있는 산소량 99%의 균형을 조절해 왔어요. 그래서 만약 인구수가 지금보다 10배 늘어난다고 해도 동식물 전체의 균형에 영향을 주지는 않아요. 즉, 지구의 산소가 사라질 염려는 하지 않아도 된답니다.

🔍 남세균은 '남조류' 또는 '시아노박테리아'라고도 불리는데 지구 상에 매우 널리 퍼져 있어요. 광합성으로 산소를 만들어 낸답니다.

나도 과학자

뚜껑을 닫은 유리 용기 안에서 송사리가 살 수 있을까요?

선물용 등으로 팔고 있는 유리병 속의 송사리는 뚜껑을 닫아 바깥 산소가 차단되었는데도 어떻게 계속 살 수 있을까요? 함께 들어 있는 수초에 주목해 보세요.

발광 지렁이는 왜 빛이 날까요?

11 / 19일

교과서 3학년 2학기 2단원 동물의 생활

나고야대학 | 오바 유이치

빛이 나는 지렁이를 찾아보세요

몸에서 빛이 나는 지렁이가 있대요. 바로 '미크로스콜레그스 포스포레우스'(학)입니다. 1930년대 일본에서 발견된 이래로 줄곧 희귀한 지렁이로 여겨 왔지요. 그런데 이 지렁이를 찾는 비법을 알게 된 2011년부터는 일본 각지에서 많이 발견되고 있습니다. 사실 일본에서는 흔한 지렁이였던 것입니다.

우리나라에도 아직 알려지지 않은 발광 지렁이가 흙 속에 있을지 모릅니다. 비가 내리고 2, 3일 후 볕이 잘 들고 축축하며 모래흙으로 이루어진 땅으로 가서 갓 생긴 지렁이 배설물을 찾아보세요. 그 밑에 빛이 나는 지렁이가 있을 수 있어요. 잡은 지렁이를 어두운 곳으로 가져가서 엉덩이를 이쑤시개 등으로 세게 꾹꾹 누르면 몸에서 끈끈한 액체가 나와요. 발광 지렁이라면 액체가 연두색으로 희미하게 빛날 거예요.

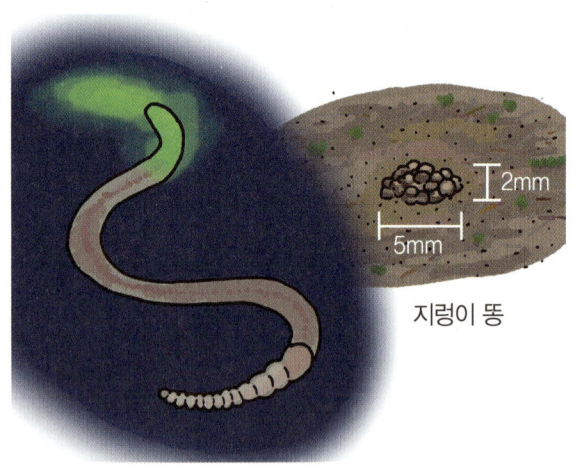

지렁이 똥

갯벌에도 빛나는 지렁이가 있어요!

우리나라의 갯지렁이 중에 발광하는 것이 있답니다. 바로 청갯지렁이입니다. 몸 표면의 발광 물질이 빛을 발하기 때문에 낚시꾼들이 물고기를 유인할 때 쓰기도 하지요. 빛을 내는 것은 적을 놀라게 하는 데 도움이 된다고 추측합니다.

나도 과학자

갯벌에서 청갯지렁이를 찾아보세요

파도가 밀려오는 물가보다 조금 안쪽, 밀려온 해조류 아래 등에서 찾을 수 있어요. 땅을 30cm 정도 파서 지렁이를 찾으면 물에 녹인 연겨자를 발라 보세요. 빛이 나면 발광하는 갯지렁이입니다. 길이는 10cm 정도 됩니다.

진화론으로 유명한 찰스 다윈은 일찍이 지렁이를 '살아 있는 쟁기'라며 주목했어요. 지렁이는 땅속에서 세균, 흙 등을 먹으며 돌아다닙니다. 그러면서 땅의 호흡을 돕고, 똥은 거름이 되어 흙을 이롭게 하거든요.

개의 말랑말랑한 발바닥은 어디에 도움이 될까요?

교과서 3학년 2학기 2단원 동물의 생활

아자부대학 수의학부 | 기쿠스이 다케후미

신발 밑창 같은 역할

개는 발바닥에 털이 없고 말랑말랑한 부분이 있어요. 이 부분의 감각은 그리 예민하지 않아요. 만져 보면 마치 몸에 나는 사마귀 같습니다. 어떤 역할을 하는지 알아볼까요? 우선 개가 달릴 때 패드처럼 몸의 충격을 줄여 줘요. 운동화로 빗대자면 신발의 밑창 고무와 같다고나 할까요. 앞다리 발목 쪽에 있는 발바닥의 말랑말랑한 부분은 미끄러지는 것을 막아 줍니다.

발바닥 주변의 털도 중요해요

발바닥 주변에는 털이 나 있습니다. 이 털은 추위를 막는 역할을 해요. 또 발가락 사이에는 땀이 나오는 부분이 있습니다. 개는 발가락 사이로만 땀을 내보낼 수 있어요. 땀에는 각각의 개에게만 있는 특별한 냄새 성분이 있습니다. 즉, 개마다 냄새가 다르답니다. 개는 산책할 때 쉬를 한 후 뒷발로 비비는 동작을 취하지요? 자신의 냄새를 남겨 영역 표시를 해 두는 거예요.

개는 발바닥 주위를 자주 핥습니다. 이 행동은 그냥 하는 버릇이 아니에요. 아마도 침으로 발바닥을 깨끗이 청소하는 것으로 보입니다. 또 자신의 냄새를 확인하기도 한답니다.

🔍 사람의 엄지발가락에 해당하는 것이 바로 며느리발톱입니다. 개의 앞다리에는 발가락이 다섯 개, 뒷다리에는 발가락이 네 개만 있어요. 며느리발톱의 역할은 아직 확실히 밝혀지지 않았어요.

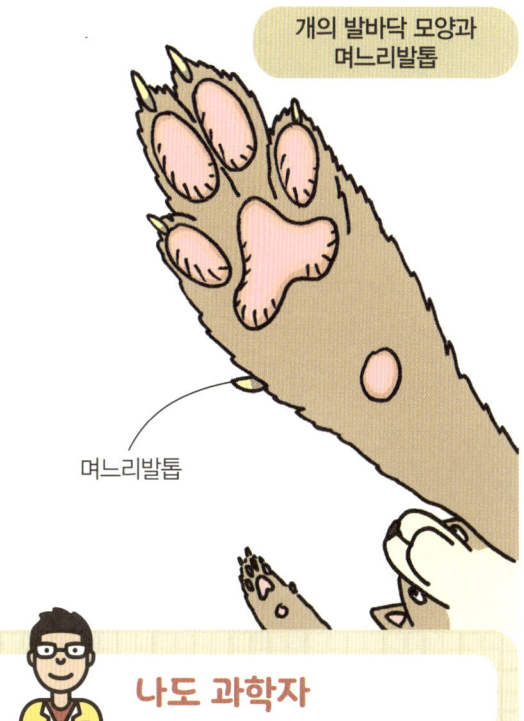

개의 발바닥 모양과 며느리발톱

며느리발톱

나도 과학자

개는 어떤 냄새에 호기심을 보일까요?

개 발가락을 면봉으로 비벼 보세요. 개의 냄새가 면봉에 묻을 거예요. 그다음 다른 개의 발가락을 새 면봉으로 비빕니다. 이 두 면봉을 개에게 가져가 냄새를 맡게 해 보세요. 개는 분명 다른 개의 냄새가 묻은 면봉에 호기심을 보일 거예요.

괴물 네시는 정말로 있을까요?

교과서 4학년 1학기 2단원 지층과 화석

도쿄대학대학원 | 야마무로 마스미

20세기 최대의 수수께끼

영국의 북쪽 지방에 네스호라는 호수가 있습니다. 1933년경, 그곳에서 괴물을 목격했다는 사람이 나타나면서 신문에 실려 화제가 되었습니다. 네스호에서 목격했다고 하여 그 괴물은 '네시'라고 불렸고, 세계적으로 유명해졌어요.

그 후에도 네시를 봤다는 사람이 속속 등장했고, 찍은 사진을 신문사로 보내는 사람도 있었습니다. 그러나 대부분 물에 떠내려온 나무이거나 다른 생물을 착각한 것이었답니다. 결국 네시가 존재한다는 확실한 증거는 아직까지 나오지 않았어요.

네시가 없다는 증거

네시가 만약 먼 옛날 공룡의 후예라면 한 마리만 살고 있다는 것이 말이 되지 않습니다. 많은 동족 없이는 자손을 남길 수 없기 때문이지요. 그런데 네시를 여러 마리 보았다는 사람은 아직 나오지 않았습니다. 게다가 먹이도 아주 많이 필요할 텐데, 네스호는 추운 곳이어서 물고기가 그리 많지 않아요.

그동안 몇 번이나 조사를 했습니다. 하지만 그때마다 네시가 없다는 결과만 나올 뿐이었습니다. 그래도 여전히 네시의 존재를 믿어 의심치 않는 사람들도 있어요. 어쩌면 공룡이 지금도 살아남아 있기를 바라는 마음이 강하기 때문일지도 모릅니다.

 1977년 뉴질랜드 근해에서 커다란 생물의 사체를 건져 올린 적이 있었습니다. 모습이 네시와 비슷해서 '뉴네시'라고 불렀는데, 알고 보니 상어였대요.

나도 과학자

공룡과 닮은 생물을 찾아보세요

공룡은 이미 멸종했다고 하지만, 공룡에 가까운 생물은 있어요. 바로 악어, 도마뱀, 뱀, 거북이 등 파충류와 조류입니다. 모두 공룡과 비교하면 크기가 아주 작지만, 생김새와 살아가는 모습 등을 보면 비슷한 부분이 꽤 많습니다. 그렇게 생각하면서 관찰하면 거북이와 작은 새가 공룡처럼 느껴질지도 몰라요.

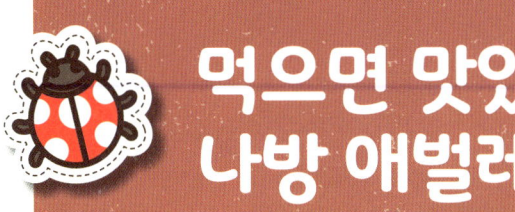

먹으면 맛있는 나방 애벌레

11 22일

교과서 3학년 1학기 3단원 동물의 한살이

일본국립과학박물관 동물연구부 | 진보 우쓰기

애벌레와 번데기는 옛날부터 먹었어요

'나방을 먹는다'는 말을 들으면 어떤 기분이 드나요? 충격적인가요? 하지만 세계 각지에서 나방을 먹는답니다. 대부분 애벌레와 번데기를 먹어요.

누에나방의 번데기는 예전부터 즐겨 먹었던 간식이지요. 누에나방이라고 하면 누에고치에서 나오는 '명주실'도 유명하지만, 우리나라에서는 누에나방 번데기를 먹곤 했습니다. 흔한 식재료 중 하나이기도 했지요.

누에나방의 성장 과정

유충(애벌레) → 번데기 → 성충(어른벌레)

우주에서 나방 애벌레를 먹는다고요?

그 밖에도 먹을 수 있는 나방 애벌레는 많이 있어요. 호주의 '굴벌레나방' 애벌레 요리는 '위체티 그럽'(Witchetty grub)이라고 부르는데, 원주민이 즐겨 먹는 음식입니다. 땅콩 같은 맛이 난대요. 일본에서는 벚나무에서 잘 발견되는 '먹무늬재주나방' 애벌레가 꼭 벚꽃 떡 같은 향이 나서 맛있다고 합니다. 한번 맛보고 싶지 않나요?

나방 애벌레에는 단백질을 비롯해서 다양한 영양분이 듬뿍 담겨 있어요. 게다가 키우기 쉬워요. 우주에서 장기간 머무를 때 식량으로 가져가자는 제안도 나오고 있습니다. 애벌레를 우주에서 길러서 먹자는 것이지요. 장차 누에가 중요한 '우주식' 중 하나가 될지도 몰라요.

 중국과 미얀마 등지에서는 '죽충'(대나무벌레)이라고 부르는 명나방과의 애벌레를 먹어요.

나도 과학자

곤충을 맛보면 어때요?

태국이나 일본 등에서는 누에나방 번데기, 꿀벌 유충, 메뚜기 등을 통조림 등으로 만들어서 슈퍼에서 팔아요. 어떤 맛일지 궁금하지 않나요? 곤충 중에는 독이 있는 것도 있으니 직접 잡아서 먹지는 마세요.(114쪽 참조)

작은 규조류로 범인을 잡아요

11월 23일

교과서 4학년 2학기 1단원 식물의 생활

도쿄해양대학대학원 | 스즈키 히데카즈

작은 규조가 결정적인 단서!

조류의 한 종류인 '규조류'는 물이 있는 곳이면 바다, 강, 호수 등 어디든 상관없이 삽니다. 무척 작아서 현미경으로 보지 않으면 찾을 수 없답니다.

이렇게 작은 규조류가 범인을 가려낼 때 중요한 역할을 한다고 해요. 바로 바다나 강가에서 익사체가 발견되었을 때입니다. 피해자는 정말 현장에서 죽은 것이 맞을까요? 사실은 다른 장소에서 살해당했는데, 누군가가 일부러 옮긴 것은 아닐까요?

이때 사건 해결의 열쇠를 쥔 것이 바로 규조류예요. 규조류는 장소에 따라 서식하는 종류가 달라요. 바다, 호수, 늪 등 장소마다 그곳에서만 사는 규조류가 있어요. 만약 물에 빠져 죽었다면 피해자는 그곳에서만 사는 규조류를 물과 함께 마셨을 것입니다. 피해자의 몸에서 규조류를 발견하면 어디에서 죽었는지 알아낼 수 있어요.

유리 성분인 몸이 남아 있어요

단세포 생물인 규조류는 어떻게 사람의 몸에서 발견될까요? 규조류는 몸이 유리 성분으로 뒤덮여 있어서 죽어도 유리 껍질이 남아요. 만약 발견한 시체가 썩었더라도 장기 안에 규조류 껍질이 남습니다.

 예전에는 현미경의 질을 확인하는 데 규조류가 사용되었습니다. 아주 작은 규조류의 섬세한 모양이 보이는지를 기준으로 현미경 렌즈의 질을 판단했대요.

나도 과학자

미끌미끌한 규조류를 만져 보세요

규조류는 유리 성분의 껍질로 뒤덮여 있는데, 그 주위에서 끈끈한 물질이 나와요. 강이나 바다에 있는 돌이 미끌미끌한 것은 이런 이유 때문입니다. 강에 사는 은어가 먹는 것도 규조류랍니다. 현미경으로 관찰해 보세요.

도구를 사용하는 새가 있어요

11월 24일

교과서 3학년 2학기 2단원 동물의 생활

게이오기주쿠대학 문학부 심리학전공 | 이자와 에이이치

도구를 만들어 쓰는 까마귀

태평양의 남쪽, 멜라네시아라는 지역에 '누벨칼레도니섬'이 있습니다. 이 섬에는 '누벨칼레도니까마귀'(코르부스 모네둘로이데스)라는 새가 살아요. 이 까마귀는 작은 나뭇가지나 '판다누스'라는 식물의 잎을 찢어서 도구를 만듭니다. 이렇게 만든 도구를 사용하면 부리가 닿지 않는 구멍 안의 애벌레나 민달팽이 등을 잡아먹을 수 있답니다.

침팬지처럼 사람과 유사한 포유동물 중에는 간단한 도구를 쓸 줄 아는 동물도 있지요. 그런데 스스로 도구를 만들어 자유자재로 쓰는 새는 누벨칼레도니까마귀뿐입니다. 다른 까마귀는 도구를 만들지 못해요.

쓸 수 있을 때까지 연습해요

누벨칼레도니까마귀의 부리는 도구를 쓰는 데 알맞게 생겼어요. 그렇다고 해서 처음부터 도구를 잘 사용하는 것은 아닙니다. 1년에 걸쳐 연습을 한대요. 부모가 도구를 만드는 방법이나 쓰는 방법을 가르쳐 주지는 않습니다. 처음에는 부모가 떨어뜨렸거나 버린 도구를 사용합니다. 그러면서 부모가 도구를 쓰는 모습을 따라 열심히 연습하는 것입니다. 4~5년 동안 부모와 함께 생활하면서 배우는 것이지요.

 누벨칼레도니까마귀에게 어떤 실험을 한 적 있었습니다. 곧은 철사를 줬더니, 철사 끝을 휘게 한 다음 좁은 구멍 안에 있는 먹잇감을 철사 끝에 걸어 꺼냈대요.

누벨칼레도니섬에는 먹잇감이 적은 편이기 때문에 조금이라도 더 먹이를 잡기 위해서 도구를 만들어 쓰는 법을 배웠으리라고 짐작한답니다.

나도 과학자

까마귀를 관찰해 보세요

우리나라에서 볼 수 있는 까마귀에는 크게 다섯 종류가 있습니다. 까마귀, 큰부리까마귀, 잣까마귀는 일 년 내내 우리나라에 살고, 떼까마귀와 갈까마귀는 겨울이 되면 찾아와요. 최근 우리나라에 찾아오는 까마귀의 수가 늘었으니 한번 관찰해 보세요.

금색으로 보이는데 금이 아닌 것

11/25일

교과서 3학년 2학기 3단원 지표의 변화

대학강사 | 야지마 미치코

금색은 진짜 금일까요?

금은 예부터 인류가 이용해 온 금속입니다. 지금도 액세서리, 동전, 금메달 등에 사용하지요. 채취량이 적어 무척 귀한 금속이기 때문에 값이 비싸답니다. 그런 이유로 여러분 주변에 금색으로 보이는 것이 있어도 거기에 정말 금이 들어 있는지는 모르는 일이랍니다.

이를테면 금색 물감에는 금이 들어가지 않았습니다. 알루미늄 가루와 투명한 노란색을 섞어서 금색처럼 보이게 만들어요. 금색 색종이도 은색 색종이에 주황색을 발라서 금색으로 보인답니다.

금광석 황동석

금은 원래 거무튀튀해요!

금이 나오는 광산에도 비슷한 예가 있습니다. 금광산에서 찾은 금은 사실 거무튀튀해요. 금의 양이 아주 많으면 금색으로 보일 때도 있지만, 아주 드문 일이랍니다. 그런데 금색으로 보이는 돌이 있어요.

정체는 바로 '황동석'이라고 불리는 광물입니다. 동, 철, 유황이 합쳐진 물질이랍니다. 유황은 말 그대로 노란 물질이에요. 금속의 광택과 유황의 노란색이 만나 금색으로 보여요.

'황철석'도 금색으로 보입니다. 금과 착각하기 쉬워서 '바보황금'이라는 별명도 있대요.

 금은 부드러운 성질이 있어요. 그래서 금을 깨물어 확인하는 방법도 있습니다. 진짜라면 이로 깨문 자국이 남을 테니까요.

나도 과학자

주변에서 '금색'을 찾아보세요

비눗방울을 보면 여러 가지 색이 다채롭게 보이지요. 이따금 금색으로 보일 때도 있는데, 물론 금과 아무 상관도 없습니다. 어떨 때 무슨 색으로 보이나요? 한번 관찰해 보세요.

색깔은 비눗방울의 굵기에 따라 달라져.

청새치는 왜 '뿔'이 있을까요?

11 26일

교과서 3학년 2학기 2단원 동물의 생활

일본국립과학박물관 동물연구부 | 나카에 마사노리

뿔일까? 주둥이일까?

《노인과 바다》라는 소설에서 늙은 어부는 바다에 나가 물고기와 힘겨운 싸움을 벌입니다. 자그마치 노인이 탄 배만큼이나 큰 물고기였어요. 머리에 아주 긴 뿔이 있고요. 이 물고기가 무엇인지 알고 있나요? 바로 오늘의 이야기 주인공인 '청새치'랍니다.

청새치, 돛새치 등 청새치과는 머리끝에 '뿔'이 달려 있어요. 뿔은 위턱뼈가 길게 자란 것으로, 정확히 말하면 뿔이 아니라 긴 '주둥이'입니다. 예전에는 청새치의 주둥이가 배를 들이받는 일이 잦았대요. 그래서 청새치가 긴 주둥이를 적으로부터 몸을 지킬 때 무기로 사용한다고 생각했습니다. 먹이를 잡기 위해 쓰는 것이라는 추측도 했어요. 다만 어느 것 하나 확실한 증거는 없었습니다.

주둥이를 휘둘러 먹이를 잡아요

청새치를 연구하던 중 내장 기관인 위를 조사했더니 소화 중이던 물고기가 많이 나왔습니다. 물고기를 자세히 관찰해 보니 막대기 따위에 맞은 흔적, 날카로운 것에 찔려서 생긴 상처 등이 보였어요. 물린 흔적이 있는 물고기는 한 마리도 없었습니다. 그래서 청새치가 뿔로 휘두르거나 찔러서 먹잇감인 물고기를 공격한 다음 삼킨다고 추측했어요.

나중에 청새치가 뿔을 휘둘러 먹이를 잡는 모습을 카메라로 찍어 드디어 수수께끼가 풀렸답니다.

나도 과학자

뿔복의 가시는 어떤 역할을 할까요?

청새치 주둥이의 역할은 밝혀졌지만, 아직 연구가 진행되지 않은 물고기도 있습니다. 예를 들어 뿔복은 뿔처럼 보이는 멋진 가시가 있는데, 가시의 역할은 수수께끼로 남아 있답니다. 과연 어떤 역할을 할지 여러분도 한번 짐작해 보세요.

수컷이 암컷에게 구애할 때 뿔처럼 보이는 신체 부위를 쓰는 물고기도 있어요. 인도양과 태평양 서부의 따뜻한 바다에 분포하는 표문쥐치는 구애를 할 때 눈 앞쪽에 있는 뿔 모양의 돌기를 사용한다고 하네요.

먼 옛날에 살았던 생물 암모나이트

11/27일

교과서 6학년 1학기 4단원 식물의 구조와 기능

일본국립과학박물관 지학연구부 | 시게타 야스나리

문어, 오징어와 같은 두족류

육지에서 다양한 공룡이 살던 시대에 바닷속에는 암모나이트가 크게 번성했습니다. 암모나이트란 뱅글뱅글 회오리 모양으로 감긴 껍데기를 가진 동물입니다. 암모나이트의 종류는 아주 많은데, 그중에는 회오리 모양이 아니라 껍데기가 곧게 뻗거나 복잡하게 얽힌 것도 있습니다. 그리고 공룡이 멸종한 시기에 암모나이트도 사라졌습니다. 그런 까닭에 헤엄치는 모습은 볼 수 없지만, 암모나이트 화석은 세계 각지에서 발견되고 있습니다.

암모나이트는 지금의 문어, 오징어, 앵무조개처럼 머리와 다리가 붙어 있는 **두족류**입니다. 암모나이트도 문어, 오징어, 앵무조개처럼 많은 발이 있었던 것으로 추측합니다.

다리는 아직 발견되지 않았어요

문어와 오징어의 발에는 빨판이 있습니다. 찰싹 달라붙는 빨판을 이용해 먹이를 사냥하는 것입니다. 한편 생김새가 먼 옛날 선조의 모습 그대로 변하지 않은 앵무조개의 발에는 빨판이 없습니다. 다만 다리는 약 100개나 됩니다.

그렇다면 암모나이트의 다리는 몇 개이고 어떤 모양이었을까요? 사실 이에 관해서는 밝혀진 사실이 전혀 없습니다. 문어와 오징어 화석은 발견되었고 다리 모양도 관찰할 수 있었지만, 암모나이트는 무슨 이유 때문인지 다리처럼 부드러운 부분은 화석으로 발견되지 않았답니다.

암모나이트의 다리는 몇 개?

'졸른호펜'의 암석은 중생대의 '쥐라기'라는 시대에 생긴 것입니다. 시조새 화석이 발견된 암석(지층)으로도 알려져 있답니다.

나도 과학자

암모나이트를 찾을 수 있을까요?

독일의 졸른호펜에서 만드는 건축용 석재에는 다양한 화석이 섞인 것으로 유명합니다. 어쩌면 암모나이트도 있을지 몰라요.

사람의 머리에 살면서 점점 수를 늘리는 이

11 / 28일

교과서 3학년 2학기 2단원 동물의 생활

일본국립감염증연구소 | 고바야시 무쓰오

이는 왜 나타날까요?

머릿니는 사람의 머리에 사는 이입니다. 주로 어린이들 사이에서 잘 퍼진답니다. 아이들끼리 머리를 맞대거나 같은 수건을 쓰면 아이에게서 다른 아이에게로 옮겨 가요.

머릿니의 성충은 2~3mm 정도 되고, 머리카락 두 가닥을 단단히 붙든 자세로 두피에서 살아갑니다. 먹이는 사람의 피예요. 입을 두피에 꽂아 피를 빨아 먹는데, 피를 잘 빨아 먹기 위해 혈관을 넓히는 성분과 피가 굳지 않게 하는 성분이 침에 들어 있습니다. 이러한 성분에 반응해서 두피가 가려워져요.

아이, 가려워.

순식간에 늘어나는 머릿니

머릿니가 머리에 붙은 지 한 달 정도 지나면 가렵기 시작합니다. 수가 늘어났기 때문입니다. 한번 계산해 볼까요? 알을 가진 머릿니 한 마리가 어린이의 머리에 옮겨 붙었다고 가정하고, 암컷 한 마리가 한 번에 20개의 알을 낳는다고 생각해 보세요. 알에서 나온 유충은 약 보름 뒤에 성충이 되고, 성충은 한 달 정도 삽니다. 유충과 성충 모두 하루에 5~6회씩 피를 빨아 먹습니다. 그러면 20마리×하루 5회 흡혈×(14+30)일간=4,400회나 피를 빨아 먹는다는 계산이 나옵니다. 짝짓기를 하면 더 늘어나겠지요.

 머릿니가 늘어나는 것은 머리가 청결하지 못해서가 아닙니다. 머리에 이가 있는 것을 발견하면 그대로 두지 말고 얼른 치료해 없애기 바랍니다.

나도 과학자

돋보기로 알을 찾아보세요

머릿니의 알은 사람의 머리카락에 달라붙는데, '모원주'라는 부착물과 흡사하게 생겼습니다. 모원주는 두피 모근 주변의 조직이 각질화되지 않고 밖으로 나온 부착물입니다. 이는 간단히 제거할 수 있지만 머릿니의 알은 머리카락에 단단히 달라붙어 떼어 내기 힘듭니다.

화성에서 살 수 있는 생물

11/29일

교과서 4학년 2학기 1단원 식물의 생활

사가대학 | 미야와키 히로미

추위에 강한 지의류

화성은 몹시 추운 별입니다. 지구의 표면 온도가 평균 영상 22℃인 데 반해, 화성은 영하 23℃입니다. 태양에서 거리가 멀기 때문에 화성에서 받는 햇빛의 강도는 지구의 절반에도 못 미칩니다. 이렇게 추운 화성에서 생물이 살 수 있을까요?

지구의 남극은 지역에 따라 영하 60℃까지 내려가는 곳도 있습니다. 너무 추워서 나무와 화초가 눈에 띄지 않아요. 그런데 놀랍게도 얼음 밑 바위에서 살고 있는 지의류를 발견했어요. 지의류라면 화성의 추위도 견딜 수 있을지 모릅니다.

화성 정보
- 평균 표면 온도 : -23℃
- 햇빛의 강도 : 지구의 36~52%
- 지름 : 6,794km(지구의 0.53배)

치즈지의와 석이

고산 지대에 사는 지의류인 '치즈지의'도 추위에 강해요. 성장이 무척 더뎌서 100년에 고작 10~25mm 정도 자란다고 합니다. 만약 지름이 25cm라면 그 이끼는 1,000년 이상 자란 것이지요.

산에 사는 '석이'도 추위에 강해요. 보통 석이버섯으로 부르지만 지의류에 해당해요. 맛이 뛰어나기로 유명해서 초무침이나 튀김으로 요리해 먹는답니다. 화성에서도 식용으로 키우면 도움이 될지 몰라요.

나도 과학자

순록은 무엇을 먹을까요?

산타클로스 할아버지를 태우고 달리는 순록은 원래 북극에 가까운 툰드라 지방에서 서식합니다. 추운 툰드라의 겨울, 순록의 먹이는 바로 지의류랍니다. 크리스마스가 되면 지의류에게 고마워해야겠어요.

지의류는 대기 오염에 약한 것이 많습니다. 그래서 공기가 깨끗한 시골 마을과 산에 지의류가 다양하게 많이 자랍니다. 반면 도시에서는 지의류가 사라지고 있어요.

일본원숭이는 엉덩이랑 얼굴이 왜 빨개요?

교과서 3학년 2학기 2단원 동물의 생활

오카야마과학대학 이학부 동물학과 | 시미즈 게이코

무리 지어 살아요

일본원숭이는 무리 지어 생활합니다. 암컷은 평생 같은 무리에서 사는 반면 수컷은 이 무리에서 저 무리로 몇 번이고 옮겨 다닙니다.

야생 일본원숭이의 먹이는 과일과 나뭇잎, 곤충 등입니다. 겨울에는 눈이 쌓여 먹을 먹이가 굉장히 부족해요. 과일이나 잎이 거의 없는 계절이므로 주로 나무껍질을 먹는답니다.

발정기일 때
발정기가 아닐 때

얼굴과 엉덩이가 새빨개져요

11~12월이 되면 어른 일본원숭이는 암수를 불문하고 모두 엉덩이와 얼굴이 새빨개집니다. 가을 무렵에 동물원을 찾아서 얼마나 빨간지 눈으로 확인해 보세요.

얼굴과 엉덩이가 새빨간 데는 다 이유가 있습니다. 암컷은 임신할 수 있는 시기라고 드러내는 것입니다. 수컷은 자신이 매력적인 수컷이라고 보여줘요. 서로를 알아본 암컷과 수컷이 만나서 짝짓기를 한답니다.

암컷의 배 속에서 약 170일간 자란 아기는 봄에 태어납니다. 대부분 한 마리만 낳아요. 암컷은 그 후 일 년간 새끼를 키우는 데 집중합니다. 그리고 그다음 가을에 또 아기를 가진답니다.

나도 과학자

몸의 색깔을 바꾸는 동물은?

임신이 가능한 시기라고 드러내거나 매력을 뽐내기 위해 몸의 색을 바꾸는 동물은 그 외에도 많습니다. 한번 조사해 보세요.

매력을 뽐내는 중

피라미

매력을 뽐내지 않을 때

 가을에 일본원숭이의 얼굴과 엉덩이가 새빨개지는 것은 몸속에 있는 '호르몬'이 작용하기 때문이에요.

생물들이 어떻게 월동 준비를 하는지 알아보세요

사향제비나비 번데기

◎ 자료 : 이시이 마코토

야생동물의 세계에서는 혹독한 겨울을 어떻게 보낼지가 큰 문제입니다. 겨울잠을 자거나 따뜻한 지역으로 이동하는 동물도 있어요. 나비는 번데기 상태로 겨울을 보낸답니다. 전혀 움직이지 않고 먹이를 먹을 필요도 없는 번데기로 있는 것이 춥고 먹이도 부족한 겨울을 보내는 데 딱 좋은 방법일지도 몰라요.

그런데 생물들이 어떻게 월동 준비를 하는지, 막상 나가서 찾아보려고 하면 힘듭니다. 천적의 눈에 띄지 않도록 나뭇가지나 낙엽 등과 똑같은 색깔로 몸을 숨기기 때문입니다.

하지만 사향제비나비 번데기는 여러분도 쉽게 찾을 수 있어요. 배 부근에 꼭 립스틱을 칠한 듯한 다홍색이 눈에 잘 들어오기 때문입니다. 이 색은 자신이 독을 가지고 있다는 사실을 보여 주는 것이라고 합니다. 번데기 상태로는 도망칠 수 없으니, 적이 공격하지 않도록 조금 꺼림칙한 색깔로 경고를 날리는 것입니다.

12월

독이 있는 유칼립투스는 어떻게 먹게?

내가 왜 이렇게 고개를 흔드는지 알아?

이름은 달라도 같은 물고기 명태·동태·황태

12월 1일

교과서 3학년 2학기 2단원 동물의 생활

도쿄대학 대기해양연구소 | 사루와타리 도시로

별명이 많은 물고기는 무엇일까요?

수산 시장이나 생선 가게에 가면 갈치, 고등어, 동태 등 생선의 종류가 무척 다양합니다. 이름 모를 생선도 아주 많지요. 그런데 그중 같은 생선인데 이름이 여러 가지인 물고기가 있어요.

노가리, 명태, 생태, 동태, 북어, 황태. 국으로 끓이거나, 굽거나 조려서 이 생선들을 먹어 본 적이 있을 거예요. 재미있게도 이 생선들이 모두 같은 물고기를 가리킨답니다. 한 물고기가 자그마치 여섯 가지 이름을 갖고 있는 거예요. 도대체 어떤 생선이길래 이렇게 이름이 많을까요?

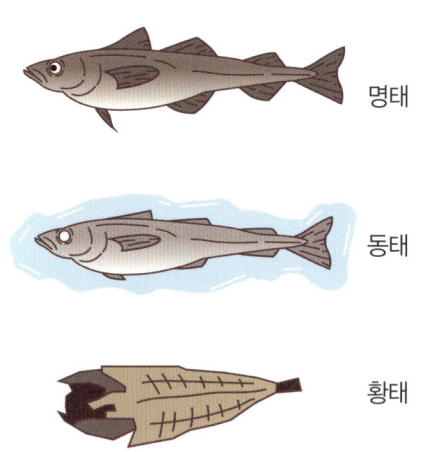

명태

동태

황태

이름이 60가지나 되는 명태

별명 부자 물고기는 바로 '명태'랍니다. 명태가 가진 별명은 모두 합쳐 60가지 정도에 이른다고 해요. 잡는 시기와 방법, 크기, 만드는 방법에 따라서 다르고, 지역별로도 부르는 이름이 다릅니다.

'노가리'는 명태의 새끼로, 크기가 20~25cm로 작아요. '생태'는 싱싱하게 살아 있는 명태를 뜻합니다. '동태'는 얼린 명태, '북어'는 말린 명태, '황태'는 자연 상태에서 얼렸다 녹였다 반복해 노랗게 마른 명태를 말해요. '강태'는 강원도 바다에서 잡은 것이고, '깡태'는 알을 낳고 바로 잡힌 것입니다.

 1980년대 명태는 사람들이 가장 좋아하는 생선이었고, 동해에서 가장 많이 잡혔답니다. 그런데 지구온난화로 바닷물이 따뜻해지고, 명태의 새끼인 노가리를 많이 잡는 바람에 수가 많이 줄었어요. 지금은 거의 러시아에서 수입한답니다.

나도 과학자

여러분이 사는 곳에서는 뭐라고 부르나요?

방어, 농어, 숭어는 지역에 따라 부르는 명칭이 다양합니다. 여러분이 사는 지역에서는 어떻게 부르나요? 혹시 다르게 부르는 이름이 있는지 할아버지 할머니께 한번 여쭤 보세요. 인터넷에서 조사해도 좋아요.

경상도에서는 숭어 새끼를 '모치'라고 불러요

아하, 그렇구나!

김 양식은 왜 추운 계절에 하나요?

교과서 4학년 1학기 3단원 식물의 한살이

12월 2일

지바현립중앙박물관분관 바다박물관 | 기쿠치 노리오

김은 겨울에 커져요

김 양식은 10월부터 시작해 이듬해 3월에 끝납니다. 수확이 이루어지는 것은 빠르면 11월 하순부터로, 추운 겨울에 주로 합니다. 이는 김의 성장 과정과 관계가 있답니다.

김은 원래 잎 같은 형태를 띱니다. 그것을 잘게 잘라 한 장으로 만든 것이 우리가 평소에 즐겨 먹는 '김'이랍니다. 이 잎이 크게 성장하는 시기가 겨울이에요. 그러면 다른 계절에 김은 어떤 모습을 하고 있을까요?

▲ 김의 수확 풍경

무더운 여름은 작은 몸으로 극복해요

잎처럼 생긴 김은 더위에 약해서 여름이 되면 살 수 없어요. 여름에는 곰팡이같이 몸을 작게 만들어 더위를 견딥니다. 곰팡이 같은 모양의 김은 조개껍데기, 따개비 등에 작은 구멍을 내서 그 속에 들어가 삽니다. 겨울이 다가오면 포자를 만들어요. 이 포자가 다 자라면 잎 모양의 김이 된답니다.

우리나라에서는 전라남도 광양에서 김 양식이 처음 시작되었어요. 《세종실록지리지》와 《동국여지승람》을 보면 조선 시대 인조 때인 1640~1660년 처음 시작했다고 기록되어 있습니다. 이는 우리나라가 세계 최초의 김 양식 발상지임을 보여 줘요.

나도 과학자

말린 김과 구운 김의 색을 비교해 보세요

김에는 자연 상태로 말리기만 한 김과 그것을 구운 김이 있습니다. 각각 물에 넣으면 어떻게 될까요? 말린 김은 물이 붉게 변해요. 이것은 김이 붉은 색소를 가지고 있기 때문입니다. 한편 구운 김은 구울 때 파괴되는 붉은 색소와 구워도 파괴되지 않는 푸른 색소가 섞여서 보라색이 됩니다.

말린 김 / 구운 김

 현재 우리나라에서 많이 양식하는 것은 방사무늬김과 잇바디돌김, 모무늬돌김입니다.

흙 색깔도 다양해요

교과서 3학년 2학기 3단원 지표의 변화

쓰쿠바대학 생명환경계 | 아사노 마키

두 종류의 흙이 있어요

여러분이 사는 곳은 흙이 무슨 색인가요? 흙의 색깔은 흙에 들어 있는 성분에 따라 결정되는데, 지역마다 차이가 있답니다.

흙은 크게 두 종류로 나눌 수 있어요. 하나는 회색이나 흰색을 띠는 작은 알갱이가 모인 흙입니다. 돌이나 바위가 잘게 부서져 생겨요. 이 알갱이는 흙 속의 철 성분과 만나면 날씨와 공기, 물의 작용으로 빨간색, 노란색, 파란색 등을 띱니다.

다른 하나는 검고 작은 알갱이가 모인 흙입니다. 흙 속에 사는 작은 생물들이 만들어요. 주 재료는 동물과 식물입니다. 즉, 검은 알갱이는 동물과 식물이 자라고 흙으로 돌아가는 과정에서 만들어져요.

영양이 풍부한 검은 흙

식물은 검은 알갱이가 많은 흙 쪽에서 훨씬 더 잘 자랍니다. 하지만 검은 알갱이의 원료는 대부분 지면과 가까운 층에 있기 때문에 검은 흙은 지표면의 수십 센티미터 정도밖에 없습니다. 그래서 대부분 땅을 깊게 팔수록 회색빛이 나는 알갱이가 많아지고, 커다란 돌도 많이 나온답니다.

한편 근처에 화산이 있는 지역은 분화로 인한 화산재가 쌓인 곳도 있습니다. 화산재는 하얀 알갱이 쪽입니다. 긴 시간이 흘러 식물이 자라고 성장하고 시드는 활동이 거듭되는 동안 서서히 검은 흙으로 변한답니다.

나도 과학자

흙의 색깔 변화를 알아보세요

이동하는 차창 밖으로 보이는 땅의 색깔을 관찰해 보세요. 어떤 곳은 흙의 색이 붉은색이고, 어떤 곳은 노란색일 거예요. 잘 기록해 두었다가, 이유가 무엇인지도 조사해 보세요.

 동물이 죽고 어느 정도 시간이 흐르면 몸이 검은 알갱이로 변합니다. 그런데 뼈는 큰 힘이 가해지지 않는 이상 변하지 않고 그대로 남습니다. 흙 속에서 오래된 유골이나 화석이 나오는 것은 그 때문입니다.

멸종한 동경가리비는 맛있었을까요?

12월 4일

교과서 4학년 1학기 2단원 지층과 화석

대학강사 | 야지마 미치코

멸종은 드문 현상이 아니에요

여러분은 '멸종'이라는 단어를 들으면 무엇이 떠오르나요? 공룡의 대멸종? 아니면 사람의 영향을 받아 멸종해 버린 동물?

지구의 기나긴 역사를 돌아볼 때 생물의 멸종은 그리 드문 현상이 아닙니다. 사람이 등장한 머나먼 옛날부터 생물은 진화와 멸종을 거듭해 왔습니다. '동경가리비'도 그렇게 멸종했어요.

동경가리비는 12만 년보다 더 이전에 생긴 지층에서 화석으로 발견되었습니다. 그보다 나중에 생긴 지층에서는 발견되지 않았습니다. 다시 말해, 12만 년쯤 전에 어떤 이유 때문인지 멸종해 버린 것입니다.

환경 변화가 멸종 원인일까요?

동경가리비는 비교적 따뜻한 바다에서 살았습니다. 그런데 12만 년 전 이후 지층에서는 차가운 바다에 사는 조개 화석이 발견되었어요. 따뜻했던 바다가 차가운 바다로 바뀌어 버린 것이지요. 온도 변화 때문에 동경가리비가 살 수 없어 멸종해 버렸다고 추측할 수 있습니다.

나도 과학자

동경가리비의 관자는 얼마나 컸을까요?

동경가리비는 껍데기의 크기가 20cm 정도로 컸습니다. 요즘 먹는 가리비의 크기와 비교해 볼 때, 동경가리비의 관자는 크기가 어느 정도일까요?

많은 종류의 생물이 동시에 멸종하는 대멸종은 지구의 긴 역사에서 5번 일어났습니다. 하지만 작은 규모의 멸종은 종종 일어나고 있답니다.

바닷속에서 자라는 해조류는 식물일까요?

교과서 4학년 2학기 1단원 식물의 생활

12월 5일

도쿄해양대학대학원 | 다나카 지로

해조류는 식물이 아니에요

바다 물결에 하늘하늘 흔들리는 해조류는 육상 식물의 조상입니다. 그런데 해조류는 식물이 아니에요. 해조류와 식물의 차이점을 알아볼까요?

식물은 꽃을 피웁니다. 꽃에 있는 암술과 수술이 씨앗을 만들지요. 반면 해조류는 꽃을 피우지 않아요. 씨앗 대신 포자로 번식한답니다. 또 식물은 대부분 봄에 싹을 틔워 꽃을 피우고, 겨울이 되면 시듭니다. 반대로 해조류는 겨울에 쑥쑥 성장하고 여름이 되면 시들어요. 높은 기온에 약하기 때문입니다. 그래서 수온이 높은 여름에는 바위 그늘 같은 곳에 숨어 지내요. 한편, 해조류와 식물은 광합성으로 영양분을 만든다는 공통점도 있습니다.

비슷하게 보이지만 달라요!

식물: 민들레, 튤립, 벚꽃
해조류: 미역, 다시마, 우뭇가사리

해조류는 식물보다 크게 자라요

식물보다 크게 자라는 해조류 중에는 1년에 10m 이상이나 크는 것이 있어요. 해조류는 줄기와 뿌리가 필요하지 않기 때문입니다. 육지 식물은 중력과 바람 때문에 쓰러지지 않도록 뿌리와 줄기가 필요합니다. 또 뿌리와 줄기는 수분과 양분이 지나는 길이기도 합니다. 그런데 바닷속에서는 쓰러질 걱정이 없고, 수분과 양분도 온몸으로 흡수할 수 있어서 해조류한테 특별히 통로가 필요하지 않아요. 그만큼 에너지를 성장하는 데 집중해서 사용할 수 있어요.

 해조류는 먹어도 살찌지 않기 때문에 다이어트 식품으로도 인기가 높습니다. 사람에게는 해조류를 소화하는 효소가 없기 때문에 먹어도 대부분 배출돼요.

나도 과학자

해조류에는 잎맥이 없어요

식물의 잎에는 물과 양분을 옮겨 주는 **잎맥**이라는 통로가 있어요. 하지만 해조류는 잎맥이 없답니다. 물속에 있는 해조류는 몸 전체에서 수분과 영양분을 흡수하기 때문이에요.

나뭇잎, 미역

비둘기는 왜 목을 흔들면서 걸을까요?

12월 6일

교과서 3학년 2학기 2단원 동물의 생활

/ / /

오키나와현립박물관 | 후지타 마사키

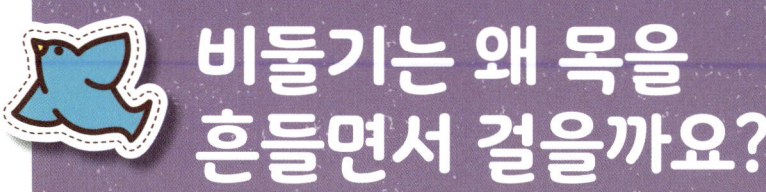

비둘기의 눈은 사람과 달라요

사람의 눈은 얼굴 정면에 있기 때문에 걸을 때면 다가오는 경치를 볼 수 있습니다. 그런데 비둘기의 눈은 머리 양옆으로 있기 때문에 걸을 때 뒤로 흘러가는 경치를 봅니다. 마치 전철 창문으로 바깥 경치를 볼 때처럼 말이지요.

움직이는 경치를 보려면 눈알을 굴리면서 경치를 따라가야 합니다. 그런데 비둘기의 눈은 사람의 눈과 형태가 달라서 사람처럼 눈알을 굴릴 수가 없습니다. 대신 긴 목을 흔들며 경치를 쫓지요.

열심히 먹이를 찾아요

달리는 차창 밖을 쳐다보면 멀리 있는 풍경은 천천히 움직이지만 가까이에 있는 풍경은 빨리 움직이지요. 그래서 멀리 볼 때보다 가까운 곳에 집중할 때 눈알을 빨리 움직입니다. 비둘기 역시 가까운 경치를 볼수록 목 운동이 더 중요할 것입니다.

비둘기는 가까이에 있는 무엇을 볼까요? 정답은 바로 식물의 씨앗 같은 먹이입니다. 비둘기를 보고 있으면 목을 흔들며 걷다가 이따금 땅에 있는 먹이를 쪼아 먹는 모습을 볼 수 있지요. 작은 씨앗 하나도 놓치지 않도록 비둘기가 목을 바삐 흔들어 가까운 곳을 열심히 훑어보는 것입니다.

🔍 주변에는 목을 흔드는 새가 많아요. 비둘기, 학, 흰눈썹뜸부기, 쇠물닭, 도요새, 할미새, 꿩, 닭 등이 대표적입니다. 걸어 다니면서 발밑의 먹이를 찾는 새들입니다.

나도 과학자

또 어떤 새가 목을 흔들까요?

주변에서 목을 흔드는 새와 흔들지 않는 새를 찾아보세요. 만약 목을 흔드는 새를 발견하면 먹이를 찾아서 쪼아 먹는 모습도 확인해 보세요.

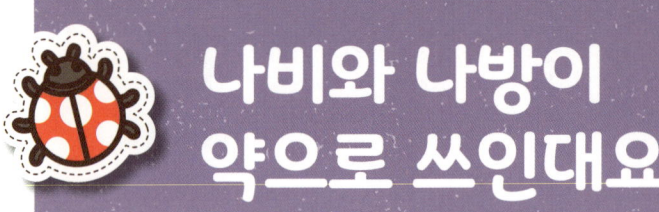

나비와 나방이 약으로 쓰인대요

교과서 3학년 1학기 3단원 동물의 한살이

도쿄대학 종합연구박물관 | 야고 마사야

우연히 발견한 암 치료약

나비가 약이 된다고 하면 깜짝 놀랄지도 모르겠네요. 나비에서 약이 되는 물질을 발견한 건 우연한 일이었어요. 나비를 좋아했던 암 연구자가 취미로 배추흰나비를 사육했는데, 많은 배추흰나비를 어떻게 하면 유익하게 쓸 수 있을지 고민했다고 합니다. 그런데 배추흰나비가 애벌레에서 번데기로 탈바꿈하는 과정을 살펴보니 자기 몸을 죽처럼 녹여 버렸대요. 번데기에서 어떤 물질을 추출해 암세포에 넣었더니 암세포도 사라졌다고 합니다. 항암 물질을 발견한 거지요. 이 물질이 단백질 '피에리신-1'(Pierisin-1)로, 탈바꿈할 때 생겼다가 성충이 되면 사라진대요.

누에나방으로 약을 만들어요

키우기 쉽고 성장이 빠른 누에나방을 이용해 약을 만들었어요. 약의 설계도를 누에나방의 몸속에 넣어서 약이 만들어지게 하는 것입니다. 누에나방의 몸에서 '인터페론'이라는 바이러스 억제 약이 성공적으로 만들어졌어요.

나도 과학자

생물로 만든 약에는 무엇이 있을까요?

생물로 만든 약에는 어떤 것이 있는지 조사해 보세요. 예를 들면 메뚜기로 만든 무좀약, 장수풍뎅이의 피로 만든 혈액검사용 약이 개발되었어요.

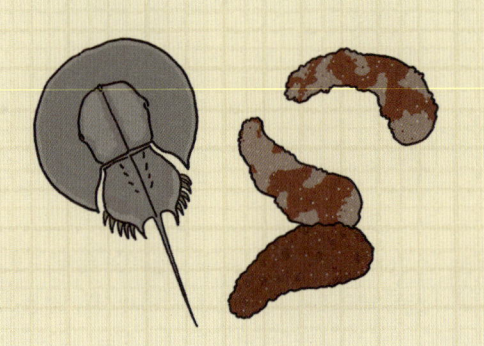

🔍 인터페론은 간염과 간암 등에 쓰는 약입니다. 보통 인터페론을 전용 세포로 만들거나 햄스터를 이용해서 약으로 만들어요.

흰 쌀밥의 역사

교과서 4학년 2학기 1단원 식물의 생활

기후대학 응용생물과학부 | 미야가와 슈이치

쌀밥을 언제부터 먹었을까요?

식탁 위에서 빼놓을 수 없는 하얀 쌀밥은 벼의 열매인 쌀로 지은 것입니다. 벼는 많이 재배하는 작물이니 여러분도 한 번쯤 본 적 있을 거예요. 인류가 벼 재배를 시작한 것은 지금부터 약 7,000년 전 무렵이었습니다. 한국에는 기원전 2000년경 중국에서 들여온 것으로 알려져 있어요. 그러면 아주 오래전부터 하얀 쌀밥을 먹었다고 생각할지도 모르겠네요. 하지만 사실은 그렇지 않답니다.

옛날에는 먹기 힘들었던 쌀밥

옛날에는 쌀을 해마다 나라에 바치는 특산물로 거둬들였습니다. 그래서 아무나 먹을 수 있는 것이 아니었지요. 농민은 쌀이 아닌 피, 좁쌀, 수수 등 다른 곡물을 먹었습니다.

우리나라는 조선 영조 때 모내기가 시작되면서 일반 백성들도 쌀밥을 먹기 시작했어요. 쌀이 보급되기 시작한 것은 1970년대랍니다. 지금은 주식이 빵, 고기 등으로 다양해져 쌀을 찾는 사람이 줄었지만 아직도 전 세계 인구의 40%가 주식으로 쌀을 먹어요.

나도 과학자

쌀의 어느 부분을 먹을까요?

우리가 먹는 쌀밥은 쌀의 중심에 있는 전분 부분입니다. 그 주위는 딱딱하고 맛이 없어서 깎아 내 버린답니다. 밥을 짓기 전에 쌀을 씻는 이유는 쌀을 깎고 남은 찌꺼기를 없애기 위해서예요.

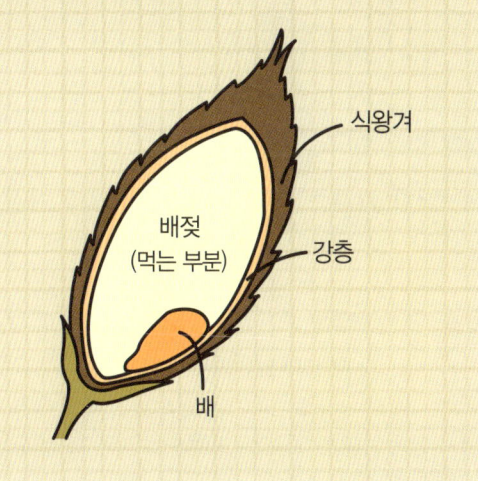

 한국과 일본에서 주로 경작하는 벼는 '자포니카종'인데, 전 세계로 눈을 돌리면 인도 계열인 인디카종, 인도네시아의 자바섬 계열인 자바니카종 등의 벼도 경작하고 있습니다.

물고기도 곤충처럼 크면서 모습을 바꿔요

교과서 3학년 1학기 3단원 동물의 한살이

도쿄대학 대기해양연구소 | 사루와타리 도시로

부모와 다른 모습으로 태어나는 물고기

곤충이 알을 막 깨고 나왔을 때 모습은 부모와 전혀 다릅니다. 예를 들어 나비는 알에서 나왔을 때 **애벌레**의 모습이랍니다. 그 후 먹이를 먹고 자라다가 **번데기**가 되고, 마지막으로 아름다운 날개를 가진 나비가 돼요. 이러한 변화를 **변태**라고 합니다. 그런데 이는 곤충에게서만 일어나는 현상이 아닙니다. 물고기 중에도 변태하는 종류가 있어요.

그중 하나는 바로 '멸치'입니다. 멸치는 태어났을 때 어른 물고기에게 있는 지느러미가 없습니다. 그냥 막대기 같은 모양이지요. 그 후 가슴지느러미가 생깁니다. 점차 배, 엉덩이, 꼬리 순으로 지느러미가 생겨요. 갓 생긴 지느러미는 얇은 막 같은 상태입니다. 그다음 지느러미를 움직이는 기둥도 생깁니다. 이 기둥은 뼈의 역할을 하는데 '연조'라고 부릅니다. 멸치는 이런 과정을 거쳐 어른 물고기, 즉 성어가 된답니다.

갓 태어났을 때는 입이 없다고요?

물고기는 대부분 알을 깨고 막 나왔을 때 바로 먹이 활동을 시작하지 않아요. 알에서 갓 나온 물고기는 배에 영양 주머니인 '난황'이 있는데, 여기서 영양분을 취한답니다. 난황의 영양분이 다 없어질 즈음에 입과 항문이 생겨서 그때부터 먹이를 먹을 수 있어요. 물고기의 변화는 곤충과 비교하면 작지만, 사람과 비교하면 '변태'라고 부를 만큼 큽니다.

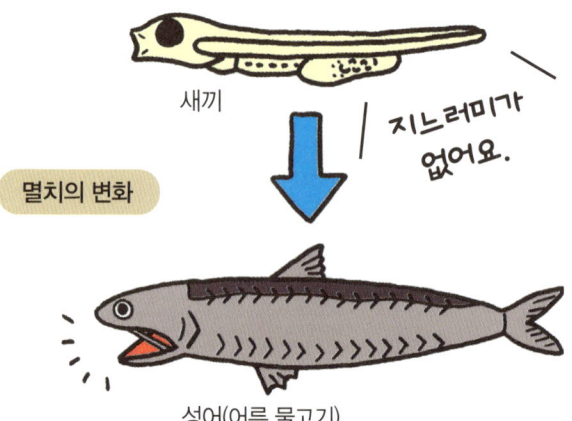

멸치의 변화
새끼
지느러미가 없어요.
성어(어른 물고기)

🔍 몸의 한쪽에 두 눈이 달린 넙치와 가자미는 아기 물고기일 때 눈이 몸의 양면에 달려 있어요. 그런데 바다 밑바닥에서 살려면 한쪽에만 눈이 있는 게 편하기 때문에 크면서 한쪽 눈이 반대쪽으로 이동한답니다. 그 결과 몸 한쪽에만 눈이 두 개 생겨요.

나도 과학자

장어가 변태하는 이유는?

알에서 나온 새끼 장어는 몸이 길고 가느다랗습니다. 그런데 딱 한 번 납작해지는 시기가 있어요. 이는 장어가 해류를 타고 이동할 때 잘 휩쓸려 가도록 하기 위한 것으로 보여요. 그 후 성장하면 다시 가늘어진답니다.

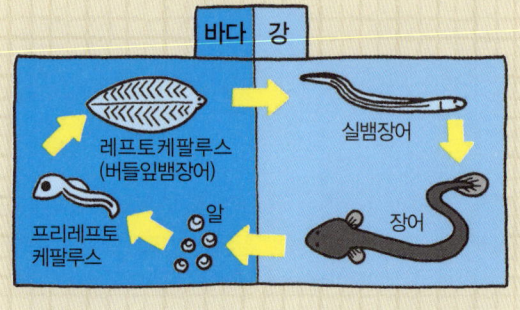

바다 | 강
레프토케팔루스 (버들잎뱀장어)
실뱀장어
프리레프토케팔루스
알
장어

겨울에 털 색깔을 바꾸는 산토끼

교과서 3학년 2학기 2단원 동물의 생활

12월 10일

홋카이도대학 | 기노시타 고타

색깔을 바꿔서 몸을 숨겨요

야생 동물은 혹독한 자연에서 살아남아야 합니다. 적의 눈에 띄지 않도록, 사는 장소와 비슷한 색깔로 몸 색깔을 바꾸기도 하지요. 이러한 색을 **보호색**이라고 합니다. 대표적인 예 중 하나로 일본산토끼가 있어요. 일본산토끼의 털색은 땅과 비슷한 갈색입니다.

겨울에 눈이 내리면 갈색 털이 아무래도 눈에 띄겠지요. 그러면 적에게 쉽게 발견되고 말 것입니다. 하지만 놀랍게도 눈 속에 몸을 감추기 위해, 겨울에는 털이 갈색에서 흰색으로 변한답니다.

일본산토끼의 털 색깔 변화

눈이 많이 오는 지방에서만 새하얘져요

겨울에 모든 지역에 눈이 쌓이는 것은 아닙니다. 어떤 곳은 눈이 내리면 갇힐 정도로 많이 오지만 또 다른 곳은 눈이 내려 봤자 양이 아주 적어요. 그러니 눈이 내리지 않는 지역에서는 새하얀 털이 오히려 눈에 띌 것입니다.

겨울에 털이 새하얘지는 것은 눈이 많이 오는 지방의 산토끼뿐입니다. 같은 산토끼라도 눈이 많이 오지 않는 지방은 갈색 털 그대로입니다. 같은 종류인데도 어째서 변화하는 것이 있고 그대로인 것이 있는지 그 이유는 확실히 밝혀지지 않았답니다. 다만 몸의 특징을 결정짓는 유전자가 조금 다르지 않을까 짐작할 뿐입니다.

 산토끼처럼 기후에 따라 색깔이 바뀌거나 바뀌지 않는 토끼는 그 밖에도 두 종류가 알려져 있습니다. 아일랜드와 북아메리카 대륙의 토끼입니다.

나도 과학자

새하얘질까요? 아니면 그대로 갈색일까요?

겨울에 동물원에 갈 기회가 있다면 산토끼의 털색에 주목해 보세요. 새하얗다면 눈이 내리는 지방의 산토끼이고, 갈색 그대로라면 눈이 내리지 않는 지방의 산토끼랍니다.

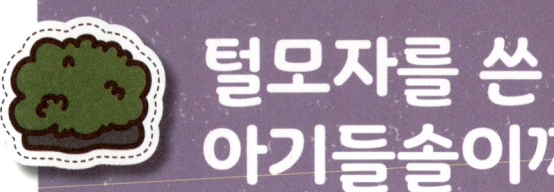

털모자를 쓴 아기들솔이끼

12월 11일

교과서 4학년 2학기 1단원 식물의 생활

미에현 종합박물관 | 모리타 나나

소나무에 달린 솔방울과 닮았어요

'아기들솔이끼'는 땅에 자라는 모습이 마치 소나무에 솔방울이 달린 것 같다고 해서 붙은 이름입니다. 아기들솔이끼는 키가 3~5cm 정도로, 아무리 시간이 흘러도 커다란 소나무처럼 크지는 않습니다. 밭의 귀퉁이나 둑의 양지 바른 곳을 좋아해서, 그 주위에 번지듯 무리 지어 살아갑니다.

잎 아래에는 뿌리같이 생긴 것이 있는데, 이것이 몸을 떠받쳐요. 진짜 뿌리가 아니어서 땅속의 물을 빨아올릴 수는 없어요. 뿌리가 없으므로 살아가는 데 필요한 물은 잎을 통해 얻습니다.

무리 지어 자라는 아기들솔이끼

모자를 써서 겨울에 대비해요

아기들솔이끼는 우리나라 전역에서 자랍니다. 흙 위에서만 자라요. 돌이나 바위 표면은 미끄러워 떨어져 버리기 때문입니다.

잎은 일 년 내내 초록색입니다. 가을이 되면 끝에 둥근 머리가 달린, 가느다란 줄기 같은 것이 자랍니다. 머리 안에는 '포자'라는 가루가 들어 있어요. 아기들솔이끼는 꽃을 피우지 않고 포자로 번식해요. 아기들솔이끼를 발견하면 돋보기로 관찰해 보세요. 화려한 털모자가 보인답니다.

나도 과학자

돋보기로 확대해서 보세요

작은 것을 관찰할 때는 돋보기를 눈에 가까이 가져간 다음, 관찰할 물체를 멀리서 보기도 하고 가까이서 보기도 하며 초점을 맞추세요. 절대 돋보기로 태양을 봐서는 안 됩니다. 햇빛이 강해서 눈이 상하기 때문이에요.

 아기들솔이끼는 솔이끼과입니다. 아기들솔이끼 외에도 큰솔이끼, 바늘솔이끼 등이 있습니다. 모습은 비슷하지만 아기들솔이끼보다 훨씬 큰데, 그중에는 20cm 정도 되는 것도 있습니다.

거머리말은 해조류와는 다른 해초예요!

12월 12일

교과서 4학년 2학기 1단원 식물의 생활

지바현립중앙박물관 | 미야타 마사히코

거머리말 서식지는 바다의 요람

바다에는 미역, 다시마 같은 해조류뿐 아니라 해초라는 식물도 살고 있습니다. **해초**는 육상 식물이 바다에서 생활하는 데 적합하도록 진화한 것입니다. 대표적인 해초에는 전 세계 바다에 널리 분포하는 '거머리말'이 있습니다. 거머리말이 많이 자라는 장소를 '거머리말 군락지'라고 해요.

잘 우거진 거머리말 군락지는 작은 생물이 큰 생물을 피해 숨는 훌륭한 은신처입니다. 물고기, 새우, 오징어 등이 산란을 하거나 새끼를 키우는 데 아주 중요한 곳이랍니다. 거머리말 군락지는 바다의 요람이라고도 불러요.

바다의 요람 '거머리말 군락지'

사람도 거머리말을 이용해요

거머리말을 이용하는 것은 바다 생물만이 아닙니다. 사람도 옛날부터 거머리말을 이용했답니다.

거머리말은 뿌리 부분의 맛이 달콤해요. 우리나라에서는 약초로 이용합니다. 일본에서는 거머리말로 비옷을 만들어 입거나, 비료로 사용하기도 했어요. 또 마을 축제가 열릴 때 신을 모시는 신사 입구의 문에 거머리말을 감고 그 아래를 지나가는 풍습이 있는 지역도 있대요.

 세계에서 제일 긴 거머리말은 '수거머리말'입니다. 꽃이 피는 가지가 무려 8m까지 자란대요. 다른 거머리말보다 깊은 곳에서 서식한답니다. 제주도의 추자도에 수거머리말의 군락지가 형성되어 있어요.

나도 과학자

바다에서 물고기 잡기에 도전해 보세요

거머리말 군락지에 그물을 쳐서 물고기 잡이에 도전해 보세요. 실고기, 해마, 오징어, 새우, 플랑크톤 등을 포함해 바다에 사는 작은 물고기를 발견할지도 몰라요.

판다 똥은 냄새가 향긋하다고요?

12월 13일

교과서 3학년 2학기 2단원 동물의 생활

온시우에노동물원 사육계 | 구라모치 히로시

판다의 주식은 대나무

중국의 산에 사는 야생 자이언트 판다는 산에 많이 자라는 대나무를 가장 좋아합니다. 대나무 잎은 물론이고 딱딱한 줄기 부분까지 나무껍질을 이빨로 뜯어 먹어요.

그러면 동물원에서 사육하는 판다는 무엇을 먹을까요? 동물원의 판다가 평소에 먹는 먹이도 대부분 대나무입니다. 그 밖에 간식으로 사과, 당근 그리고 '판다 경단'이라는 먹이를 준답니다. 판다 경단의 재료는 옥수수와 콩가루, 설탕, 소금, 날계란 등입니다. 이 재료들을 잘 섞어서 경단 모양으로 만들어 찌는 것이지요.

똥이 향긋한 이유

어른 판다는 하루에 60kg만큼의 대나무를 먹습니다. 하지만 먹은 양의 3분의 1 정도밖에 소화하지 못해요. 먹은 것은 거의 그대로 똥이 되어 나옵니다. 판다는 주로 대나무를 먹으니, 똥은 대나무 잎으로 만든 경단 같은 냄새가 나요.

똥의 색깔과 모양은 판다가 무엇을 먹었는지에 따라 달라집니다. 판다를 돌보는 사육사는 청소할 때 똥을 모아 매일 무게를 달아요. 똥의 양을 알면 판다가 얼마나 먹이를 먹었는지 알 수 있기 때문입니다.

 갓 태어난 아기 판다의 무게는 약 100g(키위 1개와 같은 무게)입니다. 처음에는 분홍색 몸에 흰 털이 나고, 보름 정도 지난 후에야 털의 흰색과 검은색이 뚜렷해져요.

나도 과학자

판다의 앞발은 어떻게 생겼을까요?

판다는 식사할 때 양 앞발로 대나무를 잡습니다. 앞발에는 다섯 개의 발가락과 커다란 뼈가 튀어나온 부분이 있어서 다양한 물체를 단단히 붙잡을 수 있답니다. 길게 자란 뼈가 엄지 역할을 합니다.

판다의 앞발 / 발가락은 5개 / 가짜 엄지

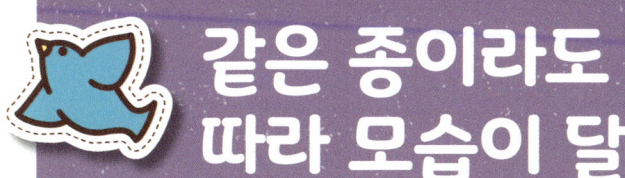

같은 종이라도 장소에 따라 모습이 달라요

교과서 3학년 2학기 2단원 동물의 생활

12월 14일

야마시나조류연구소 | 야마사키 다케시

큰부리까마귀와 직박구리

같은 종인데도 지역에 따라 모습이 다른 생물이 있습니다. 이를테면 한반도 전역에 서식하는 '큰부리까마귀'가 있어요. 북쪽에 사는 것과 남쪽에 사는 것을 비교해 보면 놀랍게도 남쪽 지역에 사는 까마귀의 몸집이 더 작답니다.

색의 진하기가 달라지는 예도 있습니다. 이를테면 '직박구리'입니다. 직박구리도 우리나라 각지에서 볼 수 있는데, 북쪽 지역의 직박구리보다 남쪽 지역의 직박구리가 더 색이 진합니다. 우리나라에 사는 '올빼미'도 직박구리와 마찬가지로 남쪽의 올빼미가 더 색이 진해요. 게다가 올빼미의 울음소리도 지역에 따라 다르답니다.

서로 다른 까마귀의 모습

세계에서도 모습이 달라요

새카만 새의 대명사 까마귀는 한국뿐 아니라 아시아 북부와 유럽 대륙에서도 삽니다. 러시아와 유럽의 동부에 사는 까마귀의 몸에는 검은색과 흰색 깃털이 섞여 있대요. 유럽의 서쪽으로 가면 몸통이 온통 까만 까마귀가 삽니다. 이렇게 같은 종이라도 사는 지역에 따라 생김새가 조금씩 다르다는 사실을 알 수 있답니다.

 흰색 털과 검은색 털이 섞인 까마귀는 '뿔까마귀'(코르부스 코르니그스)입니다. 까마귀와 다른 종이라고 생각하는 연구자도 있답니다.

나도 과학자

큰부리까마귀의 크기는 지역에 따라 다를까요?

여행을 가면 그곳에 사는 큰부리까마귀의 크기를 주의 깊게 관찰해 보세요. 북쪽보다 남쪽이 더 몸이 작지 않나요?

몸집이 다른 큰부리까마귀

연근에는 왜 구멍이 뚫려 있을까요?

교과서 6학년 1학기 4단원 식물의 구조와 기능

/ / /

지바대학 이학부 생물학과 | 쓰치야 다카요시

물속에서 사는 식물

연근은 반으로 가르면 9~10개 정도의 커다란 구멍을 볼 수 있는 아주 신기한 채소입니다. 다른 채소는 속에 구멍이 없지요. 왜 연근은 구멍이 숭숭 뚫려 있을까요? 그 이유는 연근이 수초에 속하기 때문이랍니다.

연근은 연꽃이 땅속에 내린 줄기 끝에 생깁니다. 한자로 뿌리 근(根) 자를 쓰지만, 그렇다고 뿌리는 아니에요. 혹시 연못에 연꽃이 피어 있는 것을 본 적 있나요? 수면에 꽃과 잎이 떠 있고 줄기는 물속으로 뻗어 있지요. **땅속줄기**는 진흙 속을 기는데, 그 끝이 커지면서 연근이 만들어져요.

연근의 구멍은 공기가 지나는 통로

식물이 자라려면 물을 빼놓을 수 없습니다. 물을 주는 것을 잊어버리면 식물은 말라 죽고 말아요. 그런데 연못에서 자라는 연꽃은 다른 것은 몰라도 물 하나만큼은 부족하지 않습니다. 그 대신 부족한 것은 공기입니다. 그래서 물 위의 잎이 빨아들인 공기를 물속의 줄기같이 생긴 부분을 통해 흙에 파묻힌 줄기로 운반해야만 합니다. 연근의 구멍은 바로 공기가 지나는 통로랍니다.

한가운데에 커다란 구멍 하나만 뚫려 있으면 될 것 같지만, 그러면 연근이 뚝 부러지기 쉽지요. 대신 작은 구멍이 숭숭 나 있으면 공기가 지나는 길도 생기고, 잘 부러지지도 않습니다.

연잎의 표면에는 공기를 흡수하기 위한 **기공**이 있습니다. 물에 젖을지도 모르는 잎의 뒷면에는 기공이 없답니다. 기공에서 공기를 모아 연잎 가운데의 숨구멍으로 보내요. 가운데 숨구멍은 눈에 잘 띄어요.

나도 과학자

수초의 줄기와 잎을 잘라 보세요

강가에 가면 부들, 갈대 등의 수초의 줄기나 잎을 하나 떼어 내서 가로로 잘라 보세요. 공기를 보내기 위한 구멍이 있을 거예요.

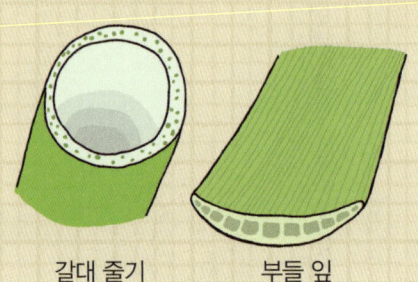

갈대 줄기   부들 잎

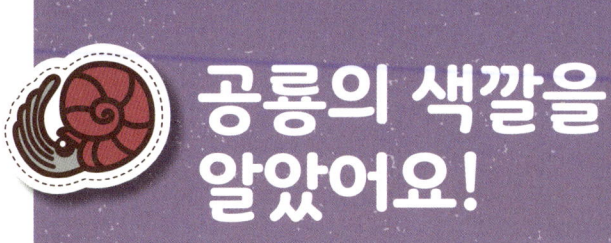

공룡의 색깔을 알았어요!

12월 16일

교과서 4학년 1학기 2단원 지층과 화석

홋카이도대학 종합박물관 | 고바야시 요시쓰구

멸종하면 색을 알 수 없어요

공룡 도감을 펼치면 알록달록한 공룡 그림이 나오지요. 파란색, 초록색, 회색, 갈색 등 공룡들은 다양한 색깔로 칠해져 있습니다.

사실 공룡의 색깔은 거의 알 수 없답니다. 도감의 그림은 상상해서 그린 거예요. 공룡처럼 지금은 없는 멸종한 생물의 모습을 마치 살아 있는 듯이 그리는 것을 **복원**이라고 합니다. 복원할 때는 화석을 아주 자세히 관찰합니다. 크기와 모양을 알기 위해서입니다. 하지만 색과 무늬는 화석에 남아 있지 않아요. 그래서 그림을 그리는 사람이나 연구자가 현재의 동물을 참고 삼아 상상력을 발휘해 색과 무늬를 정합니다.

깃털의 색깔을 알았어요!

그런데 공룡의 색깔을 알아낸 것도 있어요. 물론 색이 화석에 남아 있었던 것은 아닙니다. 깃털을 가진 공룡이 있었는데, 공룡의 깃털 화석에서 색소를 발견했던 것입니다. 그 색소를 현재 생물과 비교해 깃털의 색깔을 과학적으로 추리할 수 있어요. 연구가 진행되면서 지금까지 상상해야만 했던 색깔이 조금씩 밝혀지고 있습니다. 연구가 더 이루어지면 여러분이 보는 공룡 도감의 색도 많이 달라질지도 모른답니다.

나도 과학자

공룡의 실제 색깔은 무엇일까요?

공룡 연구자가 되었다고 생각하고, 도감에 있는 공룡들의 몸 색깔을 상상해 보세요. 그리고 왜 그 색이 좋다고 생각했는지 가족과 함께 이야기를 나눠 보세요.

 멸종한 생물 중에는 몸이 무지갯빛인 동물도 있었다고 합니다.

말린 멸치로 알 수 있는 물고기의 일생

교과서 3학년 1학기 3단원 동물의 한살이

12월 17일

도쿄대학대학원 농학생명과학연구과 | 후루야 겐

멸치 볶음에 들어 있는 바다 생물은?

우리가 즐겨 먹는 멸치 볶음은 바다에서 잡은 멸치를 말려 양념한 것이에요. 멸치 볶음을 자세히 보면 길고 가느다란 멸치 외에도 여러 가지 생물이 함께 들어 있을 때가 있어요. 새끼 오징어, 새우, 게 등 정말 종류가 각양각색입니다. 멸치를 잡을 때 그물을 펼쳐 잡기 때문에 멸치뿐 아니라 다른 여러 바닷속 생물도 같이 딸려 올라온 것이랍니다.

같은 바다 생물이라도 바다 깊이에 따라 사는 곳이 달라요. 게는 바다 밑바닥에서 삽니다. 얕은 바다에서 헤엄치는 멸치와 같이 있을 수 없어요. 그런데 어째서 멸치 볶음에 어린 게가 섞여 있을까요?

플랑크톤처럼 표류하는 게와 새우

게는 다 성장해서 어른 게가 되면 모래로 덮인 바다 밑바닥에서 서식합니다. 아주 어렸을 때는 플랑크톤처럼 바닷속을 떠돌아다녀요. 어린 새우도 마찬가지입니다.

그래서 멸치와 함께 그물에 걸려 우리가 좋아하는 멸치 볶음에 섞이는 것입니다. 멸치 볶음을 조사하면 플랑크톤 같은 시기가 있었던 새끼 오징어, 새우, 게 등의 생물을 볼 수 있어요.

나도 과학자

멸치 볶음을 관찰해 보세요

멸치 볶음에 섞인 생물을 조사해 봅시다. 멸치 볶음을 접시나 종이 위에 펼쳐 놓고 멸치 외의 생물을 발견하면 돋보기로 자세히 관찰해 보세요.

🔍 값이 나가는 멸치 볶음은 다른 생물을 모두 제거한 것도 있습니다. 그러니 관찰할 때 비싼 멸치 볶음은 피하세요.

타란툴라는 맹독을 가진 거미일까요?

12월 18일

교과서 3학년 2학기 2단원 동물의 생활

일본국립과학박물관 동물연구부 | 오노 히로쓰구

전설의 독거미

타란툴라는 공포 영화의 단골손님인, 크고 털이 숭숭 난 독거미로 유명하지요. 우리가 타란툴라라고 부르는 거미는 원래 대형열대거미과에 속하는 거미입니다. 원래는 이탈리아의 전설에 나오는 상상 속의 거미였대요. 몸집이 크고 무섭게 생긴 모습을 본 사람이 전설의 타란툴라가 분명하다고 생각해, 그렇게 부르기 시작했다고 합니다. 그런데 사실 타란툴라는 사람을 죽일 정도로 치명적인 독을 가지고 있지 않아요. 비록 생김새는 무섭지만, 자기가 먼저 사람을 공격하는 일은 없답니다.

타란툴라

곤충에 치명적인 거미 독

거미에게 대부분 독이 있는 것은 사실이에요. 위턱에 송곳니 두 개가 있어서 먹잇감을 물면 송곳니 끝에서 독액이 나와 먹잇감을 마비시켜 버립니다. 타란툴라에게도 커다란 송곳니가 있는데, 쥐나 개구리 뼈를 부러트릴 만큼 힘이 강하답니다.

거미 독은 대부분의 곤충에 치명적입니다. 하지만 사람에게 영향을 줄 만큼의 독을 가진 거미는 별로 없어요. 타란툴라에 물린 사람이 죽었다는 사례는 어디에서도 찾아볼 수 없어요. 그래도 피가 날 정도로 세게 물리면 병원을 찾아 적절한 처치를 받으세요.

 붉은등거미는 독이 강하지만 여간해서 물지 않습니다. 거미가 몸에 붙어 있을 때는 손수건이나 휴지로 떼어 내세요.

나도 과학자

거미줄에서 잠복하지 않는 거미를 찾아보세요

먹잇감이 올 때까지 나뭇가지나 덤불 등에 친 거미줄 위에서 잠복하지 않는 거미도 많아요. 예를 들어 땅거미는 땅속에 주머니 같은 집을 실로 만든 다음 땅속에서 먹잇감을 기다립니다. 이러한 거미집을 발견하면 살짝 잡아당겨 보세요.

황제펭귄은 힘을 합쳐 추위를 피해요

12/19일

교과서 3학년 2학기 2단원 동물의 생활

/ / /

일본국립극지연구소 | 다카하시 아키노리

깃털 사이에 공기를 품어요

'황제펭귄'(아프테노디테스 포르스테리)이 사는 남극은 영하 20℃까지 기온이 내려갑니다. 이러한 환경에서 살려면 추위를 잘 견뎌야겠지요.

황제펭귄의 체온은 사람보다 훨씬 높은 39℃입니다. 그래도 남극의 강추위 속에서는 금방 열을 빼앗길 수밖에 없어요. 다행히 몸에 난 깃털이 열을 달아나지 못하게 해서 열 손실을 막는답니다. 펭귄의 몸에는 섬세한 깃털이 빽빽하게 나 있지요? 깃털 사이사이에 품은 많은 공기가 겨울에 입는 패딩 점퍼 같은 역할을 해요.

아, 따뜻해~!

가까이 모두 모여서 온도를 높여요

펭귄의 털이 추위를 막는 방법이기는 하지만, 영하 20℃를 견디기에는 부족해요. 그래서 황제펭귄은 몸을 따뜻하게 하기 위해 힘을 합쳐요.

황제펭귄은 키가 약 110cm, 몸무게가 20~40kg입니다. 이렇게 큰 펭귄이 가로세로 1m인 넓이에 무려 8마리나 뒤엉켜서 원을 이룹니다. 이때 원 바깥쪽과 안쪽의 온도 차이는 상당한데, 안쪽의 온도가 약 30도까지 올라간답니다. 안쪽에 있던 펭귄과 바깥쪽에 있던 펭귄은 번갈아 자리를 바꿔요. 이것을 '허들링'이라고 합니다. 따뜻한 자리를 기꺼이 내어 주며 서로 돕는 거지요.

 북극에 사는 북극곰의 털은 빨대 같은 구조입니다. 그 덕분에 털 속에 공기가 들어가 몸이 열을 빼앗기지 않도록 막는답니다.

나도 과학자

공기의 따뜻한 효과를 느껴 보세요

겨울에 입는 방한복도 공기의 단열 효과를 이용해서 만들었습니다. 다운자켓이나 점퍼 속의 솜과 깃털이 공기를 감싸 안아서 열이 빠져나가지 못해요. 공기의 단열 효과를 느껴 보세요.

고래 사체에 다양한 생물이 모여들어요

12 / 20일

교과서 3학년 2학기 2단원 동물의 생활

해양연구개발기구 해양생물다양성연구분야 | 가와토 마사루

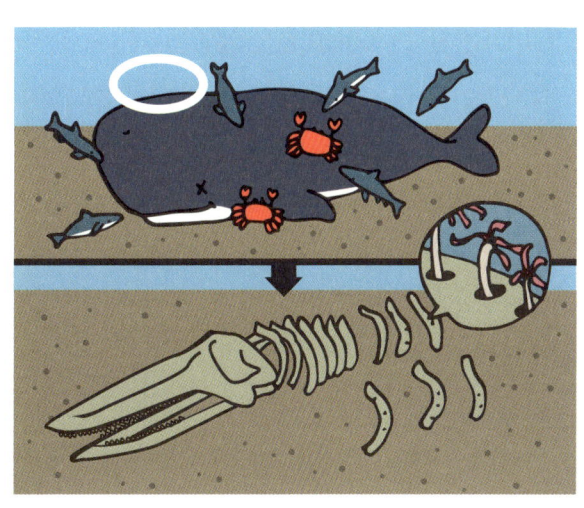

심해에서는 고래를 먹이로 삼아요

식물은 햇빛이 닿지 않는 심해에서 영양분을 만들 수 없어요. 이곳에서는 생물의 사체를 먹이로 삼습니다. 특히 커다란 고래의 몸은 여러 생물에게 큰 도움이 된답니다.

고래 사체가 바다 밑바닥에 가라앉으면 먼저 상어, 대형 게 등이 모여들어 몇 개월에서 몇 년에 걸쳐 고기를 뜯어 먹습니다. 그 후 뼈만 앙상하게 남으면 고래 뼈에 보금자리를 마련하기 위해 찾아오는 생물이 있어요. '좀비 벌레'라고 불리는 '오세다그스 야포니쿠스'입니다. 지렁이처럼 몸이 원통형이고 마디가 있는 **환형동물**이에요. 고래 뼈에 몸을 파묻고 뼛속에 있는 유기물을 빨아 먹는답니다.

고래 뼈에 모이는 생물은?

뼛속의 유기물이 썩으면 유화수소라는 화학물질이 나오는데, 이것을 이용하는 '칼립토게나 소요아이', '새날개갯지렁이' 등이 살기 시작합니다. 물론 스스로 유화수소를 쓰는 것은 아닙니다. 이 생물들의 몸속에 사는 세균이 유화수소를 이용해 영양분을 만들어 낸답니다. 이렇게 심해에 가라앉은 고래 사체의 뼈에 모이는 생물들을 **경골생물군집**이라고 불러요. 이 생물들이 어디에서 어떤 식으로 고래 뼈에 모여드는지는 밝혀지지 않았습니다.

 1987년 최초로 경골생물군집을 발견했습니다. 미국의 우즈홀 해양 연구소의 심해잠수정 앨빈호가 캘리포니아 주 산타카탈리나섬 앞바다의 수심 1,240m 해저에서 우연히 발견했어요.

나도 과학자

경골생물군집을 연구하는 방법은?

넓은 심해에서 자연히 가라앉은 고래 사체를 찾기란 여간 힘든 일이 아닙니다. 그래서 실험으로 고래 사체를 일부러 바다 밑바닥에 가라앉혀서 어떤 생물이 모여드는지를 연구해요.

한국에서도 다이아몬드가 발견되었어요!

12월 21일

교과서 3학년 2학기 3단원 지표의 변화

대학강사 | 야지마 미치코

다이아몬드는 어디에 있을까요?

반짝반짝 빛나는 다이아몬드는 어떻게 만들어질까요? 다이아몬드는 '탄소'라는 원소로 이루어져 있어요. 땅속 깊이, 아주 뜨거운 곳에서 탄소에 높은 압력을 가하면 다이아몬드가 탄생합니다.

연필심에 쓰이는 흑연도 탄소로 이루어졌어요. 탄소가 어떻게 결합하느냐에 따라 다이아몬드나 흑연이 된답니다. 흑연은 탄소가 이루는 구조가 얇아서 쉽게 깨져요. 그런데 약 150km 이상 깊이에서 높은 온도와 압력을 받으면 탄소를 이루는 구조가 치밀해져서 잘 깨지지 않는 다이아몬드로 변합니다.

한국에서도 다이아몬드가 생길까요?

다이아몬드는 땅속 깊은 곳에서 높은 압력을 받아 생긴다고 했지요. 우리나라 임진강 주변 지역은 대륙이 충돌해 생겼기 때문에 다이아몬드가 생길 조건을 갖추었다고 봅니다. 대륙이 부딪치면서 지각이 뜨거운 맨틀 속으로 들어가기 때문이에요. 어쩌면 한국에서도 다이아몬드를 생산할 수 있을지도 몰라요. 우리나라에서도 다이아몬드를 발견한 적이 있거든요.

1953년 2월, 지질학자 박동길 교수가 사금과 석류석을 감정하던 중에 0.1캐럿의 다이아몬드를 발견했습니다. 이 다이아몬드는 현재 서울대학교가 소장하고 있어요.

 다이아몬드는 러시아, 아프리카 남부, 호주 등 몇 안 되는 지역에서만 캘 수 있어요.

나도 과학자

돌의 굳기를 비교해 보세요

다이아몬드는 지구 상에서 가장 딱딱하다고 합니다. 돌의 단단한 정도를 비교할 때는 종류가 다른 두 돌을 서로 긁어서 얼마나 긁히는가를 비교하는 방법을 써요. 그런데 다이아몬드는 어떤 돌에도 긁히지 않는답니다.

누구나 몸속에 시계가 있어요

교과서 6학년 2학기 4단원 우리 몸의 구조와 기능 심화

12월 22일

홋카이도대학대학원 의학연구과 | 요시가와 도모코

배꼽시계도 대체로 정확해요

몸속에 시계가 있다고 해도 기계가 들어 있다는 뜻은 아닙니다. 생물의 몸에는 시간이 지났음을 자연스레 느끼는 구조가 있답니다. 이 사실은 어두컴컴한 동굴 속에서 살아 보는 실험을 통해서 알게 되었어요. 낮과 밤을 알 수 없는 동굴에서도 사람은 매일 거의 같은 시간에 눈을 뜨고, 같은 시간에 배가 고프고, 같은 시간에 졸렸어요.

그런데 사람의 몸이 느끼는 하루는 항상 정확히 24시간이 아니라 아주 조금씩 차이가 생깁니다. 시간이 지날수록 그 차이는 점점 커져요.

몸속 시계는 아침에 맞추는 것이 좋아요

몸속 시계와는 별개로 우리는 낮과 밤이 구분된 규칙적인 생활에 익숙합니다. 그래서 시간 차이가 커지면 몸 상태가 나빠지기도 한답니다. 시계를 맞추듯 사람의 몸속 시계도 맞추는 것이 좋아요.

사람의 머릿속에는 몸의 중심이 되어 시계 역할을 하는 부분이 있습니다. 몸속 시계를 맞추는 방법은 바로 햇빛을 쐬는 것입니다. 아침에 잠에서 깨어 창문을 열고 따뜻한 아침 햇살을 쐬면 기분만 상쾌해지는 것이 아니랍니다. 몸 건강을 지키기 위해서도 햇빛은 중요해요.

 외국에 나가면 원래 살던 곳과 시간 차이가 크게 나기도 합니다. 시계는 맞출 수 있지만 몸속 시계의 차이는 좁힐 수 없어서 잠자는 시간이 뒤바뀌고, 식사 시간이 아닌데 배가 고파지기도 합니다. 이것을 **시차**라고 해요.

나도 과학자

규칙적으로 생활해서 몸속 시계를 맞춰요

사람의 몸은 리듬이 아주 중요합니다. 어쩌다가 한 번씩 일찍 일어나는 것은 아무런 의미가 없어요. 매일 정해진 시간에 일어나서 아침 햇살을 듬뿍 받고, 정해진 시간에 밥을 먹는 것이 중요하답니다.

집을 빌려주는 대신 먹이를 받는 녹색짚신벌레

12/23일

교과서 5학년 1학기 5단원 다양한 생물과 우리 생활

오쓰마여자대학 사회정보학과 | 호소야 나쓰미

먹이를 먹지 않아도 살 수 있어요

초록색 짚신벌레가 있습니다. 이름도 '녹색짚신벌레'입니다. 초록색인 이유는 몸속에 조류가 살고 있기 때문입니다. 실험으로 녹색짚신벌레의 몸에서 조류를 제거하면 하얀 녹색짚신벌레가 탄생해요.

하얀 녹색짚신벌레는 먹이를 먹습니다. 하지만 몸속에 조류가 있는 녹색짚신벌레는 먹이를 거의 먹지 않아도 상관없습니다. 왜 그럴까요? 몸속에 있는 조류가 광합성으로 만든 영양분을 쓰기 때문입니다. 그래서 스스로 먹이를 먹지 않아도 살아갈 수 있답니다.

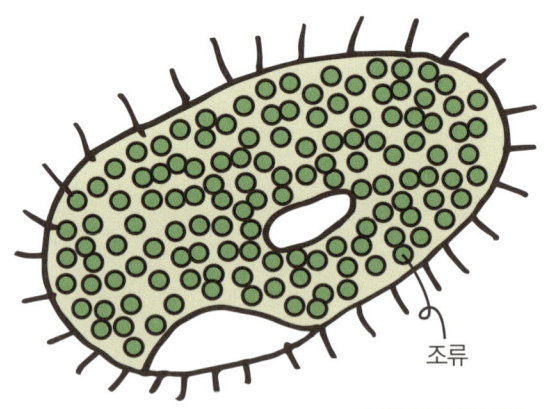

조류

녹색짚신벌레

서로 돕는 녹색짚신벌레와 조류

녹색짚신벌레가 집주인이라면 조류는 세입자와 같습니다. 녹색짚신벌레는 조류에게 집을 빌려주고 그 대신 조류로부터 월세처럼 밥을 받아먹어요.

덕분에 조류는 그럴듯한 집에서 편히 지낼 수 있습니다. 천적의 공격도 덜 받지요. 또 혼자서는 이동할 수 없지만, 녹색짚신벌레의 몸속에 있으면 이동도 가능하답니다.

녹색짚신벌레와 조류는 서로 없어서는 안 될 소중한 단짝입니다. 녹색짚신벌레 속에는 약 400종의 조류가 있어요. 녹색짚신벌레는 몸이 둘로 갈라지는 방법으로 번식하는데, 조류도 함께 늘어나요.

 자연생태박물관에 가면 눈에 보이지 않는 작은 생물을 공부할 수 있어요. 녹색짚신벌레를 다룬 정보도 있을 테니 찾아보세요.

나도 과학자

만약 돼지의 몸속에 조류가 산다면?

녹색짚신벌레는 조류와 함께 살아갑니다. 이 구조를 돼지에게 적용하면 초록색 돼지가 탄생할지도 몰라요. 그럼 만약 조류가 영양분을 만들어 주면 돼지도 먹이를 먹지 않고 자랄 수 있을까요? 한번 생각해 보세요.

돌고래는 한쪽 눈만 감고 자요

12월 24일

교과서 3학년 2학기 2단원 동물의 생활

지바상과대학 상경학부 | 세키구치 유스케

야생에서는 느긋하게 잘 수 없어요

우리는 포근한 이불 속에서 마음 편히 잘 수 있지요. 하지만 혹독한 자연에서 살아가는 야생 동물은 언제 적이 덮칠지 모릅니다. 이에 대비하려고 빨리 달아날 수 있도록 짧고 얕은 잠을 자는 생물이 많아요.

바다 생물은 어떨까요? 자다가 물에 잠겨 숨을 쉬지 못하고 죽지는 않을까요? 무척 특이한 방법으로 자는 돌고래를 보면 바다 생물이 자는 방법을 알 수 있어요.

뇌를 반씩만 재워요

사람과 돌고래뿐 아니라 어류, 양서류, 파충류, 조류, 포유동물을 포함한 척추동물은 두뇌가 좌뇌와 우뇌로 나누어져 있습니다.

사람이 잘 때는 양쪽 뇌가 함께 잡니다. 하지만 계속 헤엄치면서 자는 돌고래는 좌우 뇌를 교대로 재웁니다. 힘차게 헤엄치고 있어도 한쪽 뇌는 사실 쉬는 것입니다.

돌고래가 지금 자는지 깨어 있는지는 눈을 보면 알 수 있어요. 오른쪽 뇌가 잘 때는 왼쪽 눈을, 왼쪽 뇌가 잘 때는 오른쪽 눈을 감고 있기 때문입니다. 수족관에 가면 꼭 확인해 보세요. 한쪽 눈을 감고 헤엄치는 돌고래를 발견하면 그 돌고래가 자고 있다는 증거입니다.

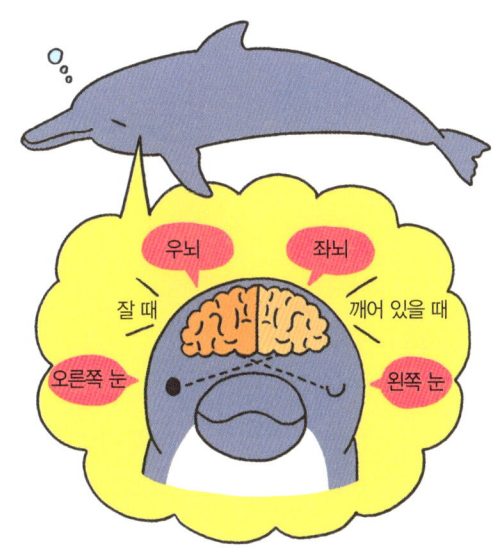

나도 과학자

수족관에서 헤엄치는 돌고래는 어느 쪽 눈을 감고 있을까요?

수족관의 돌고래는 원을 그리며 헤엄칩니다. 바깥쪽에서 적이 덮쳐 올 것이라고 생각하는지, 늘 바깥쪽 눈을 뜨고 헤엄치는 모습을 관찰할 수 있어요. 또한 규칙적으로 회전하는 방향을 바꾸어 양쪽 뇌를 순서대로 쉬게 합니다. 수족관에 가서 꼭 확인해 보세요.

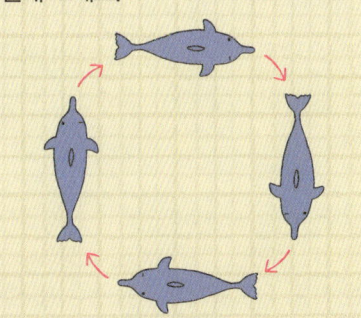

 좌뇌와 우뇌를 반씩 재우는 생물은 돌고래뿐만이 아닙니다. '알바트로스 새'도 같은 방법으로 잠을 잔대요.

과자를 유독 맛있게 느끼는 이유는?

12 / 25 일

교과서 6학년 2학기 4단원 우리 몸의 구조와 기능

도쿄대학대학원 의학계연구과 | 우메자키 마사히로

'허기'를 견디기 위한 지방

사람이 살아가려면 반드시 영양소가 필요합니다. 영양소는 음식으로 얻을 수 있는데, 우리의 옛 선조는 식량이 부족해서 이따금 굶주리곤 했답니다. 몸에 지방을 저장하는 이유는 '허기'를 피하기 위해서입니다. 지방은 적은 양으로도 많은 에너지를 만들어 낼 수 있기 때문입니다.

옛날에는 좋아하는 음식을 언제든지 원하는 만큼 먹을 수가 없었어요. 대신 지방을 저장하느라 사람의 몸은 '과식'을 피하는 구조가 발달하지 못했습니다.

단음식 / 기름진음식

맛있다고 느끼면 몸에 저장해요

요즘은 먹거리가 넘쳐나지요. 여러분은 설탕이 듬뿍 들어간 달콤한 과자나 감자튀김같이 기름진 음식을 좋아하나요? 이러한 음식을 맛있다고 느끼는 이유는 늘 '허기'를 느꼈던 옛 시대의 흔적이라고도 할 수 있답니다. 왜냐하면 몸에 지방으로 저장하기 쉬운 당분과 지방분을 먹는 것은 '허기'를 막는 수단이었기 때문입니다. 그런데 체지방이 '저장'되기만 하는 것은 몸에 돌발 상황이 생긴 것이나 마찬가지입니다. 우리 몸에는 과식을 피하는 구조가 잘 발달하지 못했으니까요. 그래서 단 것이나 기름진 음식을 너무 많이 먹으면 당뇨병이나 비만의 원인이 된답니다.

 사람마다 취향은 다르기 때문에 좋아하고 싫어하는 맛은 다를 수도 있어요. 먹을 것이 풍부한 현대에는 무엇보다도 균형 잡힌 식생활이 몸에 가장 좋답니다.

나도 과학자

'쓴맛'이 있는 이유는?

사람은 독이 되는 것을 '쓰다'고 느끼고 피하는 경향이 있어요. 하지만 쓰지 않은 독도 있고, 몸에 좋은 것 중에도 쓴맛이 있으니 주의가 필요합니다.

아이, 써~ / 독일까?

적조는 왜 붉은색일까요?

12월 26일

교과서 5학년 1학기 5단원 다양한 생물과 우리 생활

효고현립농림수산기술종합센터 | 미야하라 가즈타카

바다를 붉게 만드는 플랑크톤

바다가 붉어질 때가 있습니다. 그때마다 옛날 사람들은 불길한 일이 일어날 징조라며 무서워했대요. 붉게 변하는 원인을 몰랐기 때문입니다. 오늘날에는 플랑크톤 때문이라는 사실이 밝혀졌지요. 플랑크톤은 현미경을 사용하지 않으면 눈에 보이지 않을 정도로 작아요. 그렇게 작은 생물이 어떻게 그 넓은 바다를 붉게 물들일 수 있을까요?

예를 들어 하얀 종이에 색연필로 빨간 점을 하나 찍으면 빨갛게 보이지 않지요. 그런데 점을 계속 늘려 나가면 이윽고 하얀 종이가 빨갛게 보일 것입니다. 이와 마찬가지로 작은 플랑크톤도 그 수가 늘어나면 바다를 붉게 물들일 수 있어요. 바다를 붉게 만드는 플랑크톤은 주로 '와편모조류'라는 식물성 플랑크톤입니다.

초록색이나 분홍색으로 변하는 바다

바다는 빨간색으로만 물들여지는 것이 아닙니다. 플랑크톤의 종류에 따라 바다 빛깔이 달라진답니다. '규조류'가 늘어나면 바다는 초록색이나 갈색으로 변해요. 또 스스로 빛을 내는 단세포 동물인 '야광충'이 늘어나면 분홍색이나 주황색이 되고, 원반형 식물성 플랑크톤인 '코콜리스 조류'가 늘어나면 흰색으로, 실 모양의 '선모충'이 늘어나면 보라색이 됩니다. 플랑크톤이 늘어나 바다를 물들이는 현상을 **적조**라고 합니다. 분홍색으로 보이는 것도 적조입니다.

소형 비행기로 하늘을 날면서 바다 색깔을 조사한 적이 있었습니다. 바다 색깔을 토대로 플랑크톤의 종류를 알아냈답니다.

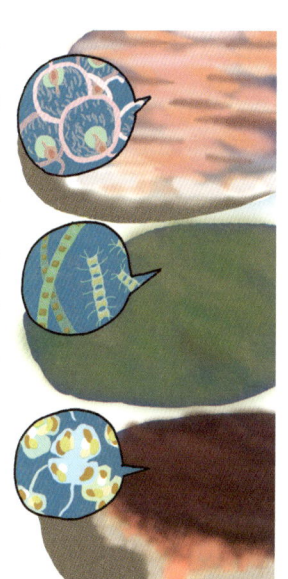

적조의 원인인 플랑크톤의 종류에 따라서 물고기와 조개가 병들거나 죽기도 합니다. 그래서 어업에 커다란 피해를 줍니다.(86쪽 참조)

나도 과학자

바다의 플랑크톤을 채집해 볼까요?

플랑크톤 그물을 만들어 플랑크톤을 채집해 봅시다. 플랑크톤의 이름은 도감을 펼치거나 가까운 과학관을 찾아가서 알아보세요.

플랑크톤 그물

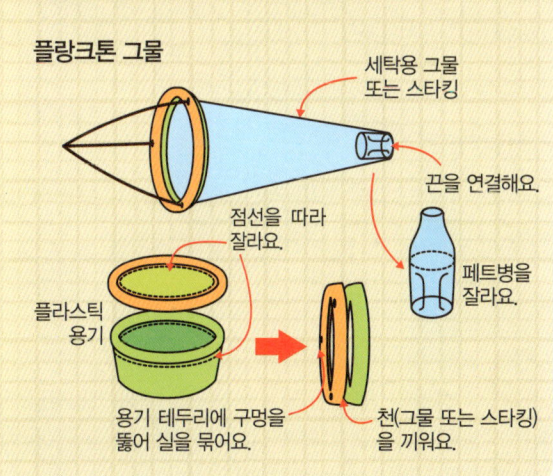

코알라는 왜 유칼립투스를 먹을까요?

교과서 3학년 2학기 2단원 동물의 생활

12 / 27일

훗카이도대학 | 마쓰나미 마사토시

유칼립투스 잎에는 독이 있어요

호주를 대표하는 동물. 코알라의 주식은 유칼립투스 잎입니다. 동물원에서 코알라를 보면 깨어 있는 대부분의 시간 동안 유칼립투스를 먹는다고 해도 과언이 아닐 정도랍니다.

그런데 코알라가 제일 좋아하는 유칼립투스에는 독이 있습니다. 코알라는 왜 일부러 독이 있는 유칼립투스를 먹을까요? 그것은 어쩌면 코알라의 움직임과 관련 있을지도 몰라요.

긴 맹장으로 독성을 없애요

생물에게는 저마다 주로 먹는 먹거리가 있어요. 사자나 호랑이 같은 육식 동물은 초식 동물의 살점을 먹습니다. 초식 동물은 풀이나 나뭇잎을 먹으며 살아가지요.

같은 것을 먹는 생물이 같은 장소에 살면 먹이를 둘러싸고 싸움이 벌어집니다. 먹이를 확보하지 못하면 멸종해 버리기도 한답니다.

움직임이 느린 코알라는 다른 생물과의 먹이 경쟁에서 지고 맙니다. 그래서 아무도 먹지 않는 유칼립투스를 먹도록 진화했어요.

코알라는 2m나 되는 긴 맹장을 가지고 있는데, 그곳에서 유칼립투스의 독을 분해합니다. 이 능력 덕분에 먹이 걱정 없이 자손을 남길 수 있답니다.

 코알라는 유칼립투스를 소화하기 위해 장 속에 있는 미생물의 힘을 빌립니다. 하지만 새끼 코알라의 장에는 미생물이 없어요. 그래서 어미 코알라는 자신의 똥을 새끼에게 먹여 장속의 미생물을 나눠 준답니다.

나도 과학자

코알라의 식사를 관찰해 보세요

코알라는 호주, 싱가포르 등의 동물원에서 사육해요. 우리나라에서는 코알라의 먹이인 유칼립투스 나무가 자라지 않기 때문에 코알라를 키울 수 없어요. 해외 동물원에 갈 기회가 생긴다면 코알라가 유칼립투스를 먹는 모습을 관찰해 보세요. 인터넷에서 영상을 찾을 수도 있어요.

곰팡이로 맛있는 음식을 만들어요

12 / 28일

교과서 5학년 1학기 5단원 다양한 생물과 우리 생활

일본국립과학박물관 식물연구부 | 호사카 겐타로

맛있는 소고기와 맛있는 술

사람은 아주 오래전부터 소와 돼지 등을 키워 잡아먹었습니다. 우리의 선조는 젖이 잘 나오는 소, 살이 부드럽고 맛있는 돼지 등을 골라 교배해 새끼를 만들었답니다. 그 결과 우리는 오늘날 맛있는 우유와 고소한 소고기를 즐길 수 있지요.

술을 담그는 과정 역시 비슷합니다. 막걸리 같은 술을 만들기 위해서는 '누룩곰팡이'라는 균이 필요합니다. 여기에는 발효를 돕는 유익한 균도 있고 맹독을 만드는 균도 있는데 독성이 없는 곰팡이만 골라 키운 결과 지금 우리가 쓰는 누룩곰팡이가 완성된 것으로 여겨집니다.

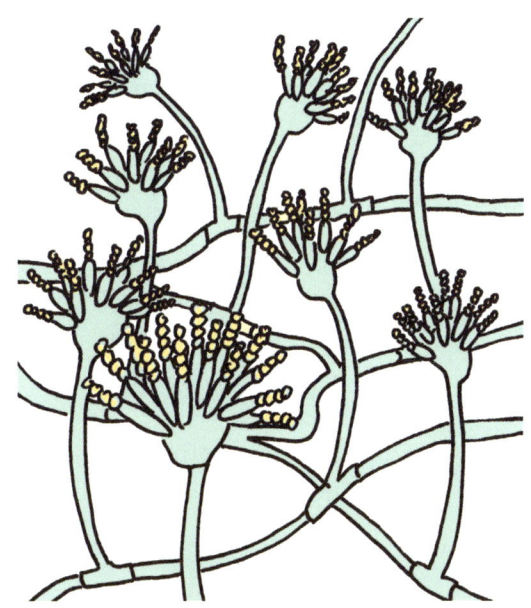

현미경으로 본 누룩곰팡이

강력한 맹독을 가진 곰팡이를 길들여요

맹독이 있는 누룩곰팡이와 독 없는 누룩곰팡이는 거의 같은 종류입니다. 독성이 없는 누룩곰팡이는 독을 만드는 기능이 없는 것입니다. 신기하지요?

지금도 전분 풀의 원료로 수입되는 묵은쌀 속에는 간혹 강한 독성을 지닌 누룩곰팡이가 피어 있대요. 그 곰팡이의 독은 극히 소량이라도 죽을 정도로 강력합니다. 만약 맹독 곰팡이를 독성 없는 누룩곰팡이로 착각해서 써 버리면 된장이나 간장, 술에 독이 들어가 큰일이 날지도 모른답니다.

 누룩곰팡이는 쌀, 보리, 콩 같은 곡식 가루와 물, 알맞은 습도와 온도를 만나서 자라요.

나도 과학자

누룩곰팡이를 이용하는 음식은?

누룩곰팡이는 간장, 된장 등의 조미료와 술 등 다양한 음식에 사용됩니다. 슈퍼마켓이나 냉장고에 있는 음식 재료 중 누룩곰팡이가 사용된 것을 찾아보세요.

물고기에게 육감이 있다고요?

교과서 3학년 2학기 2단원 동물의 생활

12/29일

일본국립과학박물관 동물연구부 | 나카에 마사노리

물의 흐름을 느끼는 부위

사람에게는 다섯 가지 감각이 있습니다. 눈으로 사물을 보는 '시각', 코로 냄새를 맡는 '후각', 귀로 소리를 듣는 '청각', 혀로 맛을 느끼는 '미각', 피부로 사물을 만져서 느끼는 '촉각'입니다. 오감을 사용해서 우리는 주변에서 일어난 일을 민감하게 알아차릴 수 있습니다.

이러한 오감 이외에도 여섯 번째 감각인 '육감'을 말할 때도 있지만, 과학적으로 밝혀진 것은 아직 없습니다. 그런데 물고기에게는 여섯 번째 감각이 확실히 있대요. 바로 옆줄로 느끼는 감각입니다.

물고기의 몸을 옆에서 보면 선 하나가 늘어선 모습이 보여요. 이것이 바로 **옆줄**인데, **측선**이라고도 하는 감각 기관입니다.

물이 탁해도 문제없어요

옆줄로 물의 흐름을 민감하게 느낄 수 있기 때문에 적이 어디에서 접근하는지, 먹잇감이 어디로 도망가는지 등을 알 수 있답니다.

'그런 것쯤이야 눈으로 보면 알잖아요.' 하고 생각할지도 모르겠네요. 하지만 물고기가 있는 곳은 물속입니다. 때로는 물이 탁해서 눈에 보이지 않는 것도 많답니다. 그런 점에서 옆줄은 물이 탁해도 아무 문제없어요. 물의 흐름을 민감하게 느껴서 주위 상황을 잘 파악해요. 물이 흐린 장소에서 살며 진화한 물고기는 옆줄이 발달했대요.

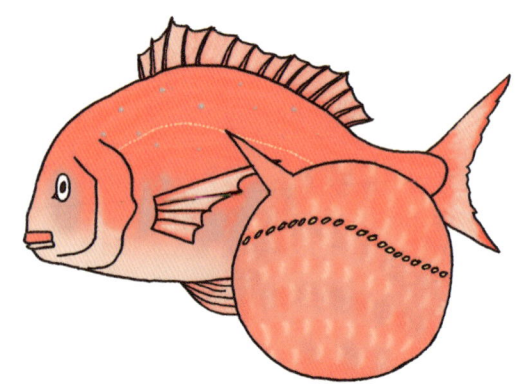

어두컴컴한 동굴 속에 있는 연못에서 사는 '눈먼동굴고기'(아스티아낙스 메그시카누스)는 눈이 완전히 퇴화되어 앞을 볼 수 없습니다. 하지만 옆줄이 발달해서 장애물을 피해 헤엄칠 수 있답니다.

나도 과학자

옆줄(측선)을 관찰해 보세요

물고기의 몸통을 지나는 옆줄은 금방 알아볼 수 있지요. 머리에도 옆줄이 있답니다. 돋보기로 관찰하면 머리에 작은 구멍이 있는 것을 볼 수 있습니다. 이것도 옆줄이에요.

암에 걸리지 않는 벌거숭이두더지쥐

교과서 3학년 2학기 2단원 동물의 생활

미야자키대학 프론티어과학실험종합센터 | 시노하라 아키오

두더지는 두더지쥐와 달라요

두더지를 본 적 있나요? 두더지는 땅속에 땅굴을 파고 생활하기 때문에 보기가 쉽지 않아요. 몸이 원통 모양이어서 땅굴을 돌아다니기에 알맞고, 앞발은 폭이 넓고 발가락이 발달해 땅굴을 파기 좋아요. 또 눈이 매우 작고, 시력이 아주 나빠요. 대신 소리를 잘 듣고, 냄새를 잘 맡는답니다.

두더지는 '두더지과'에 속하는데, '쥐과'인 '두더지쥐'와는 달라요. 아프리카에 사는 '벌거숭이두더지쥐'(헤테로체팔루스 글라베르)는 쥐의 일종입니다.

벌거숭이두더지쥐가 오래 사는 비밀

벌거숭이두더지쥐는 집단 생활을 하는 개미처럼 땅속에 평균 80마리, 최대 300마리의 큰 집단을 이루고 살아요. 놀랍게도 약 30년 가까이 오래 살아서 장수 동물로 유명하답니다. 일반 쥐 수명보다 약 10배이지요. 생김새는 갓 태어난 아기 같아서 아주 연약해 보여요. 피부가 태아처럼 분홍빛에 눈은 제대로 뜨지 못하거든요. 몸길이는 약 8cm 정도입니다. 톡 튀어나온 앞니가 '쥐'라는 사실을 증명하지요. 이렇게 약해 보이는 동물이 장수한다니, 오래 사는 비밀이 뭘까요?

우선 통증을 느끼지 못합니다. 살기 힘든 땅속 환경에서 여러 마리가 함께 살기 위해 통증에 무뎌진 것일지도 몰라요. 그리고 특이한 유전자가 작용해 암세포가 생기는 초기 단계부터 암세포가 늘어나지 않도록 방해해 암에 걸리지 않는대요.

쥐는 동물 실험에 자주 사용되는 동물이에요. 수명이 짧고 암 발생률이 높기 때문입니다. 그런데 '벌거숭이두더지쥐'는 같은 쥐인데도 암에 걸리지 않아요. 심지어 발암 물질을 몸속에 넣어도 걸리지 않는다고 하네요.

나는 두더지다~!

난 너보다 오래 살지.

나도 과학자

두더지 구멍을 관찰해 보세요

시골에서 두더지가 만든 '두더지 집'을 찾아보세요. 흙이 볼록 솟아오른 주변을 삽으로 파 보면 두더지 구멍을 볼 수 있답니다.

먼 옛날에는 1년이 365일이 아니었어요

교과서 3학년 2학기 2단원 동물의 생활

도호쿠대학대학원 이학연구과 | 이류 야스후미

산호 속에 나이테가 있어요

나무 그루터기를 보면 나이를 알 수 있는 '나이테'가 있지요. 동물 중에도 나이테를 가진 것이 있어요. 바로 '산호'입니다.

산호의 골격 속에는 말미잘같이 생긴 작은 생물이 아주 많이 있어요. 그 작은 생물이 산호의 골격을 만든답니다. 물론 1년 동안 같은 속도로 골격을 만드는 것은 아니에요. 골격을 만드는 속도가 느려지는 시기가 있습니다. 그때 일 년에 한 번 나이테가 생겨요.

종에 따라서 이 작은 생물이 나이테보다 더 미세한 무늬를 만들 때가 있습니다. 작은 생물들은 낮 동안 골격을 만들고 밤이 되면 쉽니다. 이 낮에 만든 골격이 줄무늬로 남는 것입니다.

산호의 표면

먼 옛날에는 1년이 지금보다 길었어요

나이테 사이에 가느다란 줄무늬가 몇 개 있는지 세어 보면 1년의 날수를 알 수 있습니다. 지금과 똑같이 1년이 365일이라면 가느다란 줄무늬가 365개 있겠지요. 그런데 산호 화석을 조사했더니 어떤 산호는 이 줄무늬가 365개보다 더 많았습니다. 그것도 오래된 화석일수록 개수가 늘어났어요. 이 점을 봤을 때 시간을 거슬러 올라갈수록 1년의 날수가 많았다고 추측할 수 있어요.

나도 과학자

가구에 나이테와 그보다 가느다란 줄무늬가 있을까요?

집에 있는 목재 가구 중에 나무의 나이테가 보이는 것이 있나요? 만약 있다면 그 나이테 안에 더 가느다란 줄무늬가 있는지 살펴보세요. 어쩌면 그것이 하루마다 생기는 줄무늬일지도 몰라요. 수가 많다면 우기와 건기를 나타내는 것일 수도 있어요.

'1일'은 지구가 스스로 한 번 돈 것입니다. **자전**이라고 하지요. 옛날 지구는 지금보다 빠른 속도로 자전했는데, 시간이 지나면서 점점 속도가 느려졌대요.

찾아보기

가서머(gossamer) 158
가시연꽃 51
간조 48
갈색거저리 114, 127
갑각류 98
개미산 20
거머리말 185
경골생물군집 193
경골어류 82, 94
고릴라 21, 78
고막 47
고착성 동물 29
광합성 36, 61, 138, 159, 178, 196
구더기 127
구름 60, 108
규조류 28, 41, 164, 199
그세노피오포레
 (Xenophyophore) 101
긴팔원숭이 142
꽃무릇 123
꽈리허리노린재 134

나도수정초 113
나이테 16, 92, 157, 204
네리티나 아스페룰라타
 (Neritina asperulata) 43
네리티나 풀리게라
 (Neritina pulligera) 43
녹색짚신벌레 196
녹조 86
농게 28, 47

누룩곰팡이 201
누벨칼레도니까마귀 165
눈먼동굴고기 202

대나무 58, 121, 186
대륙붕 152
대양백합조개 92
독사물고기 17
돌고래 54, 197
동백밤바구미 110
동충하초 31
두족류 150, 168
둔이염주발갯지렁이 59
디프테로카르파체에
 (Dipterocarpaceae) 136
따개비 25, 98, 175
땅속줄기 58, 188

라플레시아 아르놀디
 (Rafflesia arnoldii) 61
레페노마무스 로부스투스
 (Repenomamus robustus) 144
레피도덴드론
 (Lepidodendron) 100
리그닌 16, 79
리비아고양이 148

마기치카다
 (Magicicada) 68
마카랑가 나무
 (Macaranga) 20
만조 48
말뚝망둥어 35
먹무늬재주나방 163
먹이 사슬 63, 106
메카니티스 폴림니아
 (Mechanitis polymnia) 37
멕시코양진이 117
며느리발톱 161
멸치 182, 190
명태 174
모래주머니 97
뮐러 의태 37
미국독도마뱀 129
미뢰 121
미크로스콜레그스 포스포레우스
 (Microscolex phosphoreus) 160
민들레 123, 128, 178
민물고기 15

ㅂ

바다나리 19
바닷물고기 15
바이피피시 17
반날개 46, 71, 127
발광기 17
번데기 69, 72, 114, 163, 172, 180, 182
벌거숭이두더지쥐 203

205

베이츠 의태 37
변태 182
보노보 78
보호색 183
복원 189
볼라티코테리움 144
봉인목 100
분개구리밥 85
브란키오스토마
　(Branchiostoma) 32
비 60
빅토리아 수련 51
빅토리아 아마조니카
　(Victoria amazonica) 51
빨간집모기 42

ㅅ

삼투압 15
생흔 화석 44
석산 123
석탄기 100
석회 동굴 96
소조 48
송로버섯 147
송엽국 118
송장벌레 46, 127
쇠뜨기 100
수그루 23, 116
수시렁이 127
수증기 60, 81
시길라리아(Sigillaria) 100
시차 195
실러캔스(Coelacanth) 150
심팔랑구스 신닥틸루스
　(Symphalangus syndactylus) 142

ㅇ

아기들솔이끼 184
아라파이마 기가스
　(Arapaima gigas) 35
아스티아나그스 메그시카누스
　(Astyanax mexicanus) 202
아프테노디테스 포르스테리
　(Aptenodytes forsteri) 192
아피스 도르사타
　(Apis dorsata) 87
암그루 23, 116
암모나이트 19, 168
앵무조개 150, 168
양도 152
양봉꿀벌 149
양치식물 100, 107
얼룩날개모기 42
연골어류 82, 131
엽낭게 28, 47
엽상체 27, 85, 116
옆줄 기관 202
오른쪽 감기 64
오세다그스 야포니쿠스
　(Osedax japonicus) 193
올빼미 97, 137, 187
왼쪽 감기 64
우산이끼 116
원시나방과 89
월바키아 피피엔티스
　(Wolbachia pipientis) 18
월피아
　(Wolffia) 85
유김난테아 야포니카
　(Eugymnanthea japonica) 39
유사 비행 158
유키무카에 158

유티란누스 후알리
　(Yutyrannus huali) 53
육도 152
육상 식물 185
은행이끼 27
이동 경로 조사 130
이석 157
이엽시과 136
인력 48
잎맥 178

ㅈ

자실체 125
자이언트 라플레시아 61
자전 48, 204
작은보호탑해파리 39
작은빨간집모기 42, 127
작은사리 48
작은상자해파리 76
장어 50, 182
적색 목록(Red list) 19
적조 86, 199
졸른호펜 168
죽충 163
쥐라기 168
짝짓기 18, 68, 71, 93, 134, 169, 171

ㅊ

창고기 32
철새 130, 133, 140, 158
청갯지렁이 160

청새치 167
추적 조사 130
측선 기관 202
침팬지 21, 78, 165

##

카르포다쿠스 메그시카누스
　　(Carpodacus mexicanus) 117
카스트로카우다 144
카울리오두스 슬로아니
　　(Chauliodus sloani) 17
칼데라 56
칼라미테스 100
칼립토게나 소요아이
　　(Calyptogena soyoae) 138, 193
코르부스 모네둘로이데스
　　(Corvus moneduloides) 165
코르부스 코르닉스
　　(Corvus cornix) 187
콩바구미 30
큰가시연꽃 51
큰부리까마귀 115, 165, 187
키온 세미그라노사
　　(Chion semigranosa) 70

ㅌ

타란툴라 191
타바누스 이오인시스
　　(Tabanus iyoensis) 57
투구게 150
투베르 멜라노스포룸
　　(Tuber melanosporum) 147

ㅍ

판다 121, 186
판형동물 41
페니실린 129
펠리스 실베스트리스 리비카
　　(Felis silvestris libyca) 148
펠릿 97, 137
포이칠라게니아 스쿨프투라타
　　(Poecilagenia sculpturata) 95
풍화 24
프루이타포소르 윈드스케펠리
　　(Fruitafossor windscheffeli) 144
프리스티대(Pristidae) 82
피라루쿠 35
피라미 171
피에리신-1 180

ㅎ

하드로사우루스 88
한사리 48
해수면 17, 28, 48, 101, 120, 152
허들링 192
헛수술 118
헤테로체팔루스 글라베르
　　(Heterocephalus glaber) 203
헬로데르마 수스펙툼
　　(Heloderma suspectum) 129
헬리코니우스 누마타
　　(Heliconius numata) 37
호랑이잠자리나비 37
호장근 20
화강암 24, 40
화구호 56
화석 연료 100

환형동물 193
활유어 32
황제펭귄 192
흔적 화석 44
흡충 18
흰줄숲모기 42, 127

옮긴이 조민정

신라대학교 일어교육학과를 졸업했으며 일본에서 체류하며 번역가로서의 꿈을 키웠습니다. 언제나 번역에 대한 열의가 가득하여 다양한 일본 책을 국내 독자들에게 소개하고자 노력합니다. 현재 엔터스코리아 일본어 전문 번역가로 활동하고 있습니다. 옮긴 책으로는 《접어봐 참 쉬운 종이접기》《재밌어서 밤새읽는 소립자이야기》《물리와 친해지는 1분 실험》《괴짜 물리학자에게 듣는 유쾌한 우주강의》《내 아이 뇌성장에 좋은 습관》 등이 있습니다.

초등학생을 위한 자연과학 365 2학기
공부가 쉬워지는 탐구활동 교과서

1판 4쇄 펴낸 날 2021년 10월 15일

지은이 | 자연사학회연합
옮긴이 | 조민정
감　수 | 정주현

펴낸이 | 박윤태
펴낸곳 | 보누스
등　록 | 2001년 8월 17일 제313-2002-179호
주　소 | 서울시 마포구 동교로12안길 31 보누스 4층
전　화 | 02-333-3114
팩　스 | 02-3143-3254
E-mail | viking@bonusbook.co.kr
블로그 | http://blog.naver.com/vikingbook

ISBN 978-89-6494-303-8 74400

바이킹은 보누스출판사의 어린이책 브랜드입니다.

• 책값은 뒤표지에 있습니다.

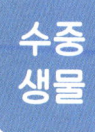
수중 생물

말뚝망둥어 • 35쪽

김 • 175쪽
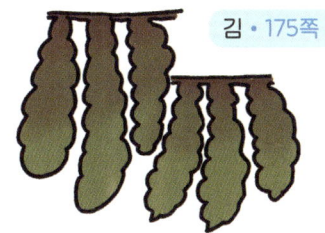

앵무조개 • 150쪽

가오리 • 82쪽

고등어 • 157쪽

작은상자해파리 • 76쪽
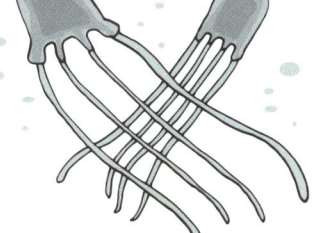

피라미 • 171쪽

청새치 • 167쪽

깃털같이 생긴 다리로 먹이를 쏙~ 잡아먹어.

따개비 • 25쪽

우뭇가사리 • 178쪽

뿔복 • 167쪽

엽낭게 • 47쪽

교과서 잡는 바이킹 시리즈

 초등 교과 연계 도서
 초등학생 필독서
 어린이 베스트셀러

교과서가 재밌어진다!
공부가 쉬워진다!

초등학생을 위한 개념 과학 150
정윤선 지음 | 정주현 감수

초등학생을 위한 개념 한국지리 150
고은애 외 지음
전국지리교사모임 감수

초등학생을 위한 개념 국어 고사성어
최지희 지음 | 김도연 그림

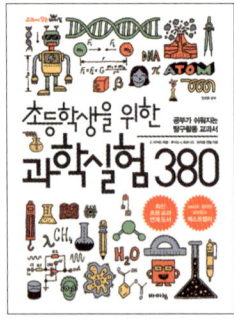
초등학생을 위한 과학실험 380
E. 리처드 처칠 외 지음
천성훈 감수

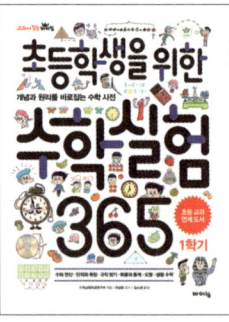
초등학생을 위한 수학실험 365 1학기
수학교육학회연구부 지음
천성훈 감수

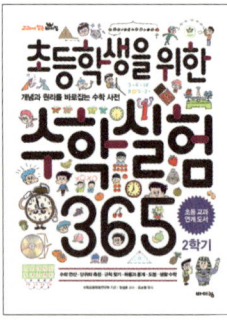
초등학생을 위한 수학실험 365 2학기
수학교육학회연구부 지음
천성훈 감수

초등학생을 위한 요리 과학실험 365
주부와 생활사 지음 | 천성훈 감수

초등학생을 위한 요리 과학실험실
정주현, 달달샘 김해진 감수

초등학생을 위한 자연과학 365 1학기
자연사학회연합 지음 | 정주현 감수

초등학생을 위한 자연과학 365 2학기
자연사학회연합 지음 | 정주현 감수